マネして完成！
事業計画書

10業種36の事例で事業計画のまとめ方がよくわかる

ドリームゲート 編

技術評論社

まえがき

　起業支援事業「ドリームゲート」を始めて今年で11年目になります。
　その間、山ほど成功した起業家を見てきました。上場して何十億という資産を築いた人、大企業に会社を売って悠々自適に暮らしている人、人気の飲食店を何百店舗も展開している人など、それぞれです。
　一方、失敗して倒産した人はほとんど聞いたことがありません。ちまたでは起業3年で8割の会社がなくなるといわれていますが、私にはまったく実感がありません。中小企業庁の統計データを見ても3年目までの廃業率は2割です。
　おそらく、起業した人が周りにいない人は、華々しい成功者か、倒産して一家離散のような失敗者しか目にしないからだと思います。成功者の成功ストーリーと同じく、失敗者の不幸な出来事も話題になりやすいので、TVや雑誌での記憶が残っているのではないでしょうか。
　私の周りには、華々しい成功や絵に描いたような悲劇がなくとも、それなりにうまくやりながら事業を継続している人がごまんといます。こういった起業家の中には、事業を継続していく中で、チャンスをとらえて新事業を立ち上げ輝かしい成功を収めている人もいます。日焼けサロンから飲食店を立ち上げ数百店舗を経営している起業家、FAX情報サービスからインターネット広告事業を立ち上げ上場した起業家、ブログサービスからSNSマーケティングに進出し上場した起業家など、まさに機を見るに敏です。
　最初から事業が順調に成長し、素晴らしい成功を収められるにこしたことはありません。しかし、本書をお読みの方のほとんどがはじめての起業だと思います。はじめて経営者になって何もかもうまくいくほど起業は甘くありません。

　では、倒産の憂き目にあわず、事業を継続していきながら来たるチャンスをつかむには何が必要か。ある著名起業家に、「事業を成功させるためには何が最も重要か？」と質問したことがあります。すると、「資金がいっぱいあることだ」と即答されました。さらに、「それはなぜか？」と続けると、「金があればつぶれない。失敗してもやり直しができる」と答えました。また、当社の近くにある老舗イタリア料理店のオーナーに、「近隣の店は次々と看板が替わるのに、なぜあなたの店は続

いているのか？」と質問したところ、「最初はうまくいかなかったがメニューや内装をつくり替えて軌道に乗った。そのために開業時に１年分の生活費を準備していた」と、その理由を教えてくれました。

　著名起業家であろうと、はじめての起業者であろうと事業には失敗がつきものです。大きな失敗をして倒産の憂き目にあわないためには、うまくいかないと思えばメニューや商品、内装を替えるなど早めに手を打つ、PDCAをぐるぐる回して軌道に乗るまで試行錯誤を繰り返す、つまり小さな失敗を数多くできる、余裕ある資金が必要だということです。野球でいえば三振してもあと何回打席に入れるかということです。打席に入っているうちに目がボールに慣れてきます。そのうちヒットも打てるし、時にはホームランを打てるかもしれません。しかし、資金に余裕がなく、一打席しか入れないのでは、おのずとヒットが出る確率は下がってしまいます。そこで、その余裕ある資金を確保するために必要となるもの──それが事業計画書です。

　親兄弟や親類、知人など起業者と信頼関係で結ばれている人から十分に借りられるのであれば事業計画書は必要ないかもしれません。ただ、ほとんどの方はそれだけでは余裕ある資金とまではいかないでしょう。そうなると、銀行や投資家などから資金の融通を受けることになります。こういった方々と起業者とは信頼関係にないので、未来を信頼してもらうしか方法がありません。そのために説得力のある事業計画書を作成することが必要なのです。

　資金調達には適正時期というものがあります。起業者にとって最適な時期は創業時です。創業時には国の手厚い起業支援策として、日本政策金融公庫の創業融資や自治体による制度融資があり、担保不要・低金利でお金を借りられます。

　しかし、これが創業から１年たって一期目の決算数字が出ると資金提供者の見る目が変わってきます。赤字決算になっていたらなおさらです。融資を受ける起業者が一期目から計画的に赤字決算を出すことはありません。よって、いくらＶ字回復する事業計画書を作成したからといっても資金提供者を説得するのは難しくなります。

　いい意味でも悪い意味でも創業時はプラス・マイナス・ゼロからのスタートなので、創業時に事業計画を作成し、国の支援策を活用して余裕のある資金調達を行う

ことが成功への第一歩となります。

　事業計画を作成すると、資金調達だけでなくもう一つ重要なことに活用できます。それは、将来のキャッシュフロー予測です。起業家教育で有名な米バブソン大学のベンチャー研究の大家、故ジェフリー・A・ティモンズ教授は、"Happiness is a positive cash flow."（起業家にとって最も幸せなことは、売上の大きさや利益率などではなく、常にキャッシュフローがプラスになっていることだ）といっています。平たくいえば、通帳の残高が増え続けていることが何よりも大事だということ。もしも目の前のキャッシュフローがマイナスなら、借金をしてでもプラスにもっていくべきということです。

　そのために、ぜひおすすめしたいのが事業計画のグッドシナリオだけでなく、バッドシナリオを作成することです。私は、年間100件以上の事業計画書を見ますが、このグッドシナリオとバッドシナリオを両方とも書けている人はほとんどいません。バッドシナリオを作成すると、売上が思わしくない期間がどのくらい続くとキャッシュフローがマイナスになり会社が立ち行かなくなるかが見えてきます。このことで、余裕のある段階から将来の必要資金を予測し、借りられるうちにしっかりと資金調達を行っておくことが可能になります。

　さらには、バッドシナリオは銀行や投資家に対して事業計画の説得力を高めます。グッドシナリオだけだと「話半分」で聞かれるのがオチです。最初からそううまくいかないことは歴史が物語っています。しかし、うまくいかなくても最低ここまでは行ける、その場合は経費をここまで抑えて経営を継続できるというシナリオを示していると、銀行や投資家は最低ラインでも資金回収できるという見方となり、事業計画全体の信ぴょう性が高まるでしょう。さらに、リスクマネジメントができているということで起業者への信頼度も増すはずです。

　ドリームゲートでは、弁護士・会計士などの士業や、事業計画・マーケティング・飲食業などを専門とするコンサルタントの中から起業支援スキルの高い方をドリームゲートアドバイザーとして審査認定し、ホームページを通じてメール相談や面談相談を無料で受けつけています。年間約6000件ある相談件数の中で1位と2位はそれぞれ、事業計画（25%）と資金調達（13%）です。事業計画は資金調達のた

めに作成するものですから、ドリームゲートに相談されるようなはじめての起業者の約4割が事業計画づくりに関心があるということになります。また、私のところにもよく、「松谷さん、事業計画書ができたので見てください」と相談に来られます。このようなはじめての起業者が作成した事業計画書には共通点があります。それは、ほとんどが事業計画書ではなく事業企画書であるということです。

　事業計画書は、企画書部分と収支計画部分で構成されています。銀行や投資家が最終的に見るのは収支計画部分ですが、その根拠となるのは企画書部分です。企画書で事業の儲けの構造を説明し、収支計画でその将来をシミュレーションすることになります。しかしながら、ほとんどの起業者はこの収支計画部分を作成できていないのです。また、事業企画書部分は商品の特長や市場でのポジション、競合分析など客観性が重要ですが、いかにこのビジネスや商品が優れているか主観的なアピールがほとんどです。はじめて起業する人にとって、自力で事業を客観的に説明する企画書を作成し、将来の収支計画を立てることは難しいのが現実です。

　起業して成功するには"情熱"と"そろばん"が必要です。自分を突き動かしほとばしる"情熱"と、事業計画や財務を担う"そろばん"です。情熱担当は起業家自身で代わりの人はいません。そろばん担当は経営が軌道に乗れば起業家自身が担う必要はありませんが、創業時は別です。創業時にそのための人材を雇うのは賢明ではありません。

　そこで、本書では、人気の10業種について36個の事業計画書事例とその書き方をまとめました。どんどんマネるところから"そろばん"勘定を磨いてみてはいかがでしょうか。マネるうちに要領を得て自分なりの考え方で書けるようになるはずです。

　最後に、本書の執筆陣はドリームゲートアドバイザーとして活躍している専門家で構成しています。本書を読んでもわからない点があれば、ぜひドリームゲートの無料相談サービスをご利用いただき、じかに執筆陣に相談いただければと思います。

2014年4月
DREAM GATE
株式会社プロジェクトニッポン
代表取締役　松谷 卓也

Contents

基本編
6W2Hと実例から見る事業計画書のキホン

1 まず起業の動機を確認しよう　　18
- ① あなたの起業への想いは？　　18
- ② 起業・独立して何をするのか？ 〜使命は何か〜　　21
- ③ どうしたら起業を実現できるのか？　　22

2 事業を興す前に調査すべきこと　　25
- ① 調査が欠かせない　　25
- ② フィージビリティ・スタディとは？　　25
- ③ 事業プロトタイプとトライアル　　25
- ④ 許認可や届出への目配りを　　26
- ⑤ 自分とライバルを比較してみる　　28

3 ユニークな事業アイデアの出し方　　29
- ① アイデア出しは計画段階で粘り強く　　29
- ② すべての面で目新しいアイデアを出す必要はない　　30
- ③ 一歩先の変化・一歩手前の要因を考える　　30
- ④ アイデアシートを書いてみよう　　32

4 事業計画書の組み立て方　　34
- ① 6W2Hでまとめていく　　34
- ②「6W2H」を「6つのS」に置き換える　　36
- ③ ベースになるのは＜Why＞　　36
- ④ ＜How to＞は扇のカナメ　　37
- ⑤ そして実行のためのプランを　　38

- ❻ 「魅力」「根拠」「緻密」が内容上のポイント　　　　38
- ❼ 「明瞭」「簡潔」「平易」が作成上のポイント　　　　39

サンプル
天然石を使った
ハッピーアクセサリービジネス事業計画書

- タイトル　　　　　　　　　　　　　　　　　　　　40
- 事業理念　　　　　　　　　　　　　　　　　　　　41
- マーケット説明　　　　　　　　　　　　　　　　　42
- コアコンピタンス(市場での優位性)　　　　　　　　43
- 事業の狙い　　　　　　　　　　　　　　　　　　　44
- 事業概要　　　　　　　　　　　　　　　　　　　　45
- 商品説明①　　　　　　　　　　　　　　　　　　　46
- 販売戦略①　　　　　　　　　　　　　　　　　　　47
- 事業検証①　　　　　　　　　　　　　　　　　　　48
- 販売戦略②(提供する価値の明確化)　　　　　　　　49
- ターゲット市場の特性　　　　　　　　　　　　　　50
- 商品説明②　　　　　　　　　　　　　　　　　　　51
- ビジネススキーム図　　　　　　　　　　　　　　　52
- 事業検証②　　　　　　　　　　　　　　　　　　　53
- 販売計画　　　　　　　　　　　　　　　　　　　　54
- 人員計画　　　　　　　　　　　　　　　　　　　　55
- 損益計画　　　　　　　　　　　　　　　　　　　　56
- 資金計画　　　　　　　　　　　　　　　　　　　　57
- 月次計画　　　　　　　　　　　　　　　　　　　　58
- 会社概要と略歴　　　　　　　　　　　　　　　　　59

事例編

10業種34の事業計画書

事例編 1
【飲食業】の事業計画書

1	都心の一等地に出店する中華ダイニングの事業計画書	64
2	業態をリニューアルする飲食店の事業計画書	68
3	多店舗展開を視野に入れた専門店の事業計画書	72
	Column「飲食業」で新たな事業を目指す方へ	76

事例編 2
【小売サービス】の事業計画書

1	メガネSPA事業の事業計画書	78
2	おしゃれで健康！野菜小売の事業計画書	82
3	女性をもっと美しくするセレクトショップの事業計画書	86
4	オリジナルジュエリーショップの事業計画書	90
	Column「小売サービス」で新たな事業を目指す方へ	94

事例編 3
【学習塾・教室】の事業計画書

1	自宅を使って開業する塾の事業計画書	96
2	難関校突破を目指す少人数制進学塾の事業計画書	100
3	FCの強みを活かしてスタートする塾の事業計画書	104
	Column「学習塾・教室」で新たな事業を目指す方へ	108

事例編 4
【美容室】の事業計画書

- 1 マンツーマンスタイル＆家庭的な美容室の事業計画書 　　110
- 2 女性による女性のための美容室の事業計画書 　　114
  - Column 「美容室」で新たな事業を目指す方へ 　　118

事例編 5
【リラクゼーションサロン】の事業計画書

- 1 初期投資を抑えてスタートするサロンの事業計画書 　　120
- 2 競合が多い地域で埋没しないサロンの事業計画書 　　124
  - Column 「リラクゼーションサロン」で新たな事業を目指す方へ 　　128

事例編 6
【人材サービス】の事業計画書

- 1 人材派遣業への参入を提案する事業計画書 　　130
- 2 企業退職後、人材紹介事業立ち上げの事業計画書 　　134
- 3 既存事業とのシナジー効果が高い新事業提案の事業計画書 　　138
- 4 アルバイト確保で苦心する企業の新規事業計画書 　　142
  - Column 「人材サービス」で新たな事業を目指す方へ 　　146

事例編 7
【ソーシャルビジネス】の事業計画書

- 1 大規模エネルギーインフラ設備構築の事業計画書 　　148
- 2 新しいコミュニティ創造の事業計画書 　　152
- 3 時代にマッチした新しい教育システム構築の事業計画書 　　156
- 4 行政を巻き込み社会問題を解決するための事業計画書 　　160
  - Column 「ソーシャルビジネス」で新たな事業を目指す方へ 　　164

事例編 8
【BtoBのITサービス】の事業計画書

1. ニッチな業界に向けたパッケージシステム販売の事業計画書　　166
2. 成功モデルを元にしたASPサービス展開の事業計画書　　170
3. 業務提携によって海外展開を図るための事業計画書　　174
4. ソーシャルに特化したコンサルティングの事業計画書　　178
   Column 「BtoBのITサービス」で新たな事業を目指す方へ　　182

事例編 9
【BtoCのインターネットサービス】の事業計画書

1. 風呂好きに新しい価値を届けるための事業計画書　　184
2. ニッチなネットオークションの事業計画書　　188
3. バンド活動、音楽スタジオ活性化の事業計画書　　192
4. フリーミアムなサービスの事業計画書　　196
   Column 「BtoCのインターネットサービス」で新たな事業を目指す方へ　　200

事例編 10
【ネットショップ】の事業計画書

1. オンリーワン高級食品ネットショップの事業計画書　　202
2. 「訳あり」に一石を投じるネットショップの事業計画書　　206
3. 自前で開発した商品を販売するネットショップの事業計画書　　210
4. リソースを活かしたネットショップ参入の事業計画書　　214
   Column 「ネットショップ」で新たな事業を目指す方へ　　218

> ブラッシュアップ編

融資を呼び込む事業計画書

1 必ずお世話になる資金の出し手　　　220
- ① 資金不足で活動を止めてしまう会社が多い　　　220
- ② 代表的な資金調達方法　　　220
- ③ 融資の窓口　　　221
- ④ 助成金や補助金の魅力　　　222
- ⑤ スポンサーを募る出資　　　223

2 融資の視点からの「○」と「×」　　　225
- ① 事業計画書のBefore・After　　　225
- ② まず融資担当者のハートをガッチリとつかむ　　　227
- ③ 融資担当者に「これはいい」と感じていただく　　　229
- ④ 具体的なライバル、具体的な論拠を示す　　　231
- ⑤ ビジネスモデルは「お金の流れ」をわかりやすく示す　　　233
- ⑥ 顧客獲得までの動線を示す　　　235
- ⑦ リアルな実験結果でビジネスプランを実証する　　　237
- ⑧ 数字は積み上げることで重みが増す　　　239
- ⑨ 融資担当者の一番の注目点　　　241

3 事業計画書 10のチェックポイント　　　242
- ① 見直しをするときの手がかり　　　242
- ② 複数の視点を取り入れよう　　　245

4 公庫の新創業融資制度をチェックする　　　246
- ① 融資を申し込むための準備　　　246
- ② 創業計画書と事業計画書　　　247

アドバイス編
事業計画書を活かす

1 相手によって事業計画書にメリハリをつける　254
- ① 事業計画書を、いつ使うのか？　どう使うのか？　254
- ② 事業計画書のベーシックな型　255
- ③ 投資家向けの事業計画書　257
- ④ ベンチャー・キャピタル向けの事業計画書　259
- ⑤ 金融機関向けの事業計画書　260
- ⑥ 事業パートナー向けの事業計画書　262

2 投資家の「YES」を導き出すために　264
- ① 想いがなければことは動かない　264
- ② 実現可能性の壁を越える　266
- ③ 必ず目をつけられる「成長性」　268
- ④ 投資家と向き合うときには　268
- ⑤ プレゼンテーションの時間は限られる　269
- ⑥ 最後は人対人　270

本書の構成

本書は、「基本編」「事例編」「ブラッシュアップ編」「アドバイス編」の4つのパートから構成されています。それぞれのパートの位置づけは次のようになります。

基本編

まず、事業計画書を作成するにあたって骨格となる考え方や枠組みを説明します。後半では、アクセサリーブランドの事業計画書を取り上げて、それぞれのシートが計画書の中でどういう役割を果たしているのかを解説します。

事例編

飲食、小売、学習塾、美容室、サロン、人材、ソーシャルビジネス、ITサービス（BtoB、BtoC）、ネットショップの10の業種について、事業計画書の事例（サンプル）を合計34個掲載。業種ごとに「キモ」となる部分を解説します。

ブラッシュアップ編

融資を引き出すためのツールとして事業計画書をとらえた場合に盛り込むことをおすすめしたいこと、避けたほうがよいことをBefore・After形式で解説します。また、日本政策金融公庫の新創業融資制度についても紹介します。

アドバイス編

個人投資家やベンチャー・キャピタルなどスポンサーとなりうる人たちのものの考え方、プレゼンの場で事業計画書を使う際のテクニック、人を動かす事業計画書の原則などを解説します。

付録CD-ROMについて

【動作環境】

　Microsoft Windows 8、Windows 7、Windows Vista、Windows XPでの動作を確認しています。これ以外の環境では、正常な動作の保証をいたしかねます。

【収録ファイル】

　サンプルとして作成した①36個の事業計画書のデータのほか、②事業計画書のフォーマット一式、③アイデア出しのためのシートを付録CD-ROMに収めています。①事業計画書のサンプルおよび②フォーマットはPowerPoint、Word、PDFの3つのファイル形式で収録しています（中身は同一です）。③アイデア出しのためのシートのファイル形式はPDFです。

- **PowerPoint（ファイル拡張子.pptx）**

　ファイルを使用するには、Microsoft Office PowerPoint 2007以降のバージョンがインストールされているWindowsパソコンが必要です。

- **Word（ファイル拡張子.docx）**

　ファイルを使用するには、Microsoft Office Word 2007以降のバージョンがインストールされているWindowsパソコンが必要です。

- **PDF（ファイル拡張子.pdf）**

　ファイルを使用するには、Adobe ReaderなどPDFファイルを開けるソフトがインストールされているパソコンが必要です。

・CD-ROMに収録しているすべてのファイルの著作権は編者・著者およびファイルの作者に帰属します。本書の購入者である個人ユーザーがビジネスシーンにおいて使う場合に限り自由にご利用いただけます。

・CD-ROMの第三者への譲渡、販売、頒布、貸与、再使用許諾を禁じます。ファイルの利用によっていかなる損害やコンピュータへの不具合が生じても、技術評論社、編者・著者、ファイルの作者は一切の責任を負いかねます。

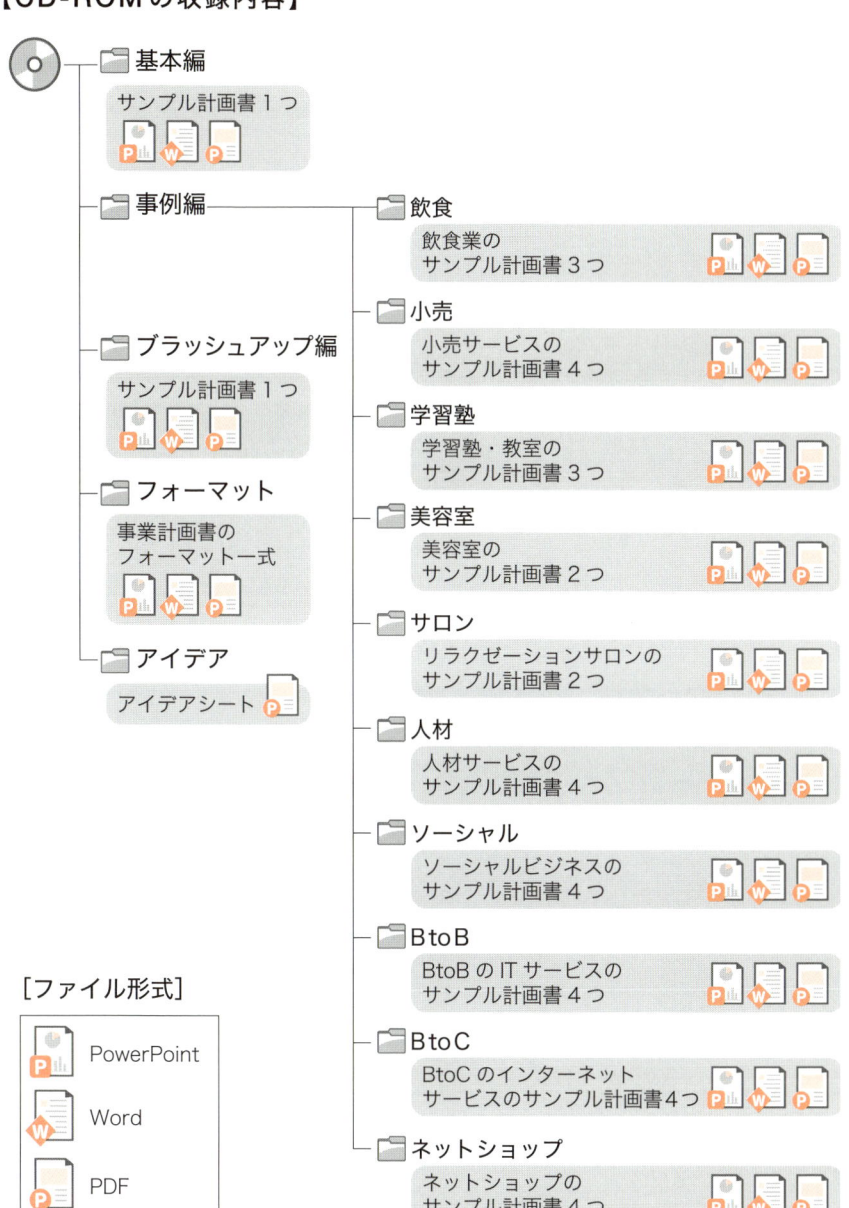

基本編

6W2Hと実例から見る
事業計画書のキホン

基本編 1 まず起業の動機を確認しよう

① あなたの起業への想いは？

　起業することを思い立ったら、いきなり行動から始めるのではなく、まず自分の起業に対する想いときちんと向き合ってみることが大切です。事業計画を作成する前に、これから取り組む事業についてどれだけ自分が人生をかけて取り組もうと考えているのか、いま一度確認することから始めてみましょう。

- なぜいま、起業・独立したいと考えたのか？
- 起業して、事業を通じて何を実現したいのか？
- 起業は具体的にどのようにしたら実現できるのか？
- 起業のための資金はいくら必要なのか？　またそれはどのように準備するのか？
- 起業に向けて、家族の理解は得られているのか？

　これらの問いに納得のいく答えを出せるまで、自問自答を繰り返してみましょう。起業して事業を始めると、実にさまざまな困難がやってきます。そのときに踏ん張れるかどうかは、事業に対してどれだけ信念をもって臨んでいるかにかかっています。

　簡単にあきらめてしまうようでは、どんなに立派な事業計画を立てても役に立ちません。計画を立案する前に、まず事業に対する信念を確立しておくことがとても大切です。

　もっとも、起業を考えるきっかけは、決して特別なものである必要はあり

ません。

「予想以上に自分の仕事が評価された」
「勤務先でつらい思いが続いた」
「起業した人の話を聞いたら、自分でもやれそうだと思った」

などなど……。
　ごく平凡な日常的なことが起業するきっかけとなっていてもかまいません。もちろん、壮大な理想の追求や社会的な義憤が契機でもかまいませんし、リストラや勤務先の倒産など、やむにやまれぬ事情であってもかまいません。
　とにかく、「起業」の2文字が頭に浮かんだら、その可能性についてまずは徹底的に考え抜いてみることが大切です。そのうえで本気で起業したいという気持ちが強いのであれば、次に複数の視点で、いまの自分について客観的にチェックしてみましょう。

　客観的に確認するためのツールとして「起業動機固めのためのフローチャート」を用意しました。まずは、ここに示したフローチャートを活用して、複数の角度から起業の動機をチェックしてみてください。「思い込み」や「憧れ」だけで安易に起業することを考えていた、などという気づきがあるかもしれません。動機が弱いまま起業してしまうと、ピンチに遭遇したとき、いとも簡単にギブアップしてしまうことになりかねません。事業を成功させるために大切なことの一つに、「決してあきらめないこと」があります。簡単にあきらめられるような事業であれば、最初から始めないほうがよいでしょう。起業には大きな責任とリスクが伴います。みなさんの起業への想いが「本物」であるかどうか、ぜひ、このフローチャートを使って確認してみてください。

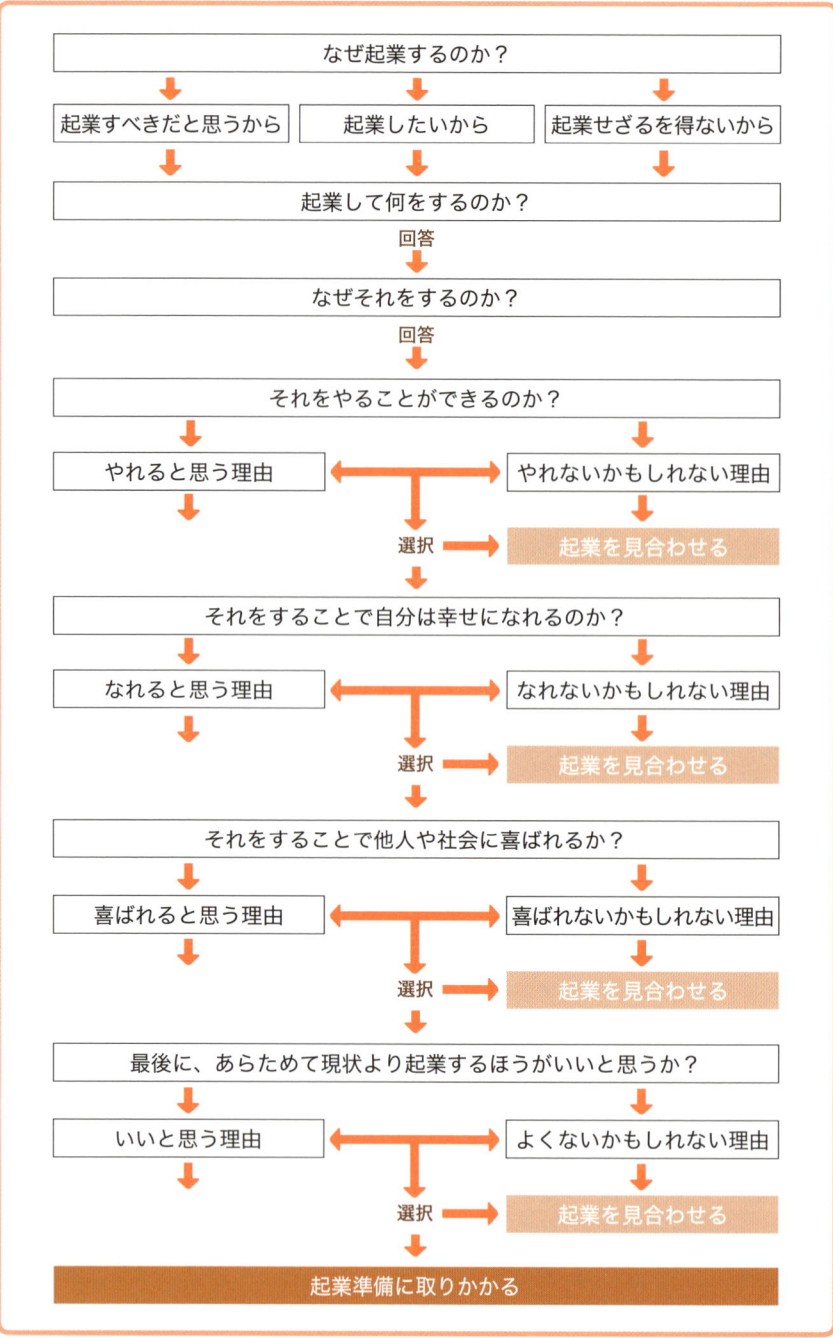

2 起業・独立して何をするのか？ 〜使命は何か〜

　起業したいという気持ちはあっても、それによって生じるさまざまな将来リスクを想像すると不安は尽きません。会社によって守られているサラリーマンとは異なり、起業するとなればその事業において、すべての責任を負った一国一城の主になる覚悟が必要となります。

　その重さに打ち勝つ原動力となるのが、「動機」であり、事業に対する「使命感」です。つまり、「なぜ起業するのか」「なぜ起業したいのか」「なぜ起業できるのか」などに対する自分自身の回答です。この回答がしっかりしたものになっていれば、起業を決断する勇気も、それを準備するパワーも、その後の日々への自信も、自然とわき上がってくるはずです。別の言葉でいえば、動機が強い信念を伴った「使命感」にまで高められればOKだということです。

　とはいえ、なかなか自分の目指すべき使命がわからないということもあるかと思います。そんなときには、次に挙げた質問に答えながら、自分が社会とどのように関わっていきたいのかを確認してみましょう。

いま、社会の中であなたが問題だと思うことは何ですか？

- [ ] あなたの経験や身の回りの出来事などから、何か解決したい問題がありませんか？
- [ ] この問題があるから、誰かが苦しんでいる、悲しい思いをしている、幸せになれない、そんな課題はありませんか？
- [ ] 他の団体などが取り組んでいる課題で、あなたも共感する課題はありませんか？
- [ ] その中で、とくに「あなた」が解決したいと思う問題は何ですか？
- [ ] ことさら問題とまではいえないけれども、いまより充実したほうがよいと思う事柄はありますか？　それによって誰かの幸福が増すような事柄がありませんか？

> 誰が（何が）困っているのですか？　苦しんでいるのですか？

- [ ] 誰を（何を）より楽にしたいと思いますか？　幸せにしたいと思いますか？

> どうしてあなたはその問題に取り組みたいと思うのでしょうか？

- [ ] あなた自身の体験や記憶と、問題に取り組みたい想いがつながっていませんか？
- [ ] 何か個人としての経験と関係がありますか？
- [ ] あなたが大切にしたい思想、価値観などと関係がありますか？

どうしたら起業を実現できるのか？

　起業は、最初は経営者の強い想いから始まります。その想いに対して、必要な経営資源を集めて組み合わせて運営することによって新しい事業は生まれます。その具体的な内容を形にしたものが「事業計画」です。事業計画をまとめるには、おおむね次の段取りを踏む必要があります。

---

1. まず自分が考える事業の概要について、紙に書き出してみます。紙に書くことによってそれまで頭の中でモヤモヤしていた内容が明確になり、また客観的にその事業アイデアを見ることができるようになります。

---

2. 次にその事業のイメージを膨らませてみます（事業ビジョンの作成）。
   - 3年後にその事業が成長してどのような規模になっているか？
   - 世の中にどういう商品やサービスを提供できるようになっているか？
   - どのような方々に喜んでいただけているか？

   さまざまな観点で、いま考えている事業のイメージを膨らませてみてください。そのイメージから自分の事業が生み出している社会的な価値は何かを考え、それを事業ミッション＝使命として定義します。

3. 次に自分の提案する事業から提供する商品・サービスが本当にニーズにかなっているのかを検証します。注意すべきは、自分が何を提供したいのかを先に考えるのではなく、まずは顧客のメリットを先に考えること。その背景には確たるニーズがあることを確認するのが目的です。また、競合の存在にも目を配ります。このステップを検討することによって、提案する新規事業のマーケットニーズや自己のポジショニングが鮮明にわかってくるはずです。

4. 自分が提案する事業の商品やサービスについてのニーズの検証に加え、自己のコアコンピタンスについて確認し、他者（他社）との競合性についても確認します。

5. ここではいま検討している新事業の具体的な事業目標を作成します。ここで作成する事業目標は、後にマイルストーンとして事業の進捗状況を検討するのに役立つことになります。事業目標を作成するうえで考えておかなければならないチェックポイントは次のとおりです。
   ❶ 短期的目標としては、プロトタイプの商品・サービスを完成させる時期
   ❷ 中期的目標としては、新規事業として月次の損益分岐点を達成する時期。売上目標などについても考慮します。ここでは、4.で検討した自分の狙っているポジショニングやブランディングの存在についても意識します
   ❸ 長期的目標としては、新規事業の累積債務をクリアして、本格的な事業拡張（または安定的な事業成長）を達成できる時期。会社の事業ビジョンと事業拡張の方向性を合わせることが必要となります

6. ビジネスモデルを検証してみます。ビジネスモデルとは、すなわちお金を稼ぐ仕組みのこと。どんなによい事業であってもお金の循環を生み出す仕組みがなければ事業の継続はできません。自分の考えた事業がどのようにしてお金を生み出すのか？ またそれはなぜ実現できるのか？ 他社の類似事例や前例を調べながら、その確証を得るようにします。

7. 6.で検討したビジネスモデルが本当に機能するかどうかをテストします。最初から大きな投資をすることはリスクが高いので、まずはプロトタイプ＝試作品でテストを行って、本当に市場には自分が考えるニーズがあるか、お客さまが存在しているかを検証します。

8. ここでは、5．で考えた事業目標に合致する事業収入と支出の大まかな予測を立てていきます。ただし、支出額に関しては、たとえば「製造原価」「仕入費」「人件費」「研究開発費」「販売促進費」「広告費」または「販売管理費」「減価償却費」などの大項目以外にも、「家賃」「運賃」「光熱費」など細かい項目まで考えられれば望ましいです。

9. ここでは、「販売促進費」「広告費」または「販売管理費」など、8.で数値化した支出額に合致する具体的なマーケティングプランをつくっていきます。事業は集客が命です。どのようにお客さまに自社の商品やサービスを認知してもらい、購入していただくのか、その具体的な計画を練ります。

10. ここまでのプランを見直して、必要な人材と資金を計算します。人材については、知り合いやこれまでの人脈の中で協力者を募れないか考えてみます。資金については自己資金をどこまで準備することができるのかを明確にして、日本政策金融公庫や各行政機関が行っている創業支援融資の条件を確認してみます。

　こうしてみると、たくさんのことをやらなければならないように見えますが、逆にこうしたことがきちんと計画できていないうちに起業することはとてもリスクの高いことです。事業計画を立てるプロセスを通して十分な準備を進めることによって、起業後のリスクや負荷を軽減することができます。安定収入のあるうちに十分な計画を立てておくことをおすすめします。この本では、このステップに従って、みなさんの想いを事業計画という形にまとめあげていく方法をお伝えしていきます。

基本編 2 事業を興す前に調査すべきこと

① 調査が欠かせない

　起業にあたっては、その目指す事業について調査・トライアルを実施する必要があります。そもそも事業を行うにあたって、許認可や届出、免許の取得などが必要ないかどうか、また計画上で想定している顧客ニーズが本当に存在しているのかどうかなど、さまざまな観点でこれから始める事業について必要な知識を集めることが大切です。

② フィージビリティ・スタディとは？

　フィージビリティ・スタディとは、予備調査、実現可能性調査、採算性調査、費用対効果調査など、立案した計画が本当に実現可能かどうかを確認する事前調査のことです。

　これから実施しようと考えている事業について、さまざまな観点から自分が考えているビジョンや使命とその事業内容が一致しているかどうか、また、事業計画で定める与件条件に妥当性があるかどうかを多角的に調査・検討することが求められます。事業計画が絵に描いた餅にならないためにも、フィージビリティ・スタディを進めることをおすすめします。

③ 事業プロトタイプとトライアル

　事業計画を作成する段階において、他社事例や前例などからいろいろな参考数値を引用してそこから数字を組み上げていくことがよくあります。ただし、どのような事例であっても、まったく同条件でビジネスを行うことはで

きません。また、まったく新しいビジネスでマーケットも顕在化していないステージの場合には、事業計画の数字を組み上げることは雲をつかむような話のように思えることでしょう。

　こうしたときに有効な手段が「事業プロトタイプ」の構築です。事業プロトタイプとは、自分が考えている事業のフィージビリティ（実行・実現の可能性）について検証できる事業のテストモデルのことです。自分がこれから行おうと考えている事業について、どのような形でテストを実施すべきか考え、実際にその事業を小さな規模でテストしてみます。そのトライアル結果は絵に描いた餅ではなく、すでに実証済みの重みのある経験データとなりますので、その経験値に裏づけされた与件条件はとても説得力がありますし、実際に事業を進めるうえでの自信にもつながります。

　自分の事業内容をきちんと理解したうえで、効果的な事業プロトタイプを設計し、実際にトライアルを行ってみる、そこから学んださまざまな経験値を事業計画の中にしっかりと盛り込むことで、よりリアルで説得力のあるプランをつくることができます。

④ 許認可や届出への目配りを

　具体的な準備を進める前に調べておきたいのが、予定事業に関する行政の許認可などです。許認可や届出などの区分と受付窓口を次の表にまとめてありますが、これはほんの一例です。

　許認可等必要業種は1000件を超えており、また許可条件などは自治体や地域によって異なることがあります。「自分の事業は大丈夫だろう」とタカをくくらず、必ずきちんと確認しましょう。その結果、許認可や届出などが必要であれば、その取得も準備活動の中に組み込みます。中には、許可取得まで長期間かかるものもあるので要注意です。また、無免許・無許可が発覚した場合に罰せられるケースや、そもそもその事業自体が違法というケースもあり得ますから、決してあなどってはいけません。

許可や届出などが必要な業種（一部）

業種	認許可等	受付窓口
飲食店営業 　一般食堂、料理、すし屋、そば屋、旅館、仕出し屋、弁当屋、レストラン、バー、キャバレー等、移動・臨時、加温式自動販売機営業を含む	許可	保健所
食品販売業 　乳類販売業、食肉販売業、魚介類販売業、魚介類せり売営業、氷雪販売業	許可	保健所
食品製造業 　菓子製造業、あん類製造業、アイスクリーム類製造業、乳製品製造業、食肉製品製造業、魚肉ねり製品製造業、食品の冷凍または冷蔵業、清涼飲料水製造業、乳酸菌飲料製造業、氷雪製造業、食用油脂製造業、マーガリンまたはショートニング製造業、みそ製造業、醤油製造業、ソース類製造業、酒類製造業、豆腐製造業、納豆製造業、めん類製造業、そうざい製造業、かん詰またはびん詰食品製造業、添加物製造業	許可	保健所
食品処理業 　乳処理業、特別牛乳さく取処理業集乳業、食肉処理業、食品の放射線・照射業	許可	保健所
深夜酒類提供飲食店営業 　ご飯物を主に提供せず、深夜0時以降お酒を提供する飲食店	届出	警察署
風俗営業 　キャバレー、ナイトクラブ、ダンスホール、ディスコ、喫茶店（特定のもの）、ダーツバー、麻雀荘、パチンコ店、遊戯場等	許可	警察署
各種販売業 　たばこ販売業 　酒類販売業 　薬局・医療品販売業	許可 免許 許可	日本たばこ産業 税務署 保健所
環境衛生・サービス業 　理容業、美容業、クリーニング業 　ホテル・旅館業 　旅客・貨物運送業	届出確認 許可 許可	保健所 保健所 陸運事務所
人材派遣 　一般労働者派遣事業	許可	公共職業安定所
福祉介護 　介護施設、福祉用具販売・貸与 　介護タクシー	許可 許可	都道府県 陸運事務所
建設業 　建設業	許可	都道府県
その他 　質屋、古物販売業	許可	警察署

⑤ 自分とライバルを比較してみる

　いまの世の中、たくさんの会社が存在していて実にさまざまな事業を展開しています。とくに大資本をもつ会社は、新しい有望市場を見つけると、大きな資金を投下して一気にその市場を奪いにやってきます。みなさんが、いま構想している事業がどんなに新規性が高く画期的だと感じるものであっても、そこには必ずライバル＝競合企業が存在しているはずです。ビジネスは競争ですから、これからその相手と市場という同じ土俵上で戦わなければなりません。競合と思われる相手が、現在どのような武器をもち、誰を相手に、どのように戦っているのかをリサーチしてみましょう。

　さまざまな資料を用いて、業界の動向やその業界内でのライバル企業の状況などを確認したら、その中でも勝ち組と考えられる企業を数社ピックアップし、自社とベンチマークします。

　ベンチマークする比較項目としては、次のような点が挙げられます。

- 競合企業の扱っている商品・サービスは何か？　その特徴、優位性は何か？
- 競合企業に対する顧客の評価は？　よい点だけでなく悪い点も含めて確認してみる
- 市場全体は伸びているのか、衰退しているのか？　またその理由は何か？
- 自分の事業を考えた場合、競合企業と比べて圧倒的に優っているポイントはあるか？
- 市場全体を見てチャンスと思えるような領域はないか？　また市場全体にとって脅威となるようなことは存在していないか？
- 競合企業が見当たらない場合は、その理由を考えてみる。まだ発見されていない未知の領域なのか？　他社から見たら魅力に乏しい市場であるのか？

　など、実際に事業がスタートしたときをイメージして、自分の事業がなぜ競合企業に勝てるのか明確な答えをもつように心がけましょう。

ユニークな事業アイデアの出し方

基本編 3

① アイデア出しは計画段階で粘り強く

「事業アイデアなんて自分にはとても思いつかない」と、お考えではないでしょうか？

たしかに誰もが驚くような素晴らしいアイデアをひねり出すことは容易ではありません。ただ、アイデアを出す取り組みを簡単に放棄しないことがとても大切です。同業者と同じような事業内容でもいいと安易に決めて起業の準備を進めてしまうと、後々つらいことになりかねません。これから始める事業に顧客をひきつける特別な魅力がなければ、いずれは価格を下げて厳しい競争ステージに入るか、尋常ではない営業努力をするかしかなくなります。資本力のない起業家にとって、価格競争を強いられることは苦しいですし、収益力の低下は即、事業の質の低下に結びついてしまいます。

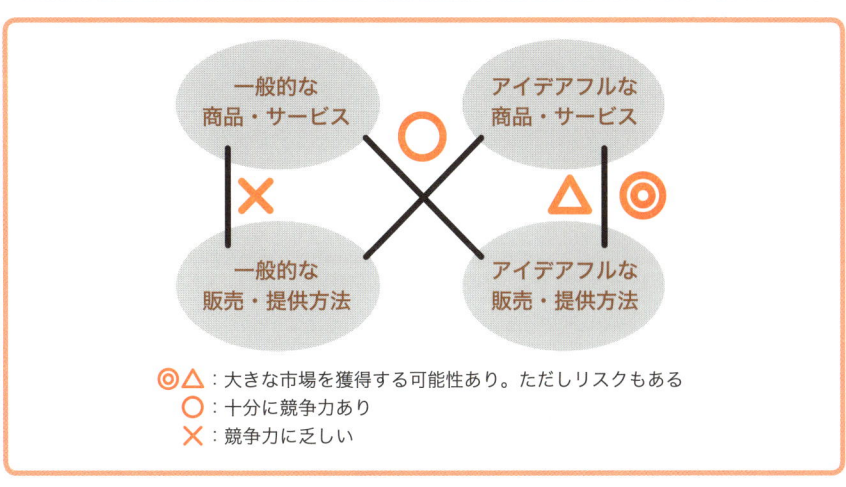

「アイデアフル」と「一般的」の組み合わせ

また、人海戦術による営業展開も難しいものです。人件費を増やすことは、経営を危機にさらす可能性につながります。ですから事業規模が小さい事業では、独自の魅力を計画段階で徹底的に磨き、それを市場にアピールして、競争相手を退けるほうが堅実な考え方なのです。将来苦労するよりも、計画段階で徹底的に汗をかくほうが、きっと後々よい成果を得られるはずです。

❷ すべての面で目新しいアイデアを出す必要はない

では、どうやってアイデアを見つけるのでしょうか。

自分が考えている事業に近い事業を実際に見て、「こうすれば、もっとよくなる」という思いが浮かべば、それがアイデアのもととなります。そのときの「こうすれば」は、商品やサービスなど事業者が消費者に提供する「財」そのものに対してでもいいですし、提供する「方法」についてでもOKです。よく見かける商品というのは、支持されているから頻繁に見かけるわけですし、よく見る販売方法・提供スタイルというのも同じことです。

はじめからあれもこれもとせず、「財」または「方法」のどちらかをよりよいものにするだけでも立派な事業アイデアになるのです。もちろん両方ともアイデアに富んだものなら、それはそれで強力ですが、反面、新しすぎるものにはリスクがあるということも忘れないでください。

❸ 一歩先の変化・一歩手前の要因を考える

前述のように、既存の事業を改良する観点から事業アイデアを考える方法もあれば、社会の変化を材料に発想する方法もあります。つまり、世の中の先の先を追うことで新しさにたどり着く方法です。

「風が吹けば桶屋が儲かる」というたとえを聞いたことがある方は多いと思います。社会や市場に変化が起こり、その変化が新たな規範として定着し始めると、それに伴って、また新たな変化が起こる。したがって、その先を予測すれば、新しいアイデアに到達するという逸話です。

現代の事例で説明すれば、パソコンが個人単位にまで普及した、だから自分もパソコンを製造しよう……では考察が不十分です。

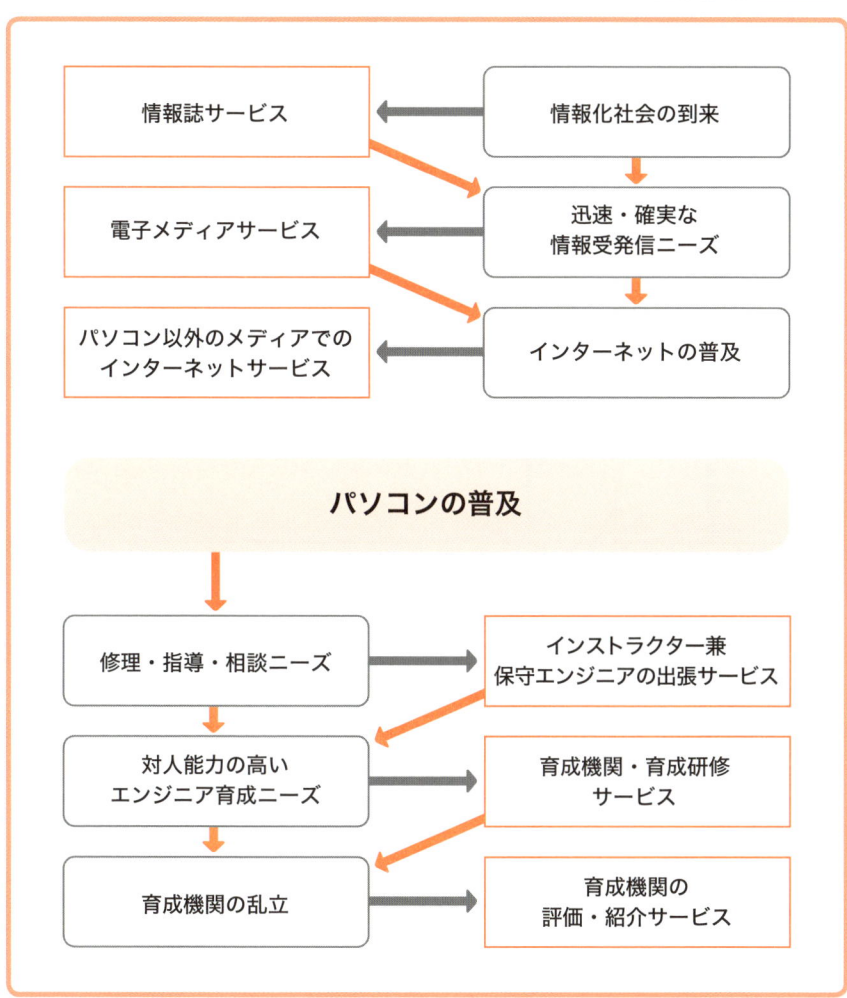

図の矢印に沿って見てもらえばわかるように、その先・その先と考えを推し進めてみるのです。私たちの周囲には、山のように変化のタネが存在しています。その中から関心のある事柄を選んで、これから起こりうるであろう変化のその先を考えていけばいいのです。

一方、成功している事業や、現在の社会情勢を見て、反対に「それはなぜできたのか、なぜ起きたのか」と要因をたぐることで、アイデアのもとになるニーズを発見することもできます。そのニーズに基づいて既存事業とは別の切り口を探していくこともできます。

　頭の中で時計を進めたり戻したり……そうやって発想を広げていくのです。

アイデアシートを書いてみよう

　成功した事業を見ると、「あんなアイデアを生み出すことは自分にはとても無理！」と尻込みしてしまう人もいるかもしれませんが、千里の道も一歩からです。どんな事業も、一つの小さな発想が出発点になっています。それを蓄積し、整理し、修正し、磨き上げて事業にしていったのです。ですから、いきなり完成形に近いグッド・アイデアが出なくても、とにかく事業に関連して思いつくこと、あるいは興味があること、知りたいと思うことなどを、実際に文字にしてみることが大切なのです。

　ここで、一つツールをご提供しましょう。事業アイデアを深めるために必要な項目がたくさん入っているアイデアシートです。このアイデアシートを付録CD-ROMに収録しました。

　CD-ROMからシートのファイルを開いて、各項目を埋めてみてください。パソコンやノートを使って各項目のスペースを大きく取り、関係あると思える考えや関連した情報を好きなだけメモしていく方法もいいでしょう。シートを眺めて、自分の強みや弱みを客観的に観察してみましょう。

　ある程度書きためたところで整理すれば、事業アイデアの強みや弱み、さらには自分自身の強みや弱みまでが輪郭を浮かび上がらせるはずです。

　なお、このシートに向かう時点で、記入できない項目があってもかまいません。時間を置いて調べたり、他人の意見を聞いたりしてじっくり取り組めばいいのです。書き直しも、もちろんOK。テーマ別に何枚つくってもかまいません。アイデアシートは、あくまでアイデアのタネを無駄にしないための道具なのですから。

アイデアシートの記入例

アイデアシート

事業名
海外移住・ロングステイサポート事業

事業アイデアの概要
これから海外移住や長期海外滞在を希望されるシニア層へ向けて、さまざまなサポートサービスを提供する

顧客にとっての魅力
憧れの海外生活を実現するための具体的な手段を提供してもらうことができる

社会にとっての魅力
シニア層に対する新しい生き方、生きがい、新しいライフスタイルの提供

自分にとっての魅力
これからますます増加する高齢者に対して
新しい価値の提案ができることの喜びを享受することができる

顧客の具体的なイメージ	取引先・仕入れ先・提携先・協力者など
アクティブシニア層	ロータリークラブ、旅行会社、不動産会社など

興味を示しそうな人や団体（その理由）	敵対しそうな人や団体（その理由）
老後を海外で過ごしたいと考えている夫婦	シニア層の資産を狙っている企業

類似事業	類似事業との相違点
海外旅行事業、留学斡旋事業	ターゲット層、滞在期間、専門性の高さ

競争相手に優る点	競争相手に劣る点
長期滞在可能な専門ビザの取得ノウハウの存在	知名度、ブランド力

先行者が成功している理由	先行者が苦労している理由
有力な大手競合他社が存在しないこと	契約率の低さ（慎重な顧客が多いこと）

その事業に追加できそうな商品やサービス	その事業からカットできそうな商品やサービス
外貨送金サービス、保険サービスなど	とくになし

実現するうえでの自分自身の課題	実現するうえでの社会的・地域的・業界的課題
具体的な顧客の獲得方法が固まっていないこと	海外移住やロングステイのリテラシーが低いこと

許認可・届け出の必要性と種類	将来的なリスクや問題点
とくになし	大手の参入、地政学的リスク

必要情報を得るための相手や機関
各国大使館、外務省、厚生労働省、シニアビジネスを展開している企業など

この事業アイデアに対する他人の意見
興味をもっていただける方は多い。本格的に移住する方の意思決定をどのように促すか、その仕組みが必要ではないか？ ターゲット層に対する詳細なフィージビリティ・スタディが必要ではないか？

基本編

事業計画書の組み立て方

基本編 4

① 6W2Hでまとめていく

これまで、「動機の確認」「市場選定」「事前調査（制約条件の確認）」「アイデアの醸成（コアコンピタンスの確認）」について概観してきました。これらのことを考え抜いていくと、手元には事業計画に必要な要素がそろい始めます。これらの要素を6W2Hで整理して、事業計画の形にまとめていきましょう。

事業計画立案に必要な要素「6W2H」

Why?
なぜこの事業をやるのか？
困難に直面したときの精神的バックボーンにもなりうる。自分の事業の「社会的存在意義」についても確認しておく。

What?
商品・サービスの具体的な内容は？
顧客に対して、どんな商品やサービスを提供しようとしているのか。この商品は、市場や顧客に受け入れられるものか。

Where?・Whom?
想定する市場は？　顧客は？
ターゲットは、できるだけ絞り込むことが望ましい。相手が鮮明になればなるほど、アプローチの方法を具体的に検討できる。

How to?
どんな特徴があり、どんなノウハウを使うのか？
商品やサービスを目指す市場・顧客に提供する際に、どうやって競合優位性や独自性を発揮するか。

When?
どのようなタイミングで行うか？
どの時期に、どんな人と、どれくらいの資金が必要なのかという「時」の概念を明らかにすることで、実行計画に具体性が生まれる。

Who?
誰がやるのか？
自分やパートナーの能力を判断し、事業を進めるうえで他にどんな能力や経験をもった人が何人必要なのかを検討する。

How much?
資金は？　売上高や利益の目標は？
どれだけの資金が、どんなタイミングで必要になるのか。事業フローや売上見込みと合わせて検討し、資金計画、資金調達手段につなげる。

◯ ＜What?＞何を扱うのか？

　商品・サービスの具体的な内容を端的にまとめます。顧客に対して、どんな商品やサービスを提供しようとしているのか、扱う商品やサービスは、市場や顧客に受け入れられるのかを考えます。

◯ ＜Why?＞なぜこの事業をやるのか？

　これは後々困難にぶち当たったときの精神的バックボーンにもなり得ます。また、事業として成功するものは社会から歓迎される事業であることが多いので、自分の事業の「社会的存在意義」についてもここで確認しておきます。

◯ ＜Where?・Whom?＞想定する市場はどこか？　顧客は誰なのか？

　商品やサービスを提供しようとするターゲットは、できるだけ絞り込むのが望ましいです。相手が鮮明になればなるほど、アプローチの方法を具体的に検討できるようになります。＜Where＞は市場、＜Whom＞はさらに絞り込んだ顧客を指します。

◯ ＜When?＞どのようなタイミングで事業を行うのか？

　事業の特徴となるノウハウを獲得するには、「人」と「金」をどんなタイミングで投入するかが重要となります。どの時期に、どんな人と、どれくらいの資金が必要なのかという「時間軸」の概念を設定することで、事業の実行計画に具体性が生まれます。

◯ ＜Who?＞誰がその事業をやるのか？

　事業内容とそれを実践するフローの中で、どんな人材が必要になるかを考えなければなりません。まず自分やパートナーの能力を判断し、事業を進めるうえで他にどんな能力や経験をもった人が何人必要なのかを検討します。

◯ ＜How to?＞どんな特徴があり、どんなノウハウを使うのか？

　商品やサービスを目指す市場・顧客に提供する際に、どうやって競合優位

性や独自性を発揮するかを検討します。「販売力」「商品のユニークさ」「物流の効率性」といった特徴を発揮するには、それを生むノウハウ・手段が必要となります。

●＜How much?＞資金は？　売上高や利益の目標は？

開業前、そして開業後に運営していくうえでどれだけの資金が必要になるのか試算します。また、それがどんなタイミングで必要になるのか、事業フローや売上見込みと合わせて検討し、具体的な資金計画、資金調達手段につなげていきます。

2 「6W2H」を「6つのS」に置き換える

起業するだけなら、ことは簡単です。法人登記をして、必要な届出を行えば会社設立は完了し、「起業しました」と誰にでもいうことができます。大切なのは、興した事業をどうやって継続させ、発展させるかです。それを実現するためには、起業後の努力が大事なのは当然のこととして、起業前にもしっかり準備しておくべきことがあります。

それは「6つのS」で表すことができます。

信念（精神的財産）、仕組み（知的財産）、資金（物的財産）という基本の3つのSに、商品（サービス）、市場、支援を加えたものが「6つのS」です。起業の理想像とは、これら6つのSを獲得することにあります。

それをどう考え、どう準備し、どう動かしていくのかを綿密に計画したものが事業計画なのです。これは、先ほど見た「6W2H」のクエスチョンに対する回答という形式で考えることができます。

3 ベースになるのは＜Why＞

「6W2H」には、考えを前に進めるうえでの原則的な順番があります。

それは、34ページの図の上から下へと向かうことです。多くの場合は、＜What＞から入って、次に＜Where・Whom＞へと進んでいきますが、

反対に、先に狙う市場やターゲットを定めて、そこに提供できる商品やサービスを考案する方法もあります。

前者は動機先行型で、後者は根拠先行型。マーケティング的には後者が有利ですが、＜What＞と＜Where・Whom＞の二つを頻繁に往復してプランを深めていけば、どちらからスタートしてもかまいません。

いずれにしても、＜Why＞には絶えず立ち返ることが大切です。なぜ、自分はそれをやるのか、なぜ、人々（市場）はそれを必要とするのか、その回答が曖昧なプランは空理空論でしかないのですから。

❹ ＜How to＞は扇のカナメ

さて、図の下のほうへと移っていきます。残された「2W2H」＝＜When＞＜Who＞＜How to＞＜How much＞のいずれも軽視できませんが、中でも＜How to＞は最重点項目です。

これによって、上の3項目と下の3項目が結びついていることが34ページの図からもわかるでしょう。言い換えれば、この＜How to＞こそ、市場がその事業に対して感じる魅力であり、競争相手に対する優位性となるポイントなのです。

考えてみてください。たとえばラーメンという同じ＜What＞を扱う事業でも、行列のできるお店もあれば、閑古鳥が鳴いているお店もあります。まさにこの＜How to＞の部分で事業の成否が決まるといってもいいでしょう。

＜How to＞は事業アイデアそのものであり、既存のものや先行しているライバルに対して、一味も二味も違う事業にするための創意工夫なのです。それは商品やサービス自体の工夫でもいいですし、販売・提供方法の工夫でもけっこうです。さらには生産段階の工夫、流通の工夫、販売後のフォローの工夫などでもいいでしょう。

ここが弱いと、あとの＜When＞＜Who＞＜How much＞などは、力のない計画になってしまいかねません。

⑤ そして実行のためのプランを

　プランの最後が＜When＞＜Who＞＜How much＞。事業を実際に稼働させていくための諸課題といえます。どんなにいい事業アイデアでも、実行のためのプランが甘ければ絵空事です。

　この点のツメが甘い人が少なくありません。仮に事業を１年間行うとして、必要資金はいくらか？　その資金はどうやって確保するのか？　また、どのような仕事をするスタッフが何人必要か？　さらに、そのスタッフはどうやって集めるのか？

　これらは夢を語る部分ではありません。現実的で、かつ具体的な案だけが求められる個所だと考えてください。

⑥ 「魅力」「根拠」「緻密」が内容上のポイント

　事業計画書は、前述した主要項目の説得力によって、その可否が決まります。

　では、具体的にどんな内容を書けばいいのでしょうか。やや冗長な表現をすれば……「何を、なぜ、誰に、どんな市場で、どんな特徴をもって、どのように知らせ、どのように提供するか。そして、それは、いつ、誰と、どんな方法で、どんな数字に基づき、どんな数字を目指して行うのか」ということになります。

　事業計画書はボリュームが出るため、実際には冊子として仕上げるケースが多いのですが、その場合、項目を網羅的に記述するだけでなく、ヤマ場を設けることが大切です。

　内容の魅力を伝える部分、その根拠を示す部分、そして計画の緻密さ、これらにはとくに注力したいものです。

7 「明瞭」「簡潔」「平易」が作成上のポイント

　事業計画書の作成にあたって注意したい点は、当たり前のことながら、わかりやすく書くということです。

　わからないプランに賛意を示す人はいません。もちろん、難解な専門用語の羅列や外国語表記の連発も逆効果となります。長すぎる前置きや、多すぎる参考資料も考えものです。とにかく、明瞭かつ簡潔が鉄則です。

　もし、事業プランが壮大というのなら、一言でわかるタイトルやサマリー（事業プランの要約）を用意しましょう。

　さらに、データの使い方もポイントです。相手を説得するためには、ヤマ場となる部分で裏づけデータが必要になります。数値データは、表やグラフを活用して煩雑にならないよう表記します。

　また、前書き部分などに、たとえば「資金を提供してほしい」「パートナーになってほしい」といった作成目的を示すことも大切です。

　そして、他人に物事を依頼するための書類だと考えれば、相手にとってわかりやすく快い文章であることが求められます。相手に合わせてですます調やである調を使い分けたり、伝え方の順番や、とくに強調するポイントなどを変えていく必要があります。事業計画書はあくまでコミュニケーションツールであり、そのツールの出来の良し悪しによって人の心に響くかどうかが決まります。その意味で、途中で妥協することなく、細部にまで目を光らせながら自分にとってベストと思えるものをつくり上げましょう。

　それでは、次のページからは具体的な事業計画書のサンプルを見ていくことにしましょう。このサンプルは、天然石を使ったアクセサリービジネスという新事業の計画書で、タイトルページから〆のページまで事業計画書の一通りが含まれています。

タイトル

◎ ➡ 📁 基本編 ➡
📄 基本→スライド0

天然石を使った
ハッピーアクセサリービジネス
事業計画書

株式会社 e a r t h

　タイトルページ（表紙）には、事業の内容がシロウトでもわかるようなタイトルを明記します。起業者は事業の内容をずっと考えてきていますので、簡単に事業イメージを想像できますが、これから事業計画を見る方は、まったくはじめてのことですからイメージすることはたやすくありません。誰でも容易に想像できる言葉を使うように心がけて、とくに難しい専門用語や業界用語は控えるようにしましょう。また、イメージがわきやすいように商品の画像やイラスト、ロゴマークなどを表紙に表記するのもいいでしょう。

　表紙は事業計画の顔です。表紙を見ただけで、次のページをめくってみたくなるような工夫をぜひしてみてください。

事業理念

基本編

💿 ➡ 📁 基本編 ➡
📄 基本→スライド1

◆すべてはお客さまのハッピーのために

「夢に向かってがんばっている」

「恋に仕事に毎日を楽しんでいる」

「もっと成長したい」

「いまの幸せを大切にしたい」

私たちはそんなお客さまの前向きな思いを応援する会社です。

幸せオーラに包まれたみんなで、明るく元気な世の中にしていきたい。

それが私たちの願いです。

　事業理念のページです。このページでは、なぜあなたがこの事業に取り組むのか、その「想い」を記載します。事業理念が四字熟語や短文で示されている場合には、その言葉の背景にある想いなどを文章で明記するのがいいでしょう。

　これから展開される具体的な事業プランについて、なぜあなたは人生をかけてやりたいと考えているのか、またその事業によってあなたは世の中にどんな影響を及ぼしていきたいのかなど、これから事業計画の内容を詳しく展開する前に、あなたがこの事業で成しとげたいこと、その熱い想いを伝えていきましょう。

マーケット説明

🔘 ➡ 📁 基本編 ➡

📄 基本→スライド2

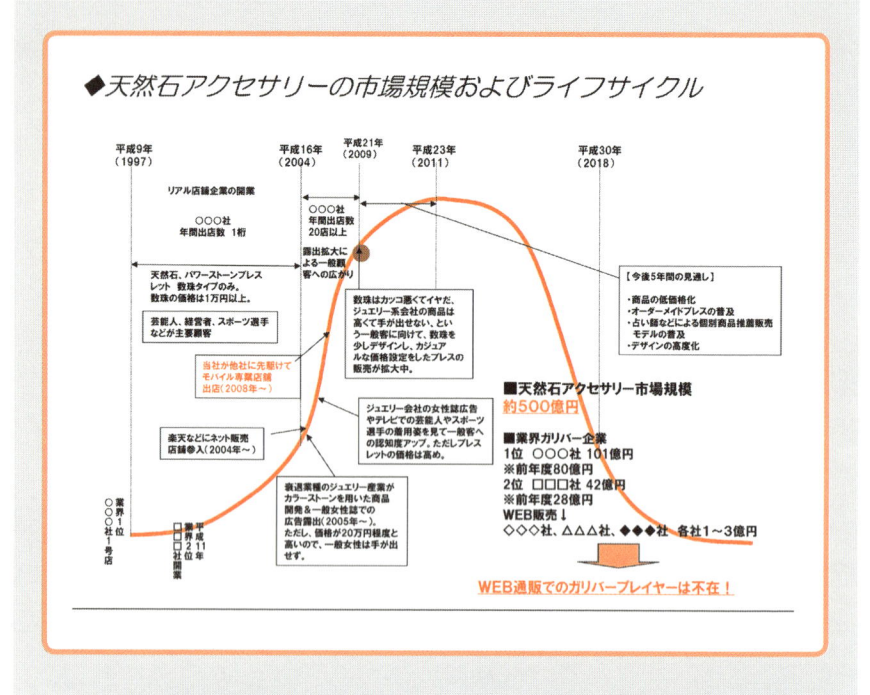

◆天然石アクセサリーの市場規模およびライフサイクル

平成9年（1997）
平成16年（2004）
平成21年（2009）
平成23年（2011）
平成30年（2018）

リアル店舗企業の開業
〇〇〇社 年間出店数 1桁

天然石、パワーストーンブレスレット 数強タイプのみ。数強の価格は1万円以上。

芸能人、経営者、スポーツ選手などが主要顧客

〇〇〇社 年間出店数20店以上

露出拡大による一般顧客への広がり

当社が他社に先駆けてモバイル専業店舗出店（2008年～）

楽天などにネット販売店舗参入（2004年～）

衰退業種のジュエリー産業がカラーストーンを用いた商品開発＆一般女性への広告露出（2005年～）。ただし、価格が20万円程度と高いので、一般女性は手が出せない。

数強はカッコ悪くてイヤだ、ジュエリー系会社の商品は高くて手が出せない、という一般客に向けて、数強をアレデザインし、カジュアルな価格設定したブレスの販売が拡大中。

ジュエリー会社の女性誌広告やテレビでの芸能人やスポーツ選手の着用例を見て一般客への認知度アップ。ただしブレスレットの価格は高め。

【今後5年間の見通し】
・商品の低価格化
・オーダーメイドブレスの普及
・占い師などによる個別商品推薦販売モデルの普及
・デザインの高度化

■天然石アクセサリー市場規模
約500億円

■業界ガリバー企業
1位 〇〇〇社 101億円
※前年度80億円
2位 □□□社 42億円
※前年度28億円
WEB販売↓
◇◇◇社、△△△社、◆◆◆社 各社1～3億円

○業界1位 〇〇〇社1号店
□業界2位 □□□社開業

WEB通販でのガリバープレイヤーは不在！

　これから事業を展開する市場について説明します。この例ではプロダクトライフサイクルを意識して、現在の市場がどの位置にあるのかを明確にしながら、その市場がこれからまだ伸びるという仮説に基づいて論理を展開しています。これまで市場がどのように醸成され、そして現在どのような状態で、今後どのように推移するのか、仮説を立ててわかりやすく明記しています。

　また、通常は1ページを使って競合他社に関する説明を行いますが、この例では競合他社の状況についてもこのシート上でまとめて記載しています。いずれにしても、これからあなたが参加する市場の中には現在どのようなプレイヤーが存在しているのかわかるようにしましょう。

コアコンピタンス（市場での優位性）

基本編

🔘➡📁 基本編➡
📄 基本→スライド3

◆新市場の戦略的位置づけ

両市場の長所を取り込み、デザイン性が高く、すべてのアイテムにストーリー性をもたせた商品市場

1％が切り替わるだけで100億円の市場

アクセサリー市場
約1兆円

・2ケタ成長市場
・成長理由は「将来不安の一般化」と「石のもつストーリー性」
・限界要素は「うさんくささ」

市場拡大 ➡ ハッピーアクセサリー市場 ⬅ 市場縮小

新市場創造

パワーストーン市場
約500億円

縮小市場
縮小理由は「価格の下落」と「従来型商品への飽きによる買い控え」
・デザイン性の高さが長所

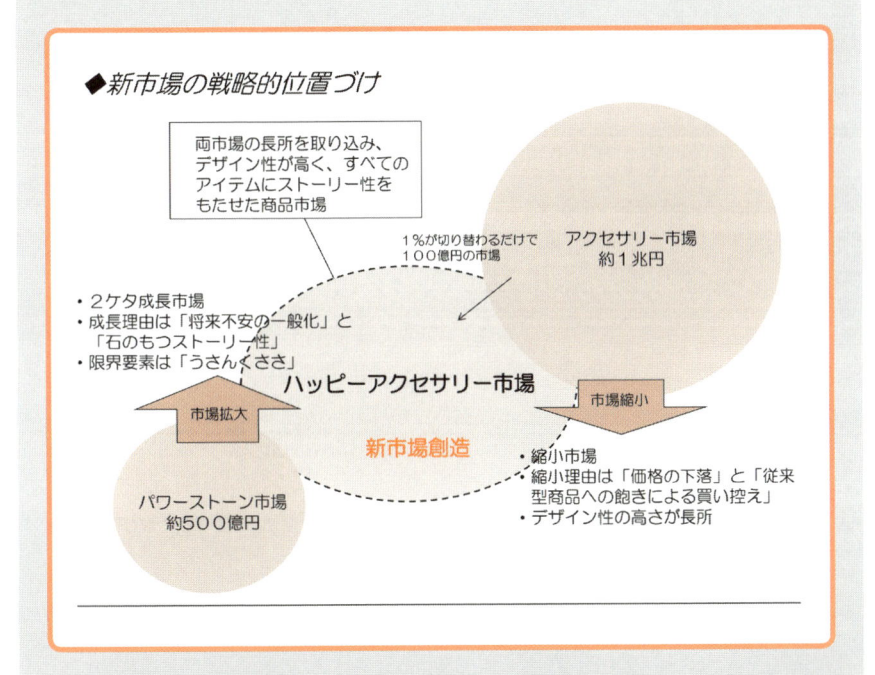

　市場優位性の説明ページです。これから展開する事業が、なぜ市場の中で勝つことができるのか、その理由を明記します。この例では、既存市場における問題点と、二つの既存市場の間に存在しているスキマ市場の存在可能性を仮説としてとらえて、その新市場創造にチャレンジすることをうたっています。

　このように新しい市場を自ら生み出すという戦略の場合は、競合分析はあまり深く触れなくてもよいですが、競合他社の多い既存市場で戦う場合には、多くのプレイヤーがいる中で、なぜ自社が市場の中で勝ち残れるのか、その十分な理由を説明する必要があります。

事業の狙い

⊙ ➡ 📁 基本編 ➡
📄 基本→スライド4

◆事業創造の考え方

> 現在、インターネット市場において、天然石アクセサリーの有力ブランドが存在しない。

▼

(仮説①) 天然石のもつストーリー性の強さを前面に押し出し、見た目にもかわいい新しいアクセサリーブランドを確立することでデザイン性に乏しい天然石市場と、ストーリー性に乏しい既存のアクセサリー市場の狭間に新しい市場の創造が可能。

(仮説②) インターネット上できちんとした商品説明と販売の仕組みを整備したeコマースサイトを運営すれば、競合他社がほとんどいないWEB上で圧倒的ブランドを立ち上げることが可能。

(仮説③) WEB通販に特化した新たなインターネット販売代理店モデルを構築することで、WEB上で多店舗展開網を短期間で構築可能。

▼

天然石を使った新しいアクセサリーブランドを創造し、インターネットを中心とした販売戦略を展開することで、WEB市場におけるナンバーワンの地位を狙う。

　コアコンピタンスの説明ページです。これまでのページで市場の概要と新市場創造の可能性を説明してきましたので、このページでは具体的にどのような「How to＝手段」によって新市場を創造し、その市場でビジネスを展開するのかについて記載しています。既存市場で競合他社との比較をする場合は、具体的な比較項目を挙げて、その中で自社がどのような優位性をもっているのかを一覧表などにまとめ、一目でわかるように記載するのがいいでしょう。

　大切なことは、自社の強みを誰にでもわかりやすく端的に伝えられるかどうかです。ややこしい説明が必要な場合は、実際の事業においても顧客に訴求しづらいなどのデメリットが生まれやすいので、事業計画を作成する段階でブラッシュアップしておきましょう。

事業概要

基本編

💿 ➡ 📁 基本編 ➡

📄 基本→スライド5

◆新しいアクセサリーブランドの創造

国内初のハッピーアクセサリーブランド「cherish」

cherish

「cherish」は、
すべてのアイテムに天然石のついた
アクセサリーブランド。

世界各国のラッキーモチーフと
天然石の組み合わせでできており、
すべてのアイテムに幸運のストーリーが
ついた「ハッピーアクセサリー」として
国内初めてのラッキーブランド。

現在は、モバイル、インターネットでの直営店
の他、百貨店、セレクトショップなどの実店舗
にてテスト販売を開始。

cherishは、500億円のパワーストーン市場と
同時に、1兆円のアクセサリー市場を狙った
戦略型商品。

　事業の概要を説明するページです。この例では、新しい市場に対する戦略型商品として国内初のハッピーアクセサリーブランド「cherish」を創設することについて説明しています。

　このページでは、これから説明する事業の内容についてまずはその全体像がわかるように記載しています。大切なことは、わかりやすさとインパクト。その事業に興味をもっていただけるかどうか左右されるところですので、ぜひ工夫してみてください。なお、個別の商品やサービスについては次ページ以降で触れていきます。

商品説明①

🔘 ➡ 📁 基本編 ➡

📄 基本→スライド6

◆商品の特徴・イメージ

cherishは、すべてのアイテムで天然石（パワーストーン）と世界中から集めたハッピーモチーフの組み合わせによってデザインされている。その掛け合わせにより、すべてのアイテムに幸運の意味づけがされており、販売時にその幸運ストーリーをお客さまにお伝えすることで訴求力UPを狙う。

※たとえば「ミサンガ風ブレスレット『馬車×ローズクォーツ』」には、「結婚のチャンスが到来！」という意味を付与している。顧客の願望ごとにターゲット設定し、各商品の開発を行うことを想定。

　商品の説明を行うページです。取り扱う商品の特徴についてはじめて見る方でも簡単にイメージできるように、図や写真などを盛り込んでわかりやすく仕上げるのが望ましいでしょう。

　また、その商品がなぜお客さまの心をつかむのか、その具体的な理由を挙げておくことも大切です。商品価値には、デザイン性の高さのように目に見える価値もあれば、商品の背景にあるストーリーやサービスのように目に見えない価値もあります。どちらの場合であってもわかりやすく直感的に商品を理解できるようにしておきましょう。

販売戦略①

基本編

🗂 → 📁 基本編 →

📄 基本→スライド7

◆販売戦略① インターネット通販（直販）

一般的な天然石アクセサリーの販売サイトは、スピリチュアル的な要素を押し出しているためデザイン性やかわいらしさに乏しく、サイトによっては怪しさを感じてしまう。
新ブランドのWEBサイトでは、他のサイトとは異なる世界観とデザイン性の高さを一目で顧客に対して訴求できるように工夫する。
また、購入率を高めるために最小のクリック数で購入できるように、カートの設定なども工夫する。

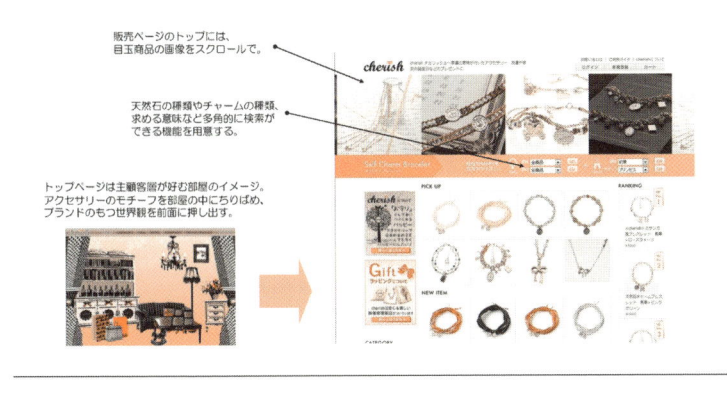

販売ページのトップには、目玉商品の画像をスクロールで。

天然石の種類やチャームの種類、求める意味など多角的に検索ができる機能を用意する。

トップページは主顧客層が好む部屋のイメージ。アクセサリーのモチーフを部屋の中にちりばめ、ブランドのもつ世界観を前面に押し出す。

　事業を成長させるためには、商品やサービスをお客さまに買っていただく必要があります。買っていただくためにどのような戦略をもっているのかを説明するページです。通常はどういったマーケティング手法を用いて顧客に商品を認知してもらうかを記載します。商品によっては流通チャネルにフォーカスし、どのような流れで商品をお客さまの手元に届けるのか、その具体的な方法を記載してもいいでしょう。

　この例では、WEBページを使った商品プロモーションについて説明を行っています。具体的なページのデザインや構成について触れることによって、事業のイメージをよりリアルに伝えられるように工夫しています。

事業検証①

◉ ➡ 📁 基本編 ➡

📄 基本→スライド8

◆事業プロトタイプと検証結果(①インターネット通販)

事業プロトタイプ
① 数名のコアターゲットに属する女性に対して商品を実際につけていただき、友人の声などを収集した。
② 友人のWEBサイト上にて、試作品を商品UPしていただき、まずは顧客の反応を検証してみた。次にそのサイト上で試作品の販売を実施し、アクセス数やクリック率などの各種数値を検証した。
③ 無料サイトを利用してデモサイトを構築し、サイトアクセス数について検証した。

検証結果
① アンケートの結果、つけている本人およびその友人からは「かわいい」「リーズナブル」などの声が多く、商品力の高さが裏づけられた。実際に買うとした場合、どの程度の価格であれば購入するかという質問に対しては、おおむね4000~5000円程度の価格帯の回答が集まった。
② 試作品を実際にWEB上にUPしたところ、1週間で100件のお問い合わせが入った。用意した10個の試作品は1週間ですべて完売。モバイルサイトでも十分販売できることもわかった。
③ デモサイトは1週間で3000~4000アクセスを記録。広告費を使わなくても月間10000件程度のアクセスを稼ぐことが可能。

本事業への適用
① 商品の価格帯は4000円を中心とする。導入型商品として3000円の商品も準備。
② インターネット上で十分商品を売ることができたので、販売用サイトの開発に着手。最初は投資金額の少ないモバイルサイトでスタートし、次にWEBサイトを開設する。
③ 月間のアクセス数を当初10000件で見積もる(広告費なし)。ブログやメルマガ、プレゼント企画などを併用してアクセス数を稼いでいくようにする。

　事業検証のページです。一般的な事業計画書においては、このページを用意するケースは少ないのですが、事業計画にリアリティと説得力をもたせるためにとても大切なページになります。これから組み立てていくビジネスについて、どのようなテストモデル=事業プロトタイプをつくれば効果的な検証ができるのかを考え、実際にその事業プロトタイプをつくって、実行して、その実行結果を記載します。

　大切なことは、極力数値化することです。事業計画書の後半部分で販売計画や売上・利益計画を作成する際に、与件となる数字を設定しますが、その与件となる数字に大きな影響を与えるのがこの検証結果となります。頭の中だけではない、実際に市場で試したという実行結果には強い説得力がありますし、事業に対する自信にもつながります。

販売戦略②（提供する価値の明確化）

基本編

◎ → 📁 基本編 →

📄 基本→スライド9

◆販売戦略② 　販売代理店展開

3つのゼロ（在庫ゼロ、出荷ゼロ、リスクゼロ）を具現化した天然石アクセサリービジネス。初心者でも簡単に低予算で始められることを強調することで、参加者数のアップを狙う。
市場分析から得られた6つの問題点を、当事業の販売代理店として加盟することによって、すべてクリアできることを強調する。

問題点抽出	ソリューション提案
商品構成および売れ筋商品の情報が乏しい	当社は天然石アクセサリー専業会社であることを強調。専業会社ならではの商品構成や売れ筋動向を踏まえたマーチャンダイジング、トレンド重視のマーケティング力にて代理店のビジネスをサポートする。
商品の仕入ルートがない、専任バイヤーがいない	本部を代理店の「専任バイヤー」と位置づけ、競争力のある新商品開発や仕入ルート開拓に努めることを強調。
買い付け仕入による資金繰り、商品保管場所が不安	代理店による商品の買取仕入は一切不要。「塩漬け在庫金額」分をプロモーション費用に充てることが可能。また、商品保管は本部倉庫による一元管理を行うため在庫スペース確保も不要。
出荷作業、在庫管理のノウハウ不足や専任スタッフがいない	出荷作業は本部が100％実施。売れ筋商品の在庫管理も本部倉庫で一元管理する。代理店は入金・注文管理、ユーザーサポートに注力することが可能。
コマースサイト構築、デザイン制作、サイトプロモーションができない	お好みや予算に応じてサイト構築をサポートするオプショナルメニューを設置。必要に応じて、広告代理店やショッピングモール紹介なども実施。
個人と法人で契約内容が異なり制限が多い	個人の週末起業も可能にして参加しやすくする。開業規模に応じたフルラインサービスにて、副収入、新規事業利益、別法人設立、有店舗化までサポートする。

　販売戦略2枚目のページです。この例では、販売代理店の展開を想定しているので、具体的に販売代理店に対してどのようなメリットを提供できるのかについて記載しています。

　販売戦略においては、お客さま＝商品・サービスの受益者に対してどのような価値を提供できるかが重要になります。この場合は、お客さまはこれから募集する代理店ですから、代理店参加希望者・参加希望企業にとってのメリットについてわかりやすく説明しています。

ターゲット市場の特性

🔘 ➡ 📁 基本編 ➡

📄 基本→スライド10

◆販売代理店展開 ～モバイルコマース市場について～

単位：億円

モバイルコマース市場は8,689億円
その中で物販系は3,770億円

市場カテゴリー	2005年	2006年	2007年	前年比	2008年	前年比
モバイルコンテンツ市場	3,150	3,666	4,272	117%	4,835	113%
モバイルコマース市場	4,074	5,641	7,329	130%	8,689	119%
モバイルコンテンツ関連市場	7,224	9,307	11,601	125%	13,524	117%

総務省発表資料 「2012年モバイルコンテンツの産業構造実態に関する調査結果」
一般社団法人モバイル・コンテンツ・フォーラム調査

拡大するネット通販事業！
しかし新規参入する際の6つの問題点として・・・
①商品構成および売れ筋商品の情報が乏しい
②商品の仕入ルートがない、専任バイヤーがいない
③買い付け仕入による資金繰り、商品保管場所が不安
④出荷作業、在庫管理のノウハウ不足や専任スタッフがいない
⑤コマースサイト構築、デザイン制作、サイトプロモーションができない
⑥個人と法人で契約内容が異なり制限が多い

⬇

6つの問題点を解決できる事業モデルであることを強調

　前のページで販売代理店に対するメリットの説明を行いましたが、その背景にある市場についての説明です。天然石アクセサリー市場には、まだeコマースやモバイルコマースに完全特化した有力なブランド企業が存在していないという仮説の元、モバイル市場は急成長をとげているという事実を重ね合わせて、いま市場参加すること＝昇りエスカレーターに乗れる可能性が高いというロジックを展開しています。
　一方でネット通販には大きな6つの問題点が潜んでいることを示して、当事業の代理店展開の仕組みにおいては、その問題点をすべてクリアできる＝誰でも簡単にこの上向き市場に参加できるというメッセージを発信しています。

商品説明②

基本編

基本→スライド11

◆販売代理店展開　～具体的プラン～

	お試しプラン ラクラクお試しコース	スタンダードプラン イチ押し！	独立開業プラン 本業へジャンプアップ
加盟金※1	100,000円	300,000円	500,000円
初期デポジット	100,000円	300,000円	500,000円
商品アイテム数	基本商品100アイテム	基本商品300アイテム	基本商品500アイテム
送料負担の有無	代理店全額負担	本部一部負担※2	－
掛け率	参考上代の70掛	参考上代の60掛	参考上代の50掛 ※買取仕入のみ

※1　加盟金に含まれるもの　商品データ、出荷時同梱物制作
※2　お一人さま一回のご注文につき、1万円以上のお買い上げの際は本部100％送料負担

■オプション
○ホームページ作成代行費用（PC用）ベーシック　　5万円（別途実費）
○ホームページ作成代行費用（PC用）オーダー　　　20万円（別途実費）
○ホームページ作成代行費用（モバイル用）　　　　3万円（別途実費）
●商品データ入力代行費用（50件ごと）　　　　　　3万円
●オーダーメイド商品企画（20商品）　　　　　　　15万円～
　※実費にはドメイン取得、レンタルサーバー、ショッピングカート代等を想定
　※消費税別途

　商品の案内ページです。商品説明①では商品そのものの説明でしたが、今回は顧客が代理店参加希望者ですから、それぞれの背景に合わせて参加できるメニューを3タイプ用意しています。また、インターネットに対する習熟度の違いも考慮して、ある程度知識のある方は自らの力でWEBページやインターネットモールを立ち上げて参加できるようにし、まったくのWEB初心者に対してはオプションサービスを活用することで事業に参画できるというような工夫を行っています。「お試しプラン」は週末起業で月間10万円程度のお小遣いを稼ぎたいOL・主婦層向け、「独立開業プラン」は本代理店事業だけで生活費をまかなえる水準まで稼げることを想定して各条件設定を行っています。

ビジネススキーム図

💿 ➡ 📁 基本編 ➡

📄 基本→スライド12

◆販売代理店展開　～ビジネススキーム～

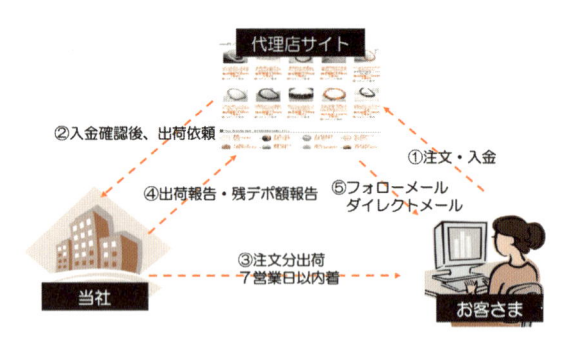

代理店サイト

②入金確認後、出荷依頼　　　　　　　　①注文・入金
④出荷報告・残デポ額報告　　⑤フォローメール
　　　　　　　　　　　　　　　ダイレクトメール
　　　　　③注文分出荷
　　　　　7営業日以内着
当社　　　　　　　　　　　　　　　お客さま

■本部・代理店の役割
●代理店はショッピングサイト（PC・モバイル）を立ち上げ、受注および代金回収業務を行う。
　※代金回収の方法としては銀行振込、代引きは必須。クレジットカード、コンビニ決済等については
　　代理店個々の判断に委ねる。
　※受注後速やかに本部へ発送依頼。本部は代理店のデポジットから当該金額を決済し、お客さまへ商品を発送。
●本部はオーダーメイド商品とは別に、定期的に新商品を開発し、代理店に提供する。
●本部は代理店から商品の発送を依頼された場合には、デポジットの有無を確認後、速やかに発送する。
●本部は代理店が預け入れしているデポジットが不足する前に、その旨速やかに通知する。

　ビジネスモデルを説明する際に、よく使われるのが「ビジネススキーム図」です。図の中には、その事業に参加する登場人物（＝お客さま、会社、協力会社など）を配置し、それぞれの間でお金や商品、情報などがどのようにやりとりされるのかを図示します。あまりたくさんのことを記載しすぎると図がややこしくなりますので、主要な取引に限定して、細かなものについては別添資料などで補足説明するのがいいでしょう。

　ビジネススキーム図で最も大切なのがお金の流れです。ビジネスモデルとは、どのように登場人物間で商品を流通させることで自社にお金を流し込むのか、その具体的な方法を生み出すことに他なりません。自社のビジネスの仕組みを誰にでもわかりやすく説明できるように工夫してみてください。

事業検証②

○ → 📁 基本編 →

📄 基本→スライド13

◆事業プロトタイプと検証結果（②販売代理店展開）

┌─ 事業プロトタイプ ─────────────────────────
│ ①まず、加盟店の概要がわかる営業用資料をパワーポイントで作成。
│ ②次に、すでにインターネット通販を行っている友人に対して、販売代理店の企画を説明し、印象や
│   感じたことなどをヒアリング、その内容を踏まえて営業資料をブラッシュアップした。
│ ③ブラッシュアップした資料を、アクセサリーが好きなOLや主婦に説明したり、ネット上でアパレル
│   やアクセサリーを扱っている事業主に直接メールでアプローチして代理店サービスの内容を伝え、
│   加盟したいかどうかについてヒアリングした。

┌─ 検証結果 ────────────────────────────
│ ①インターネット通販を行っている友人からは、次の指摘があった。
│   a．商品のラインナップがもっとほしい。ネット上で顧客が選べる楽しさを醸成する必要がある。
│   b．初心者が運営するのであれば、集客サポートやWEB開発サポートなどを充実させる必要あり。
│   c．初期費用が少々高め。お試し期間などがあるといいかも。
│ ②第三者（OL・セミナー参加者）に対する説明の結果は次のとおり。
│   a．OLについては、自分たちの趣味に合ったものが扱えると楽しく業務ができそうだとのこと。
│   b．ブログやFacebookとの連携についてのアドバイスなどがほしいという声が聞かれた。
│   c．事業主からは、おおむね「面白そう」なので検討したいという声が聞かれた。

┌─ 本事業への適用 ─────────────────────────
│ ①初心者向けのオプショナルサービスを充実させ、誰でも簡単に始められることを強調する。
│ ②すでにeコマースの店舗をもっている事業主に対しては、「無料お試しプラン」を設定して、
│   実施している事業とのシナジーが生まれるかどうか検証できるようにする。
│ ③最初の半年は直販に特化し、ある程度の数字見込みが確立した段階で代理店プランの展開を開始する。
│   ※数字の裏づけが乏しいと代理店開拓活動を行っても獲得までに時間がかかり、ロスが発生するため。
│ ④百貨店やセレクトショップに対する商品の卸販売も十分可能であるので、2年目以降に開始したい。

　事業検証のページです。事業検証①と同様に、今回も事業プロトタイプを作成して、その結果を本事業にどのように適用していくのか説明しています。この例では、対象となる顧客層やすでに似たような事業を行っている事業者に対してヒアリング調査を実施するにとどめていますが、実際には事業が始まったら間違いなく参画するという事前予約を受けつけたり、予約金を預かるなどの具体的な行動が伴うようなプロトタイプを構築することによって、よりスムーズに事業が立ち上がる仕組みをつくることも可能です。プロトタイプはテストモデルでありますが、よりリアルな確実性の高いモデルをつくれば、それは即事業のスタートアップモデルにつながります。事業の成功確率をUPさせるためにも、ぜひ力を入れてプロトタイプの構築を行ってください。

販売計画

◎ → 📁 基本編 →

📄 基本 → スライド14

◆事業計画　～販売計画～

- 初年度2500万、5カ年で売上5億円を目指す。
- 直販はWEBおよびモバイルに特化し、それ以外は卸売および加盟店経由での間接販売に特化。
- 間接販売については、最小の売上単価を5万円で設定。→将来的には店舗売上の向上を目指す。

	与件	第一期	第二期	前年比	第三期	前年比	第四期	前年比	第五期	前年比
cherish卸販売事業		4,560,000	21,960,000	481.6%	66,960,000	304.9%	155,850,000	232.8%	293,700,000	188.5%
委託販売開拓数		12	24	200.0%	36	150.0%	60	166.7%	60	100.0%
累計店舗数		12	36	300.0%	72	200.0%	132	183.3%	192	145.5%
1店舗あたり売上	600,000	840,000	140.0%	1,200,000	142.9%	1,500,000	125.0%	1,800,000	120.0%
売上見込み		4,560,000	21,960,000	481.6%	66,960,000	304.9%	155,850,000	232.8%	293,700,000	188.5%
見込み原価		2,280,000	10,980,000	481.6%	33,480,000	304.9%	77,925,000	232.8%	146,850,000	188.5%
加盟店事業		5,100,000	12,300,000	241.2%	28,650,000	232.9%	61,200,000	213.6%	133,800,000	218.6%
新規開拓数		12	12	100.0%	12	100.0%	24	200.0%	24	100.0%
累計店舗数		12	24	200.0%	36	150.0%	60	166.7%	84	140.0%
1店舗あたり月間売上	600,000	600,000	100.0%	900,000	150.0%	1,200,000	133.3%	1,800,000	150.0%
商品販売収入	1店舗5万円として	5,100,000	12,300,000	241.2%	28,650,000	232.9%	61,200,000	213.6%	133,800,000	218.6%
原価	原価率50%	2,550,000	6,150,000	241.2%	14,325,000	232.9%	30,600,000	213.6%	86,900,000	218.6%
直販		15,600,000	44,400,000	284.6%	73,200,000	164.9%	102,000,000	139.3%	130,800,000	128.2%
モバイル		7,800,000	22,200,000	284.6%	36,600,000	164.9%	51,000,000	139.3%	65,400,000	128.2%
PCサイト		7,800,000	22,200,000	284.6%	36,600,000	164.9%	51,000,000	139.3%	65,400,000	128.2%
原価	原価率50%	7,800,000	22,200,000	284.6%	36,600,000	164.9%	51,000,000	139.3%	65,400,000	128.2%
売上合計		25,260,000	78,660,000	311.4%	168,810,000	214.6%	319,050,000	189.0%	558,300,000	175.0%
原価合計		12,630,000	39,330,000	311.4%	84,405,000	214.6%	159,525,000	189.0%	279,150,000	175.0%
粗利益合計		12,630,000	39,330,000	311.4%	84,405,000	214.6%	159,525,000	189.0%	279,150,000	175.0%

　販売計画のページです。通常は中期計画として3カ年計画の数字を掲載するのが一般的ですが、ここでは5カ年分の計画を記載しています。数字を示すページでは細かな数字に目が行きがちになりますから、表の上部分にとくに伝えたい目標数値や事業上のポイントを記載します。

　販売計画は、通常、商品の「販売数」×「単価」によって売上の金額を算定します。商品の「販売数」は、さまざまな形に因数分解することができます。たとえば「見込み客数」×「契約率」とか、「表示回数」×「クリック率」×「契約率」など、顧客を獲得する過程で、どの要素が重要かを吟味したうえで決定する必要があります。また、事業検証時に獲得できている数字があれば、この段階で適用するのが望ましいでしょう。概算ではなく何らかの仮説やテスト結果に基づいてきちんと積み上げて算定できているとベストです。

人員計画

基本編 →

基本 → スライド15

◆事業計画 ～人員計画～

- 最初は友人・知人ネットワークで極力人件費がかからない格好で事業運営をスタートする。
- 役員報酬については儲けが出るまで最小限にとどめる。
- 三期目以降、本格的な採用活動を実施し、組織を構築していく。
- 人員数は一期末4名、二期末10名、三期末17名、四期末29名、五期末56名。

	与件	第一期	第二期	前年比	第三期	前年比	第四期	前年比	第五期	前年比
社員採用数			1	3	300.0%	4	133.3%	6	150.0%	15	250.0%
社員数			1	4	400.0%	8	200.0%	14	175.0%	29	207.1%
アルバイト採用数			2	3	150.0%	3	100.0%	6	200.0%	12	200.0%
アルバイト数			2	5	250.0%	8	160.0%	14	175.0%	26	185.7%
役員報酬			¥2,400,000	¥3,600,000	150.0%	¥4,800,000	133.3%	¥6,000,000	125.0%	¥12,000,000	200.0%
正社員給与	¥250,000	¥1,750,000	¥8,000,000	457.1%	¥16,000,000	200.0%	¥30,000,000	187.5%	¥63,250,000	210.8%
アルバイト給与	¥80,000	¥1,520,000	¥3,520,000	231.6%	¥6,320,000	179.5%	¥11,040,000	174.7%	¥19,680,000	178.3%
法定福利費		¥737,100	¥1,965,600	266.7%	¥3,525,600	179.4%	¥6,115,200	173.5%	¥12,340,900	201.8%
福利厚生費		¥600,000	¥600,000	100.0%	¥600,000	100.0%	¥600,000	100.0%	¥600,000	100.0%
通勤交通費		¥780,000	¥2,280,000	292.3%	¥4,290,000	188.2%	¥7,740,000	180.4%	¥14,970,000	193.4%
人件費合計		¥7,787,100	¥19,965,600	256.4%	¥35,535,600	178.0%	¥61,495,200	173.1%	¥122,840,900	199.8%

　事業計画には、プラスの数字の要素である売上と、マイナスの数字の要素である原価および販管費の項目があります。マイナス項目の販管費の中でも大きなウエイトを占めるのが人件費です。適切な人の採用は事業を加速させる大きなエネルギーとなる一方、過剰な採用は即コスト増につながり、事業の赤字体質を招きます。販売計画で作成した数字を元に、その数字を実現するために、どのような人材がどの程度必要なのかを想定して、必要人員を適切に算定しましょう。また可能であれば、採用人員にどのような仕事を割り振るのか、その職務分掌表や、組織イメージなども作成してみるとよりイメージがわきやすくなります。これからの採用活動で経験豊富な人員の採用のメドが立っているのであれば、組織図とその採用人物のプロフィールも別添資料として提出しましょう。訴求力UPにつながります。

損益計画

→ 📁 基本編 →

📄 基本→スライド16

◆事業計画 ～5カ年損益計画～

- 初年度後半で単月黒字（年間は赤字）、二期目に単年黒字、三期目に累計黒字を達成する。
- 販促費および外注費は売上の5％、広告宣伝費は売上の10％として試算。
- 5年で売上5億円、営業利益5000万円超、営業利益率10％の体制をつくり上げる。

	与件	第一期	第二期	前年比	第三期	前年比	第四期	前年比	第五期	前年比
売上	販売計画参照	25,260,000	78,660,000	311.4%	168,810,000	214.6%	319,050,000	189.0%	558,300,000	175.0%
卸売り		¥9,660,000	¥34,260,000	354.7%	¥95,610,000	279.1%	¥217,050,000	227.0%	¥427,500,000	197.0%
直販		¥15,600,000	¥44,400,000	284.6%	¥73,200,000	164.9%	¥102,000,000	139.3%	¥130,800,000	128.2%
原価		¥12,630,000	¥39,330,000	311.4%	¥84,405,000	214.6%	¥159,525,000	189.0%	¥279,150,000	175.0%
卸売り		¥4,830,000	¥17,130,000	354.7%	¥47,805,000	279.1%	¥108,525,000	227.0%	¥213,750,000	197.0%
直販		¥7,800,000	¥22,200,000	284.6%	¥36,600,000	164.9%	¥51,000,000	139.3%	¥65,400,000	128.2%
売上総利益		¥12,630,000	¥39,330,000	311.4%	¥84,405,000	214.6%	¥159,525,000	189.0%	¥279,150,000	175.0%
人件費	人員計画参照	¥7,787,100	¥19,965,600	256.4%	¥35,535,100	178.0%	¥61,495,200	173.1%	¥122,640,900	199.8%
地代家賃		¥1,200,000	¥1,800,000	150.0%	¥2,400,000	133.3%	¥3,600,000	150.0%	¥6,000,000	166.7%
旅費交通費		¥600,000	¥1,200,000	200.0%	¥2,400,000	200.0%	¥3,600,000	150.0%	¥6,000,000	166.7%
水道光熱費		¥120,000	¥360,000	300.0%	¥360,000	100.0%	¥1,200,000	333.3%	¥360,000	30.0%
販売促進費	5.0%	¥1,263,000	¥3,933,000	311.4%	¥8,440,500	214.6%	¥15,952,500	189.0%	¥27,915,000	175.0%
広告宣伝費	10.0%	¥252,600	¥3,933,000	1557.0%	¥8,440,500	214.6%	¥15,952,500	189.0%	¥27,915,000	175.0%
外注費	5.0%	¥1,263,000	¥3,933,000	311.4%	¥8,440,500	214.6%	¥15,952,500	189.0%	¥27,915,000	175.0%
支払手数料		¥1,600,000	¥1,200,000	75.0%	¥2,400,000	200.0%	¥3,600,000	150.0%	¥6,000,000	166.7%
その他経費		¥1,200,000	¥1,800,000	150.0%	¥2,400,000	133.3%	¥3,600,000	150.0%	¥3,600,000	100.0%
販売管理費合計		¥15,285,700	¥38,124,800	249.4%	¥70,817,100	185.8%	¥124,952,700	176.4%	¥228,545,900	182.9%
営業利益		(¥2,655,700)	¥1,205,400	-45.4%	¥13,587,900	1127.3%	¥34,572,300	254.4%	¥50,604,100	146.4%
消費税			¥631,500		¥1,966,500		¥4,220,250		¥7,976,250		¥13,957,500
法人税					¥5,706,918		¥14,520,366		¥21,253,722

　損益計画のページです。販売計画では売上数値が主でしたが、売上を上げるために必要な原価、および販管費の各勘定科目を追加して、できるだけ営業利益まで算定したものを作成しましょう。余力のある方は、営業外損益を加味した経常損益や、特別損益および税金などを加味した当期利益まで表記するのもいいでしょう。事業としての評価は営業利益に表れますので、まずは営業利益がなるべく早い段階で黒字化し、事業が軌道に乗ることをアピールできることが大切です。

　販管費の中で創業時にとくに大きな数字となりやすいのが、「人件費」「地代家賃」「広告宣伝費」「支払手数料」の4科目です。起業直後は何かとお金が出ていきますので、まずは極力最小限の費用で事業展開ができるように、厳しめの数字で計画を立てることをおすすめします。

資金計画

基本編

⊙ → 📁 基本編 →

📄 基本→スライド17

◆事業計画　〜資金計画〜

- 資本金１００万円、創業融資５００万円の合計６００万円の資金で事業をスタート。
- 初年度の会社設立およびWEB＆モバイルサイト構築にかかる費用を５０万円として計算。
- 初年度から消費税納税、三期目以降から法人所得税の支払いが発生することを考慮。

	与件	第一期	第二期	前年比	第三期	前年比	第四期	前年比	第五期	前年比
前期末残			3,337,200	2,289,200	68.6%	9,976,800	435.8%	26,481,582	265.4%	45,130,116	170.4%
入金項目合計		¥30,100,000	¥76,120,000	252.9%	¥162,680,000	213.7%	¥306,455,000	188.4%	¥539,525,000	176.1%
cherish卸売上	翌月	¥3,950,000	¥20,020,000	506.8%	¥62,330,000	311.3%	¥148,655,000	235.3%	¥281,525,000	192.0%
加盟店事業売上	翌月	¥4,550,000	¥11,700,000	257.1%	¥27,150,000	232.1%	¥57,800,000	212.9%	¥127,200,000	220.1%
直販売上	当月	¥15,600,000	¥44,400,000	284.6%	¥73,200,000	164.9%	¥102,000,000	139.3%	¥130,800,000	128.2%
その他入金		¥6,000,000	¥0	0.0%	¥0	—	¥0	—	¥0	—
cherish関連原価	翌月	¥1,975,000	¥10,010,000	506.8%	¥31,165,000	311.3%	¥73,327,500	235.3%	¥140,762,500	192.0%
加盟店事業原価	翌月	¥2,275,000	¥5,850,000	257.1%	¥13,575,000	232.1%	¥28,900,000	212.9%	¥63,600,000	220.1%
直販原価	翌月	¥6,700,000	¥21,000,000	313.4%	¥35,400,000	168.6%	¥49,800,000	140.7%	¥64,200,000	128.9%
借入返済金		¥1,200,000	¥1,200,000	100.0%	¥1,200,000	100.0%	¥1,200,000	100.0%	¥1,200,000	100.0%
販管費		¥19,285,700	¥38,124,800	249.4%	¥70,817,100	185.8%	¥124,952,700	176.4%	¥228,545,900	182.9%
その他出金		¥1,131,500	¥1,956,500	173.0%	¥9,927,168	504.8%	¥22,496,616	226.6%	¥35,211,222	156.5%
当期入出金合計		¥1,532,800	(¥2,031,100)	-132.5%	¥595,732	-29.3%	¥5,778,184	969.9%	¥6,005,378	103.9%
当期残高		¥2,532,800	¥501,700	19.8%	¥1,097,432	218.7%	¥6,875,616	626.5%	¥12,880,994	187.3%

資金計画のページです。金融機関が融資の可否を判断する際に、最も重要視するのが、「融資したお金の返済能力」です。どんなに営業利益が黒字であってもキャッシュフローがマイナスでは事業を継続することはできません。これから行う事業についてぜひ意識してほしいのが、「売上はいつ自分の口座に入金されるのか」そして「仕入原価や経費はいつ支払うのか」ということです。100万円の売上の契約をしても、その入金が３カ月後であれば、その間はこのお金をアテにすることはできません。その取引の仕入として１カ月後に50万円必要であれば、実際にはそのための50万円を別途どこからか調達する必要が出てきます。黒字倒産ということにならないためにも、自分の事業のお金の出入りがどのようになっているのか、それを踏まえて事業資金はどれだけ必要なのかを常に意識するようにしましょう。

月次計画

💿 → 📁 基本編 →

📄 基本→スライド18

◆事業計画(詳細版・第一期)

第一期分の月次計画のページです。通常、事業は月次で数字を締めて管理するのが一般的ですので、計画も月次ベースで組み立てておくのが望ましいでしょう。ここでは5カ年分の計画のうち1年分を掲載していますが、きちんと5カ年分月次で積み上げて、販売計画、人員計画、損益計画、資金計画を掲載しています。

5年分を事業計画書の中に入れてもよいですが、冗長になりますので、とくに重要な1年目の数字のみ事業計画書に入れて、それ以外については別添資料として示してもよいでしょう。

会社概要と略歴

◉ ➡ 📁 基本編 ➡

📄 基本→スライド23

◆会社概要と代表者略歴

商号	株式会社earth
代表者	●●●●
本店所在地	〒●●●-●●●● 東京都渋谷区●●●-●●●
資本金	1000万円
連絡先	（電話）03-xxxx-xxxx
	（FAX）03-xxxx-xxxx
	（Mail）info@xxx.jp
ホームページ	（会社）http://www.xxx.com
	（サービス）http://www.xxx.jp
会社概要	●●年●●月　東京都渋谷区にて事業開始 ●●年●●月　天然石インターネット通販事業開始 ●●年●●月　cherish事業開始
代表者略歴	●●年　大手経営コンサルティング会社入社 ●●年　育児関連市場向けベンチャー事業起業 ●●年　総合商社への事業売却 ●●年　営業系ベンチャー企業に経営参画、新規事業開発やM&A、運用事業統括などを担当 ●●年　コールセンターコンサルティング会社を起業 ●●年　独自開発のサプリメント通販会社を起業 ●●年　業務用青汁卸事業を開始 ●●年　天然石モバイル通販事業を起業 ●●年　アクセサリーブランドcherishを開始

　会社概要と代表者略歴のページです。会社がこれまでどのような経緯でどのような事業展開をしてきたか一目でわかるように心がけましょう。この例では記載していませんが、許認可や届出が必要な事業の場合には、許認可番号などを付記するのが望ましいでしょう。

　また、創業間もない会社の場合には、会社概要にはざっくりとした事業概要しか記載できないので、その場合は代表者略歴の欄を大きくして、これから取り組む事業ととくに関連性の高い職歴や経験について詳細に記述するようにしましょう。中小企業の成否は経営者によってほぼ決まります。十分な経験と資質をもってこの事業に臨んでいることを略歴のところで示しましょう。

事例編

10業種34の事業計画書

「事例編」をご覧いただく前に

　飲食、サロン、ITサービスなど、事業の立ち上げを志す方に人気の10業種。それぞれの業種ごとに事業計画書の事例を見ていきましょう。

　紙面では10業種合計34の計画書について、その一部をピックアップしたダイジェストを掲載しています。完成版の計画書は付録CD-ROMに収録していますので合わせてご覧ください。

事例編 1
飲食業 → 63〜76 ページ

事例編 2
小売サービス → 77〜94 ページ

事例編 3
学習塾・教室 → 95〜108 ページ

事例編 4
美容室 → 109〜118 ページ

事例編 5
リラクゼーションサロン → 119〜128 ページ

事例編 6
人材サービス → 129〜146 ページ

事例編 7
ソーシャルビジネス → 147〜164 ページ

事例編 8
BtoBのITサービス → 165〜182 ページ

事例編 9
BtoCのインターネットサービス → 183〜200 ページ

事例編 10
ネットショップ → 201〜218 ページ

注意 本書に掲載しているすべての事業計画書は事例（サンプル）として作成したものです。計画書中の記述や数値には創作や架空のものが含まれており、事業企画や収支計画としてそのままご使用いただくことは想定しておりません。ご注意ください。また、実在の会社名・団体名・商品名等との一致が見られたとしても、それらとは何らの関係もありません。

事例編 1

飲食業
の事業計画書

author

須田 光彦（すだ・みつひこ）

16歳の秋に飲食店をプロデュースすることを志し、現在のビジネスモデルを考えついて、その後上京。あらゆる業態に実際に従事し、業態ごとのノウハウを体得。23歳で設計事務所に入社、28歳で独立。

独立後は、過去の経験を基礎にそれまでの設計業務に加え、本格的に企画業務を開始。新たに心理学なども学びスタッフ教育や人間関係分析に活用、業態力を上げるためのコミュニケーション能力開発なども手がけ、現在のオリジナルのノウハウを開発してきた。現在まで手がけてきた案件数は400件を超えており、若い起業家のサポートから、年商1000億円を超える東証一部上場企業まで、居酒屋、定食屋、高級会員制クラブ、ショットバー、立ち飲みバール、漬物屋、たこ焼き屋など、食に関わる業態ならどのような業態でもこなす。

飲食 1

都心の一等地に出店する中華ダイニングの事業計画書

事業プラン名

大人が日常的に利用できる都市型中華点心ダイニング事業

事業の背景

　この事業で出店を考えている赤坂一ツ木通りは、近隣に繁華街・商業施設などが多数存在し、店前の通行量が非常に多く、比較的お金に余裕のある富裕層も多くいます。曜日・時間に関係なく集客が見込めるというメリットがあります。他店とも競合する地域ですが、大人が日常的に利用できる本格的な中華点心のダイニング業態は少なく、この地域におけるニッチ業態であるといえます。

事業内容

　「プロの料理人がつくる本格中華ダイニング」をコンセプトに、お客さまの来店動機や予算など、ありとあらゆる要求に対応できるお店です。メインターゲットである20代後半から50代のサラリーマン・OL・カップル、サブターゲットのマスコミ関係者・富裕層まで、幅広い層に支持されるよう、とくに商品開発に力を入れます。一定の層にだけ支持される味ではなく、「東京チャイニーズ」をテーマに日本人に受け入れられる味つけの商品提供を行います。

事業計画書のキモ

➡ここでは、「売れる商品と味の開発」がキモ

- お店のターゲットが誰なのかを明確に
- 重要なのは、おいしい味の追求ではなく売れる商品を開発すること
- 設定ターゲットが好む味の方向性を考慮し、味つけは常に一定であること

◉ → 📁 事例編 → 📁 飲食 → 📄 飲食-01

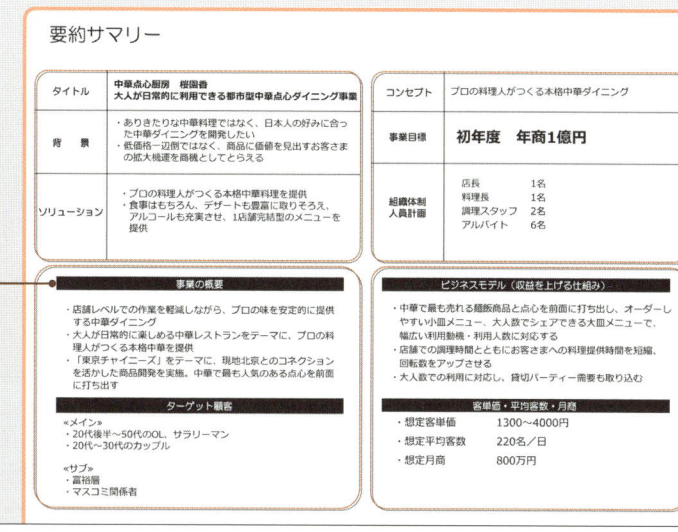

事例編・飲食

要約サマリー

タイトル	中華点心厨房 桜園香 大人が日常的に利用できる都市型中華点心ダイニング事業	コンセプト	プロの料理人がつくる本格中華ダイニング
背景	・ありきたりな中華料理ではなく、日本人の好みに合った中華ダイニングを開発したい ・低価格一辺倒ではなく、商品に価値を見出すお客さまの拡大機運を高級としてとらえる	事業目標	初年度 年商1億円
ソリューション	・プロの料理人がつくる本格中華料理を提供 ・食事はもちろん、デザートも豊富に取りそろえ、アルコールも充実させ、1店舗完結型のメニューを提供	組織体制 人員計画	店長　　　　1名 料理長　　　1名 調理スタッフ 2名 アルバイト　 6名

事業の概要	ビジネスモデル（収益を上げる仕組み）
・店舗レベルでの作業を軽減しながら、プロの味を安定的に提供する中華ダイニング ・大人が日常的に楽しめる中華レストランをテーマに、プロの料理人がつくる本格中華を提供 ・「東京チャイニーズ」をテーマに、現地北京とのコネクションを活かした商品開発を実施。中華で最も人気のある点心を前面に打ち出す	・中華で最も売れる麺飯商品と点心を前面に打ち出し、オーダーしやすい小皿メニュー、大人数でシェアできる大皿メニューで、幅広い利用動機・利用人数に対応する ・店舗での調理時間とともにお客さまへの料理提供時間を短縮、回転数をアップさせる ・大人数での利用に対応し、貸切パーティー需要も取り込む

ターゲット顧客	客単価・平均客数／月商
《メイン》 ・20代後半～50代のOL、サラリーマン ・20代～30代のカップル 《サブ》 ・富裕層 ・マスコミ関係者	・想定客単価　　1300～4000円 ・想定平均客数　220名／日 ・想定月商　　　800万円

> 事業概要の作成にあたっては、商品開発の方向性を明確にすること。ビジネスモデルの作成にあたっては、消費形態を明確にすること。これらの連携がとれてはじめて業態として成立する

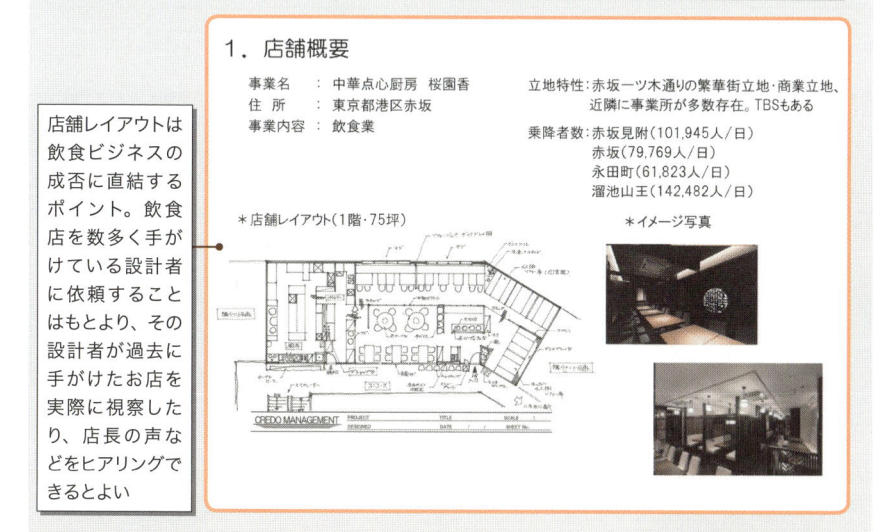

1．店舗概要

店舗レイアウトは飲食ビジネスの成否に直結するポイント。飲食店を数多く手がけている設計者に依頼することはもとより、その設計者が過去に手がけたお店を実際に視察したり、店長の声などをヒアリングできるとよい

事業名：中華点心厨房 桜園香
住　所：東京都港区赤坂
事業内容：飲食業

立地特性：赤坂一ツ木通りの繁華街立地・商業立地、近隣に事業所が多数存在。TBSもある
乗降者数：赤坂見附（101,945人／日）
　　　　　赤坂（79,769人／日）
　　　　　永田町（61,823人／日）
　　　　　溜池山王（142,482人／日）

＊店舗レイアウト（1階・75坪）

＊イメージ写真

❶ OnePoint

飲食業で業態開発を行うにあたって最も大切なポイントの一つとして商品開発があります。おいしいものをつくれば成功するという認識は正しくありません。ビジネスで大切なことは売れる商品を開発することであり、常に一定のクオリティをもつ商品を提供し続けられるシステムを開発・構築することです。

3. 事業の内容

- **事業概要**
  - 店舗レベルでの作業を軽減しながら、プロの味を安定的に提供する中華ダイニング
  - 大人が日常的に楽しめる中華レストランをテーマに、プロの料理人がつくる本格中華を提供
  - 「東京チャイニーズ」をテーマに、現地北京とのコネクションを活かした商品開発を実施。中華で最も人気のある点心を前面に打ち出す

- **メニューリスト**

  《ランチ》
  1. 点心ランチ (点心7種、ご飯、スープ、香の物、ドリンク、デザート)
  2. 週替わりランチ (主菜、副菜、ご飯、香の物、ドリンク、デザート)
  3. 麺＆飯セット (麺、飯、香の物、ドリンク、デザート)
  4. 月替わりランチ (主菜、副菜、ご飯、香の物、ドリンク、デザート)
  5. キッズプレート

  《ディナー》
  - ビールセット (焼き餃子、ビール、お通し)
  - 点心 (22種)
  - 海鮮
  - 前菜
  - 牛、豚、鳥料理
  - サラダ
  - フカヒレ
  - 野菜
  - スープ
  - 麻婆豆腐
  - 炒飯
  - 炒麺
  - 温麺
  - デザート

- **ターゲット顧客**

  《メイン》
  - 20代後半〜50代のOL、サラリーマン
  - 20代〜30代のカップル

  《サブ》
  - 富裕層
  - マスコミ関係者

> 事業概要を設定する際に大切なことはシンプルな表現をすること。シンプルに表現するためには業態を正確に把握することが必要となる

4. 市場環境

- **ターゲット市場の規模・特徴**
  最寄駅「赤坂見附」の1日の平均乗降者数は101,945人。半径2キロ圏内の人口総数は74,760人。平日はサラリーマンやOLが多く、土日・祝日は近隣住民の来店が大いに見込める好立地。

- **ターゲット市場における競合状況**
  半径1キロ圏内に中華料理店は60店舗存在するが、35坪以上の規模で展開しているお店はごく少数。近隣店舗のほとんどが価格重視で、どこも価格競争を行っているのが現状。

- **ターゲット市場における今後の展望**
  商圏内の消費者の思考は、確実に価格よりも商品バリュー重視へと転換している。近隣に中華料理店は多数存在するが、そのほとんどが価格重視で勝負をしている。それらの店舗に飽き足らない新規顧客の獲得は十分期待できる。

---

5. 競合優位性

- 日本人に人気の高い中華「点心」を常時20種類以上取りそろえ、点心専門店として認知いただく
- 麺と飯に特化したランチを提供
- 日本人料理人による、日本独自の味つけを行う。出店立地の女性客に好まれる味で提供

> 競合に対する優位性を明確にしておく。自店の優位性は何か、仮説を立てて、その検証を経たうえで関係者全員で共有すること。ここでブレると命取りになる

事例編・飲食

6．プロモーション・リピート獲得プラン

- プロモーション
  - ・近隣の企業・事務所への訪問
  - ・朝・夕の定時に赤坂見附駅近辺でチラシを配布
  - ・ぐるなび、ホットペッパーを有効活用し、月間で120本の予約を取るシステムを構築
  - ・Facebookページを作成し、お得なクーポン情報などを発信
  - ・お客さまのFacebook上で当店来店のログを残していただいた方には、次回来店時にドリンク1杯無料券を進呈

- リピート獲得
  - ・お得感のあるサービスチケット（回数券）を用意し、顧客の囲い込みを図る
  - ・会員登録システムを導入し、会員限定でお得なクーポン情報をお届けする
  - ・5名以上のグループで来店いただいたお客さまには紹興酒または中国酒のボトルをサービス

> 盛業のために欠かせないプロモーション。顧客の動向とともに立地の状況を把握したうえでプロモーション施策を立案していきたい

☐ Check Point

　飲食店を開業するとき、多くの方はおいしい料理を提供しようと考えます。この考えは間違ってはいませんが正解ではありません。

　飲食ビジネスで必要なことは売れる商品の開発。料理を商品という概念でとらえることは非常に重要です。誰でもつくることができる、いつでも同じ状態で提供できる、毎日続けられる、コストパフォーマンスに優れている……。これらの要素をクリアすることで単なる「料理」が「商品」へと変わります。

　また、店舗のレイアウトの良し悪しはビジネスの成否に直結します。悪いレイアウトの典型は広すぎる厨房です。運営する自分たちの作業性を考慮しすぎて厨房を広げすぎ、客席数を確保できていない店が多くあります。販売するスペースとしてホールは存在します。生産スペースばかり大きくて販売するスペースが小さい、これでは盛業するはずがありません。運営者の作業効率の追求と、お客さまの居心地感を上げること、これらの両立を忘れないでください。

飲食 2　業態をリニューアルする飲食店の事業計画書

事業プラン名
海鮮ファミリーダイニングへのリニューアル事業

事業の背景
　開業して数十年経過した、かつて繁盛店であった既存業態（ファミリーレストラン）のリニューアルを計画。コンセプト疲労を起こしており、離客も激しく、スタッフのモチベーションの維持に苦慮しています。ファミリー向けのお店であっても顧客は専門性やレジャー性などを求めるようになっており、その変化に対応するべく、思い切った業態転換を行います。

事業内容
　近海で獲れた鮮魚を豪快な漁師料理に仕上げて提供する海鮮ファミリーダイニング。「うまい魚が食べたい」という顧客ニーズをかなえるため、独自の鮮魚仕入ルートを活かして、産地、生産者、旬などにこだわり、安心・安全な食材を使用します。圧倒的なボリューム感で、漁師料理を連想させる商品を提供。リーズナブルな価格ながらボリュームがあり、新鮮でおいしい魚料理が食べられるお店へと業態転換を行います。

事業計画書のキモ
➡ ここでは、「自店の強みを活かすこと」がキモ
- 店が立地している地域の変化を見極め、ターゲットの利用動機の再検証と再設定を行う
- 複数のプラス要素をピックアップし、業態特性を設定する
- 業態転換は予算管理とともにスケジュール管理が重要になる

○ → 事例編 → 飲食 → 飲食-02

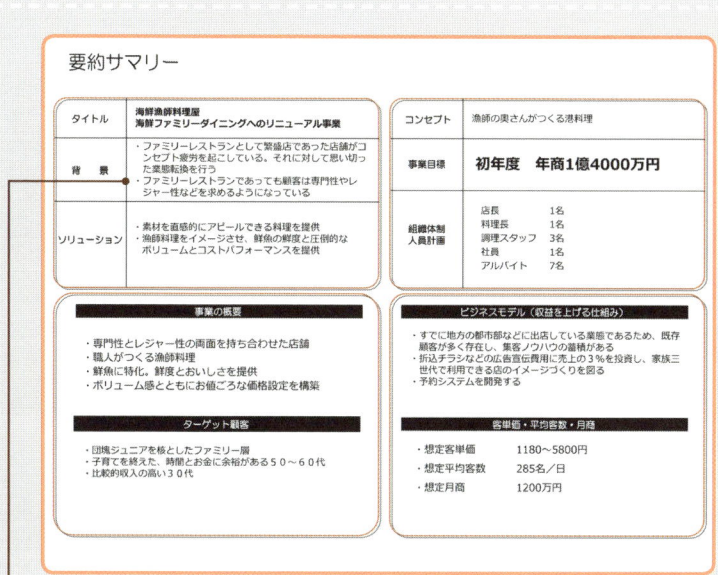

事例編・飲食

要約サマリー

タイトル	海鮮漁師料理屋 海鮮ファミリーダイニングへのリニューアル事業		コンセプト	漁師の奥さんがつくる港料理	
背景	・ファミリーレストランとして繁盛店であった店舗がコンセプト疲労を起こしている。それに対して思い切った業態転換を行う ・ファミリーレストランであっても顧客は専門性やレジャー性などを求めるようになっている		事業目標	初年度　年商1億4000万円	
ソリューション	・素材を直感的にアピールできる料理を提供 ・漁師料理をイメージさせ、鮮魚の鮮度と圧倒的なボリュームとコストパフォーマンスを提供		組織体制 人員計画	店長　　　　　1名 料理長　　　　1名 調理スタッフ　3名 社員　　　　　1名 アルバイト　　7名	

事業の概要
・専門性とレジャー性の両面を持ち合わせた店舗
・職人がつくる漁師料理
・鮮魚に特化。鮮度とおいしさを提供
・ボリューム感とともにお値ごろな価格設定を構築

ビジネスモデル（収益を上げる仕組み）
・すでに地方の都市部などに出店している業態であるため、既存顧客が多く存在し、集客ノウハウの蓄積がある
・折込チラシなどの広告宣伝費用に売上の3％を投資し、家族三世代で利用できる店のイメージづくりを図る
・予約システムを開発する

ターゲット顧客
・団塊ジュニアを核としたファミリー層
・子育てを終えた、時間とお金に余裕がある50～60代
・比較的収入の高い30代

客単価・平均客数・月商
・想定客単価　　1180～5800円
・想定平均客数　285名／日
・想定月商　　　1200万円

> 業態転換ではお店が立地している地域の変化を的確にとらえることが重要になる。事業概要とターゲット顧客の設定は連動を図ること

1. 店舗概要

事業名　：海鮮漁師料理屋さん
住　所　：鹿児島県南九州市
事業内容：飲食業

近隣施設：南九州市立知覧図書館、富屋旅館、
　　　　　南九州市役所
人口：39,089人

＊店舗レイアウト（1階・107坪）

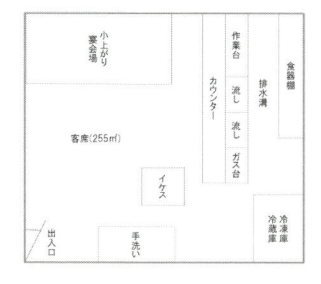

＊店舗外観イメージ

> 都市部と地方では、商圏人口と店の利用頻度が大きく違う。地方では店前通行量は少ないが、商圏は広い。また、ひいき客の利用頻度は一般に高くなる傾向にある

4．市場環境

- **ターゲット市場の規模・特徴**
  南九州市役所近辺。南九州市の人口は39,000人。
  平日の昼は周辺施設の公務員・サラリーマン・OLが、夜はファミリー、公務員・サラリーマン・OLなどが多い。
  週末・祭日は、昼夜ともにファミリー・主婦グループなどが多い。

- **ターゲット市場における競合状況**
  半径1キロ圏内に100席以上の大型店は存在しない。また小規模店でも、海鮮漁師料理をメインにしたお店は存在しない。

- **ターゲット市場における今後の展望**
  近隣に似たコンセプトの店舗が存在しないため新規顧客を十分に見込める。
  予約システムを導入することで、忘年会・新年会などのイベントシーズンには団体客の取り込みを見込む。
  "ハレ"の日に対応できる飲食店が近隣に少なく、冠婚葬祭などの需要を取り込める。

5．競合優位性

- 鮮魚を仕入れられる独自のルートを保有している
- マグロの解体ショーなどのイベント・パフォーマンスを定期的に取り入れる
- オープンキッチンで、職人がオーダーを受けてから料理を仕上げる
- イケスを店舗中央に設置し、鮮魚を視覚的にもアピールする
- 提案メニューは少なく、本日入荷、旬の素材を提供できる

> ターゲット顧客と地域性を踏まえて、自店の強みを定義し直すこと。ここでは、和食の職人がいること、独自の鮮魚仕入ルートがあること、圧倒的な鮮度が確保できることなど複数のプラス要素が強みの裏づけになる

7．収支計画（売上・利益計画）

	1月	2月	3月	4月	5月	6月
売上高	¥11,544,000	¥9,656,000	¥10,656,000	¥11,856,000	¥12,160,000	¥11,088,000
単価	¥1,480	¥1,420	¥1,480	¥1,520	¥1,520	¥1,440
客数	7800名	6800名	7200名	7800名	8000名	7700名
賃料	¥1,284,000	¥1,284,000	¥1,284,000	¥1,284,000	¥1,284,000	¥1,284,000
人件費	¥3,232,320	¥2,703,680	¥2,983,680	¥3,319,680	¥3,404,800	¥3,104,640
食材費	¥3,001,440	¥2,510,560	¥2,770,560	¥3,082,560	¥3,161,600	¥2,882,880
光熱費	¥808,080	¥675,920	¥745,920	¥829,920	¥851,200	¥776,160
一般販管費	¥692,640	¥579,360	¥639,360	¥711,360	¥729,600	¥665,280
経費合計	¥9,018,480	¥7,753,520	¥8,423,520	¥9,227,520	¥9,431,200	¥8,712,960
利益	¥2,525,520	¥1,902,480	¥2,232,480	¥2,628,480	¥2,728,800	¥2,375,040

	1期目	2期目	3期目	4期目	5期目
売上高	¥140,875,600	¥148,616,000	¥153,520,000	¥175,770,000	¥180,336,000
単価	¥1,474	¥1,490	¥1,520	¥1,550	¥1,560
客数	95570名	98400名	101000名	113400名	115600名
賃料	¥15,408,000	¥15,408,000	¥15,408,000	¥15,408,000	¥15,408,000
人件費	¥39,445,168	¥43,984,800	¥46,056,000	¥56,246,400	¥57,707,520
食材費	¥36,627,656	¥38,120,160	¥42,985,600	¥49,215,600	¥54,100,800
光熱費	¥9,861,292	¥10,263,120	¥10,746,400	¥12,303,900	¥12,623,520
一般販管費	¥9,452,536	¥8,796,990	¥9,211,200	¥10,546,200	¥10,820,160
経費合計	¥109,794,652	¥116,573,040	¥124,407,200	¥143,720,100	¥150,660,000
利益	¥31,080,948	¥30,042,960	¥29,112,800	¥32,049,900	¥29,676,000

	7月	8月	9月	10月	11月	12月
売上高	¥11,680,000	¥12,136,000	¥11,826,000	¥12,456,000	¥12,380,800	¥13,436,800
単価	¥1,460	¥1,480	¥1,460	¥1,440	¥1,460	¥1,520
客数	8000名	8200名	6100名	8650名	8480名	8840名
賃料	¥1,284,000	¥1,284,000	¥1,284,000	¥1,284,000	¥1,284,000	¥1,284,000
人件費	¥3,270,400	¥3,399,080	¥3,311,280	¥3,487,680	¥3,466,624	¥3,762,304
食材費	¥3,036,800	¥3,155,360	¥3,074,760	¥3,238,560	¥3,219,008	¥3,493,568
光熱費	¥817,600	¥849,520	¥827,820	¥871,920	¥866,656	¥940,576
一般販管費	¥700,800	¥728,160	¥709,560	¥747,360	¥742,848	¥806,208
経費合計	¥9,109,600	¥9,415,120	¥9,207,420	¥9,629,520	¥9,579,136	¥10,286,656
利益	¥2,570,400	¥2,720,880	¥2,618,580	¥2,826,480	¥2,801,664	¥3,150,144

> 業態転換後の収支計画。過去の業態における投資が残債として残っている場合には、その数字も反映させたほうが収支計画の信ぴょう性が増す

❶ OnePoint

コンセプト疲労を起こしている店をよみがえらせる方法として業態転換があります。業態転換に際しては自店の強みを新たに設定する必要があります。思い込みや固定観念を排除し、事実をピックアップし、客観的要素を抽出しましょう。

8. スケジュール

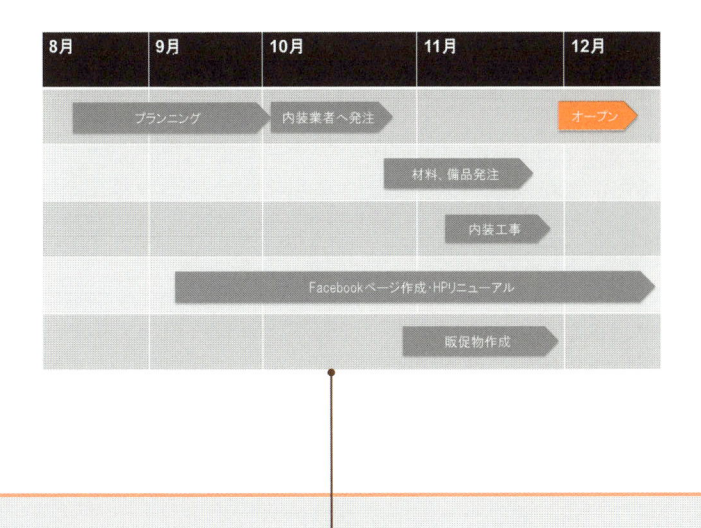

8月	9月	10月	11月	12月
	プランニング	内装業者へ発注		オープン
			材料,備品発注	
			内装工事	
		Facebookページ作成・HPリニューアル		
			販促物作成	

業態転換では、既存顧客がおり、通常営業をしながら開発作業を進行させることが多いので、短期間でのリニューアルが必要で、スケジュール管理が重要になる

◻ Check Point

　既存業態をリニューアルする際には、まずそれまでの業態がなぜお客さまから敬遠されるようになってしまったのかを洗い直す必要があります。この作業は自己否定をすることですからツラい作業となりますが、自店の状態を正しく把握することは欠かせません。

　次に自店の優位性のピックアップをしましょう。設定するターゲットのモチベーションを獲得するためにピックアップした優位性は本当にお店に貢献できるのか、できればテストマーケティングを実施して仮説検証のプロセスを進めます。

　次に重要なことは短期間で改装すること。コンセプト疲労と同時にお店も傷んでいる場合がほとんどですが、以前の業態が通常営業している場合にはかけられる時間は限られます。新コンセプトにマッチしたお店に短期間で生まれ変わらせるためのスケジュールを煮詰めておくことが必要です。

事例編・飲食

飲食 3 　多店舗展開を視野に入れた専門店の事業計画書

事業プラン名
展開型ハンバーグ専門店の開発事業

▶事業の背景
　多店舗展開を目標とした業態の開発。専門的な調理技術が必要なく、スピード提供が可能なハンバーグ専門店の多店舗展開を目指します。特別な商品知識やオペレーションノウハウがなくても十分に運営ができ、盛業できるようにシステム化を行います。

▶事業内容
　専用に開発しOEMで製造した冷凍パテを使用し、高速コンベア式グリルで調理する、スピーディな商品提供が可能なハンバーグ専門店。店舗近隣に就業・就学している会社員と学生をメインターゲットに設定します（想定男女比は7対3）。忙しいサラリーマンを対象とするため、安くてボリュームがあるという売りに加え、注文から商品提供までの時間を限りなく短縮できるオペレーションを徹底して実現。一等地以外でも盛業できる強いフォーマットをつくり上げます。

▶事業計画書のキモ
➡ここでは、「**多店舗展開のためのシステム開発**」がキモ
- 多店舗展開のための新コンセプトを確立する
- 多店舗展開の実現に向けてビジネスモデルの検証を行う
- 多店舗展開とブランディングの視点から店舗デザインのフォーマット化を行う

事例編 → 飲食 → 飲食-03

要約サマリー

タイトル	展開型ハンバーグ専門店の開発事業
背景	・多店舗展開を目標に、専門的な調理技術が不要なハンバーグ専門店の開発を検討 ・通常のレストランではハンバーグの提供時間は10〜15分程度だが、この提供時間の大幅な短縮が可能
ソリューション	・ハンバーグ提供時間を大幅に圧縮、時間のないお客さまに本格グリルハンバーグをスピーディに提供

コンセプト	「おいしい」「はやい」「やすい」を実現したハンバーグ専門店
事業目標	初年度　年商5500万円
組織体制 人員計画	店長　　　　1名 調理スタッフ　1名 アルバイト　　2名

事業の概要
・本格グリルハンバーグを2分で提供
・ベースのハンバーグは1種類で、お客さまがソース・トッピングを自由に選択する形式
・基本メニューのハンバーグプレートは500円と、ワンコインプライスで提供
・デリバリーとテイクアウトを有効活用

ターゲット顧客
・店舗近隣に就業・就学しているサラリーマン・OL・学生
・店舗近隣にお住まいのニューファミリー
・時間もお金も節約したいが、おいしいものを食べたいと考えている方々

ビジネスモデル（収益を上げる仕組み）
・専用に開発された冷凍パテ、高速コンベア式グリルを使用し、ハンバーグの提供時間2分を実現
⇒商品提供時間の短縮、回転率の向上
・ベースとなるハンバーグは1種類のみ。ソースとトッピングをお客さまが自由に選べるシンプルメニューを実現
⇒オペレーションを単純化、少人数のスタッフでも運営可能
・1年後をメドに、店舗の展開を図る

客単価・平均客数・月商
・想定客単価　　　850円
・想定平均客数　　180名／日
・想定月商　　　　460万円

> 自社運営の業態を展開型にする場合、ビジネスモデルとして成立する可能性を検証する必要がある。成功フォーマットとして販売できるシステムを開発すること

2．事業の内容

- **事業概要**

  ・専門的な調理技術が必要なく、スピード提供が可能なハンバーグ専門店
  ・専門性が高く、限りなく食品販売業に近く、業態展開が可能なファストカジュアルハンバーグ業態
  ・和牛・ビーフ100％・高単価が当たり前と感じている消費者とハンバーグ業界にアンチテーゼを投げかけ、やすくて、はやくて、おいしくて安心安全な商品と快適な食のシーンを提供

- **コンセプト**

  > ハンバーグが大好きな食べ盛りの男の子のためにお母さんがつくった愛情たっぷりのハンバーグに、プロのテクニックを忍ばせ、外食業の永遠のテーマである、"おいしい・はやい・やすい"を現実のものにした、非常識なまでに高効率なハンバーグ専門店。

  ・お料理好きなお母さんが、食べ盛りの男の子に食べさせるためにつくったハンバーグをイメージ
  ・メイン商材であるハンバーグは、家庭的でありながらもプロのテクニックを駆使し、高いクオリティで提供
  ・プロの行きすぎたこだわりを排除し、親しみやすい商品を開発
  ・時間帯別モチベーションを分析し、どの時間帯でも売上を獲得するために、戦略的に商品をラインナップ
  ・仮説・検証・チャレンジを繰り返し、ビジネスモデルをフォーマット化し、FC業態展開を目標とする
  ・横展開を考慮し、あらゆる要素（レストラン業態・カフェ業態・ファストカジュアル業態・食品販売業態）を盛り込んだビジネスモデルとする

> 展開型では多くの起業家や経営者を巻き込むことになるため、理念の共有を図らなければならない場面が必ずある。その際に業態コンセプトがカギになる

3. メニュー

- メイン商材はハンバーグ・ステーキのみ
- ソースは4種類。トッピングバリエーションをもち、組み合わせによるメニューバリエーションをもつ
- ハンバーグのグラム数は1種類・140g。ダブル・トリプルと枚数提供をする
- モーニングメニューは、ドリンクに厚切リトーストハーフカット（バター／ジャム付き）、ゆで卵をサービス
- ランチメニューは、平日限定で曜日ごとの日替わりメニューを設定（11:00～14:00）※数量制限あり
- 休日限定ブランチメニューは、デミグラスハンバーグプレート・卵料理・ライスセット・サラダ・ドリンクをセット
- 基本のハンバーグプレートは鉄板を使用、ガルニは缶詰のコーンとケチャップ和えパスタ
  ライスセット（ライス200g・スープ）とパンセット（ロールパン・スープ）を用意
- ディナー帯対応のサイドメニューを8アイテム程度もつ

《参考メニュー》

デミグラスハンバーグプレート	（ハンバーグ・デミソース・コーン・ケチャップパスタ）	￥500
ライスセット	（ライス・スープ）	￥150
おかわりライス	（レギュラー／ラージ）	￥100　￥180
ブランチセット	デミグラスハンバーグプレート・卵料理・ライスセット・サラダ・ドリンク	￥950
メッツグリルハンバーガープレート		￥630
ポテトベーコン		￥380
グリルポテト		￥370
パーニャカウダ		￥680
トマトのサラダ		￥480
スパニッシュオムレツ		￥580
季節の野菜とチェダーチーズのグリル		￥680
牛肉と野菜の煮込み		￥580
グリルビーフ悪魔風		￥780
サーロインステーキ　チーズソース　季節の焼野菜添え		￥950
ブレンドコーヒー　（200cc）		￥300
カフェ・ラテ		￥360
カプチーノ		￥380
アイスコーヒー		￥330
アイスカフェ・ラテ		￥390
コーラ		￥300
ジュース		￥300
生ビール　（実注量 270cc）		￥480
グラスワイン　（赤・白）		￥380
ジン・ウォッカ・ラム等（トニック・ジュース類）		￥380
ハイボール・サワー類		￥380

> 業態の圧倒的な優位性をメニューに反映させる。商材特性と提供スタイル、コストパフォーマンス、集客商品と利益商品など、メニューには商品はもとより戦略が盛り込まれる

4. ターゲット

- **イメージターゲット**
  おいしいハンバーグが食べたい、10代後半～40代の男性

- **リアルターゲット**
  - 店舗近隣に就業・就学しているサラリーマン・OL・学生
  - 営業などで当該地域に足を運んだ就業者
  - 店舗近隣にお住まいのニューファミリー
  - 時間もお金も節約したいが、おいしいものを食べたいと考えている方々
  - タクシーやトラック等のドライバー

  想定男女比　男性客 7：女性客 3

- **モチベーション**
  - 出勤前に香り豊かなコーヒーとパンで手軽に朝食を楽しみたい
  - ランチでガッツリとおいしいハンバーグが食べたい
  - ランチは時間の面でもお金の面でもコスパの高いものを食べたい
  - おいしくて温かいランチボックスを買って、オフィスでゆったりと食事を済ませたい
  - 仕事の合間に香り豊かなコーヒーを手軽に楽しみたい
  - 軽い打ち合わせなどのビジネスシーンで便利に使いたい
  - たまの休日、家族とゆったりと食事とお茶と会話を楽しみたい
  - 出かけるのが面倒なので、デリバリーで本格的なレストランの味を楽しみたい

> 展開型では、どの出店エリアでも確実に存在するターゲットとモチベーションを設定することが必要。これが成立しない場合は、展開型ビジネスに向かない可能性がある

⚠ OnePoint

既存業態を展開型にしようと考える方は非常に多くいますが、大きな危険を含んでいるのも事実です。成功するフォーマットを販売することが展開型ビジネスの本質であり、食材販売利益やロイヤリティ収入のみを目論むとビジネスは根底から崩壊します。

5. 店舗環境

◆ 立地特性
- 東京都港区海岸1丁目、浜松町駅から徒歩5分の都心立地である
- 3駅5路線利用可能なアクセスに非常に優れた立地である
- ビジネス街であり、幅広い職種の就業者が集まる立地である
- 住まいとオフィスが隣接している立地である
- ブランディング面からもマスコミ受けしやすい好立地である

- 店舗様式はダイナー系とし、レストラン業態とカフェ業態どちらにも対応できるようにする
- デザインスタイルはブランディングしやすいようにモダンアールデコスタイルとし、低投資型デザインとする
- 男性のおひとりさまはもとより、女性のおひとりさまも抵抗なく利用できるようにする
- ライブ感とシズル感の演出のため、オープンキッチンとする
- パントリーを充実させ、商品はすべて前出しのオールデシャップシステムとする
- テーブルスペースはゆったりとり、くつろぎ感を演出する
- テーブルはゆったりするが、席数は最大限確保する
- ランチ帯は全席禁煙とするが、それ以外の時間帯は喫煙者に配慮した分煙を実施する
- 風除室を設置する
- ガラス面に断熱効果のあるシートを貼り、温度変化対策をする
- 店舗前には簡易型弁当販売コーナーを設置する
- 空調・換気効率を考慮する

> 出店立地と店舗環境（店舗様式）は、展開する業態のブランディングにおいて重要なポイント。店舗様式、店舗環境はフォーマット化するという観点から考えられていなければならない

□ **Check Point**

　最近、多店舗展開を希望する飲食店オーナーに多く出会いますが、考え違いをしている方もいます。多店舗展開は有効なビジネスモデルですが、安直にやろうとするとビジネスの崩壊を招きかねない側面も存在します。

　それまでは自店のスタッフや地域の方々とだけのビジネスでかまわなかったことも、多くの起業家や経営者を巻き込んでいくと、それぞれの考え方のクセや、経験に基づく独自の判断など、複数の意見が同時多発的に発生します。これらに的確に対応する必要が生じ、それまでのビジネスと質の面で変化が起こります。

　もっとも、いくつかのハードルがあるとはいえ、今後多店舗展開が優良なビジネスモデルであることは間違いありません。多店舗展開を検討することは、自店を見直すいい機会にもなります。自店のビジネスモデルを強化し、多店舗展開を図り、多くの方と成功を分かち合うことは飲食業の醍醐味の一つでもあります。

Column

「飲食業」で新たな事業を目指す方へ

　飲食業を始められる方にお伝えしたいことが二つあります。

　一つ目は、あなただけの業態をつくってくださいということです。どこにでもあるような業態にはしないでください。いろいろな方があなたに助言をしてくれます。そのほとんどが、どこにでもある業態をイメージして話をするはずです。

　新しく飲食業界に参入する段階で、既存の業態と商品でお客さまを獲得することは困難です。特徴のあるオリジナリティ豊かな業態にチャレンジしてください。実は、ここ数年ヒットしている業態は異業種から参入した方々が開発したお店が目立っています。飲食業界の常識に流されず、消費者の視点で開発された業態が繁盛しています。いままで消費者として長い時間を過ごしてきたあなたは、どうか消費者の代弁者となってユニークな業態をつくってください。

　二つ目は、商品に必要以上に手を加えないということです。隠し味を入れたり、見た目にこだわったりするのは当然としても、やりすぎは厳禁です。飲食店で成功したいのなら、「おいしい料理をつくる」という概念を捨ててください。売れる商品・支持される商品を開発することに意識を集中させてください。売れる商品をつくるために必要なことはターゲットを明確にし、ターゲットが好む味を開発することです。いつ・誰に販売するのかをイメージして味の方向性を決めてください。

　そのために欠かせないのがコンセプトを決めること。ターゲットとなるお客さまが、どのようなタイミング、いかなる気分のときにお店を利用したいかを設定することが重要です。この作業を怠るとまったく支持されない業態になってしまいます。

　飲食業の本質は食品販売業です。常に一定の商品を提供し続け、お客さまにリピートしていただくことが大切です。そのために必要なことは、売れる商品を開発することです。どうか既成の枠にとらわれず、自由な発想で業態を開発なさってください。

　この本で私がお伝えしたことがみなさんのチャレンジに結びつき、この素晴らしい外食産業を支える仲間になってくれることを希望します。

　いつの日かお目にかかれるときを、心より楽しみにしています。

事例編 2

小売サービス
の事業計画書

author

水口 博恵（みずぐち・ひろえ）

兵庫県出身、経営コンサルタント。
1985年大学卒業後、株式会社ワールド入社。2年目の関連会社統合プロジェクトをきっかけに、その後17年間経営企画、管理本部で統合、分社、事業立ち上げ、ユナイテッドアローズ店頭公開、M&Aをプロジェクトリーダーとして多数推進。
2004年退職後、大型量販店管理部長を経て2006年1月に独立、有限会社フリーダム設立。
独立後、起業相談、分社設立、IPOサポート、新規事業プロジェクトサポート、事業提携、管理部門改善、幹部社員研修、企業経営顧問を行っている。

小売 1　メガネSPA事業の事業計画書

事業プラン名

「スタイリッシュなリーディンググラス」SPA多店舗展開事業

▶ 事業の背景

1. 国内の40歳以上人口は全体の51%を占め5800万人
2. 平均寿命が延びグランド・ジェネレーションズの65歳定年や、70代も健康で趣味やおしゃれに積極的
3. 40歳以上もスマートフォン、PCを日常的に利用。リーディンググラスの利用時間が長い
4. シニア層はシニア対象の衣服、シニアグラスに満足していない
5. オゾン層の問題や眼精疲労など目の健康に注意を払う人の増加

▶ 事業内容

　老眼鏡のイメージ革命を起こすリーディンググラスを中心としたメガネのSPA事業。機能だけでなくファッションアイテムとしても楽しめるメガネの企画製造販売を行います。

▶ 事業計画書のキモ

➡ ここでは、「店舗コンセプト」がキモ

　店舗経営は初期投資が大きく、店のコンセプトは客層、立地、店舗内装、商品の価格帯すべてに関わってきます。どんなお客さまがお店に来て一番喜んでもらえるのか？　ターゲットの生活スタイルを具体的にプロファイルし、そのターゲットの欲求、ターゲット数をリサーチすることでブレない店舗経営のスタートができます。

→ 事例編 → 小売 → 小売-01

2. 事業の背景と目的

リーディンググラスSPA多店舗展開事業

・事業の社会背景

1. 国内40歳以上の人口は全体の51%で5800万人
2. 平均寿命が延びグランド・ジェネレーションズの65歳定年や、70代も健康で趣味やおしゃれに積極的
3. スマホ、PCは仕事だけでなく日常的に利用。シニアグラスの利用時間が長い
4. オゾン層、眼精疲労など目の健康に注意を払う人の増加
5. シニア層はシニア対象の衣服、シニアグラスに満足していない

・事業の使命・理念・目的

メガネで身につける人の個性・品格を表現する

おしゃれなリーディンググラスの提案で、40歳以降の生活をおしゃれに活動的に

> 事業を立ち上げるうえでの背景をまとめる。当然、需要が大きいほど成功の可能性は高くなる

3. 事業コンセプトとビジネスモデル

リーディンググラスSPA多店舗展開事業

●事業コンセプト　メガネで身につける人の個性・品格を表現する

●ビジネスモデル9項目

	ビジネスモデル9項目	内容
1	顧客セグメント	何歳になってもおしゃれを楽しみ生活を楽しみたい人
2	顧客にもたらす価値	従来の老眼鏡とは違い、おしゃれに個性的に品質とファッションを楽しむことができる
3	チャネル（販路）	リアル店舗　ネットショップ
4	顧客との関係	直営店で商品を提案　WEBでも着こなし提案と販売
5	収入の流れ	商品平均単価　9800円　リアル店舗とネット販売
6	活動と付加価値	路面リアル店舗　WEBでセレクト商品の提案
7	主なリソース（資源）	店舗　商品　販売スタッフ　ホームページ
8	パートナー	メガネメーカー　デザイナー
9	コスト構造	オリジナル商品製造費　パッケージ

> 事業コンセプトを整理。ここでは9項目にまとめている

事例編・小売

5. ショップのコンセプトとブランドイメージポジション

リーディンググラスSPA多店舗展開事業

● ショップコンセプト

> リーディンググラスをおしゃれアイテムに

● 店舗ブランドポジション

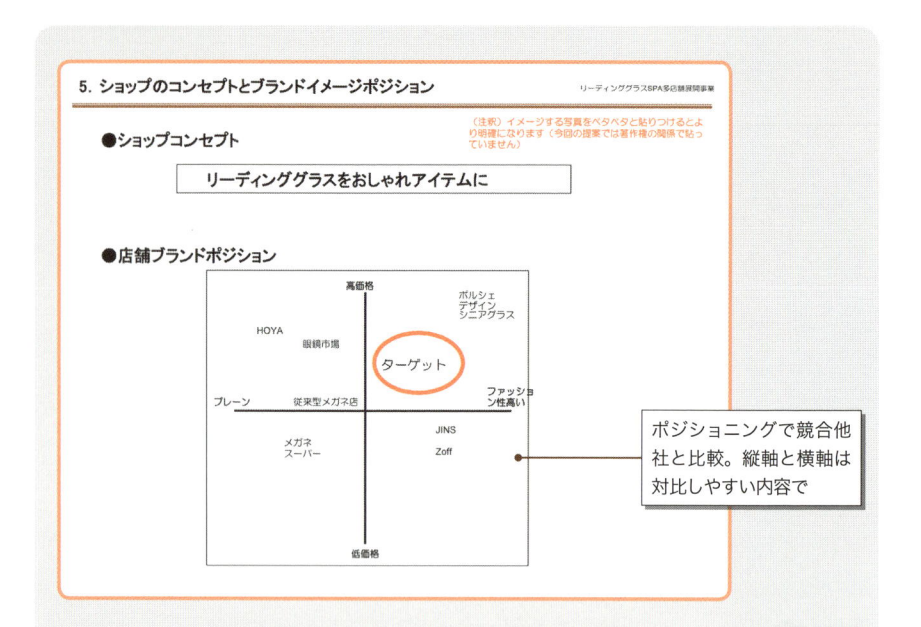

（注釈）イメージする写真をペタペタと貼りつけるとより明確になります（今回の提案では著作権の関係で貼っていません）

縦軸：高価格—低価格、横軸：プレーン—ファッション性高い
- HOYA
- 眼鏡市場
- ポルシェデザインシニアグラス
- ターゲット
- 従来型メガネ店
- メガネスーパー
- JINS
- Zoff

> ポジショニングで競合他社と比較。縦軸と横軸は対比しやすい内容で

6. 顧客イメージのプロファイル

リーディンググラスSPA多店舗展開事業

- ・性別　　男性
- ・年齢　　51歳
- ・職業　　会社員
- ・収入　　600万円以上
- ・家族構成　妻　子ども二人
- ・住まい　持ち家
- ・趣味　　ジョギング
- ・マインド　おしゃれを楽しみたい
- ・ファッション　コンサバに少しのトレンド
- ・食生活　野菜、酵素など健康、ダイエットを意識

> おしゃれには気を使っているのにリーディンググラスにはおしゃれなものが少ないな。服によってメガネも着替えたい。

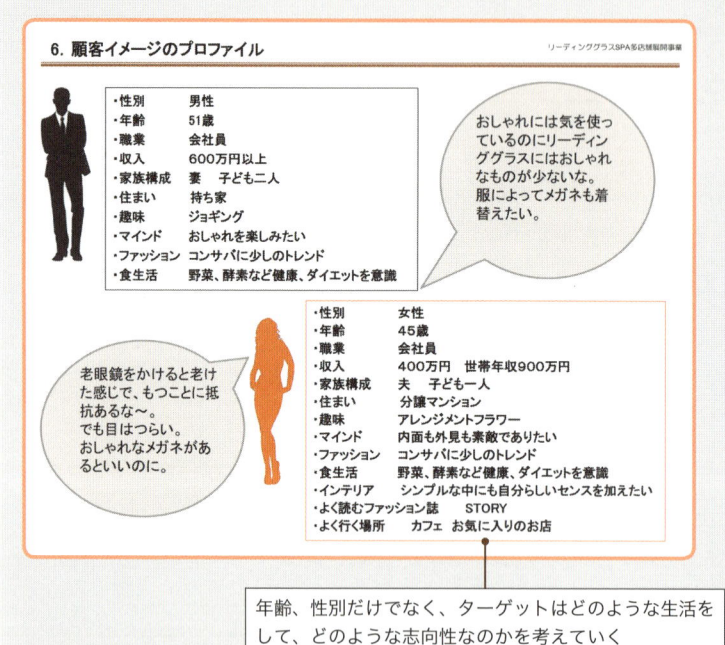

- ・性別　　女性
- ・年齢　　45歳
- ・職業　　会社員
- ・収入　　400万円　世帯年収900万円
- ・家族構成　夫　子ども一人
- ・住まい　分譲マンション
- ・趣味　　アレンジメントフラワー
- ・マインド　内面も外見も素敵でありたい
- ・ファッション　コンサバに少しのトレンド
- ・食生活　野菜、酵素など健康、ダイエットを意識
- ・インテリア　シンプルな中にも自分らしいセンスを加えたい
- ・よく読むファッション誌　STORY
- ・よく行く場所　カフェ　お気に入りのお店

> 老眼鏡をかけると老けた感じで、もつことに抵抗あるな〜。でも目はつらい。おしゃれなメガネがあるといいのに。

> 年齢、性別だけでなく、ターゲットはどのような生活をして、どのような志向性なのかを考えていく

❶ OnePoint

ターゲットの代表的なタイプを具体的に想像して定義しましょう。この点を明確に説明できることは事業内容の説得性にもつながります。

7. 出店ロケーション

リーディンググラスSPA多店舗展開事業

●第1候補　神戸JR元町駅エリア

- 1日平均乗車人数
  JR元町駅1日　4万8千人
  阪神元町駅1日　8600人
- 東隣駅から徒歩10分　1日平均乗車人数
  JR三ノ宮駅　117,800人　阪神三宮駅　97,189人
  阪急三宮駅　56,600人
- 近隣施設　大丸神戸店、旧居留地
  そごう百貨店(三ノ宮)
- 環　境　元町大丸エリアはおしゃれな
  30歳から高齢者の買物客が多い

●<u>不動産賃貸設定条件</u>
　　　坪家賃1万4000円〜1万8000円
　　　保証金　1カ月〜6カ月
　　　1階路面　10坪〜20坪

> ターゲットがたくさんいて、たくさん通行する場所はどこか。
> 現地に何度も足を運んで環境と不動産相場を確認

☐ Check Point

　事業計画書、事業内容の中で最も重要で一番先に考えなければならないのが事業コンセプトです。

　「この事業をしてみたいな」とアイデアが出たらコンセプトを項目別に考えます。社会背景や需要動向、ターゲットのプロファイルを情報整理しながらコンセプトを練り上げましょう。融資を受けるためだけでなく、事業を推進していく原点であり、道しるべとなります。

　とくに小売業は出店投資額が大きくかかりますので、店舗コンセプトをあまり考えずに不動産契約をしてしまうと投資回収が見込めず、店舗経営もままなりません。大企業は資金力があり一気に出店できますが、起業時には最初の一店舗が生命線。小回りが利きお客さまと密接に交流できる小規模店だから大企業とも戦える、そんな店舗を目指しましょう。

小売 2　おしゃれで健康！野菜小売の事業計画書

事業プラン名
野菜ソムリエの八百屋さん事業

事業の背景
1. 生活習慣病が年々増加、食べ物、食材にこだわる人が増える
2. 産地偽装や残留農薬の不安から、安心できる食材が求められている
3. 医食同源が浸透、健康、美容、アンチエイジングで野菜に注目
4. 野菜がディナーのメインで出されるレストランが人気
5. 野菜ソムリエ、野菜の勉強をしている人の増加

事業内容
　健康意識が高く、口にするものは安心できておいしいものでないと……という人たちに、野菜ソムリエの資格をもち、野菜仲卸会社で野菜の目利きをしてきたオーナーが旬のおいしい野菜と食べ方を提案。野菜販売とともに塩、オリーブオイル、果実酢をリアル店舗とネットショップで展開します。

事業計画書のキモ
➡ **ここでは、「店舗の立地」がキモ**

　小売は立地で成功が左右されます。出店先をどこにするのか？　候補地近隣はどのくらいの投資で出店できるのか？　事業コンセプトから導いたターゲットとなるお客さまが多く生活している場所、たくさん通行するところの調査を行います。実際に現地に足を運び、環境や通行する人たちの数を確認して決定するようにしてください。

○ → 事例編 → 小売 → 小売-02

事例編・小売

5. ショップのコンセプトとブランドイメージポジション

野菜ソムリエの八百屋さん

● ショップコンセプト

> 野菜ソムリエによるスーパーにない野菜の楽しみ方の提案

(注釈) イメージする写真をペタペタと貼りつけるとより明確になります（今回の提案では著作権の関係で貼っていません）

● 店舗ブランドポジション

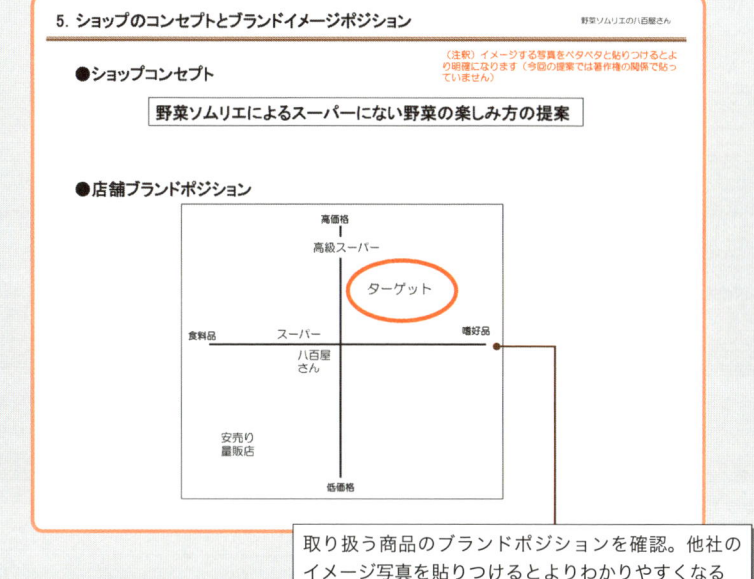

```
              高価格
               │
           高級スーパー
               │
               │    ターゲット
               │
  食料品 ──── スーパー ──── 嗜好品
               │ 八百屋
               │  さん
               │
               │
            安売り
            量販店
               │
              低価格
```

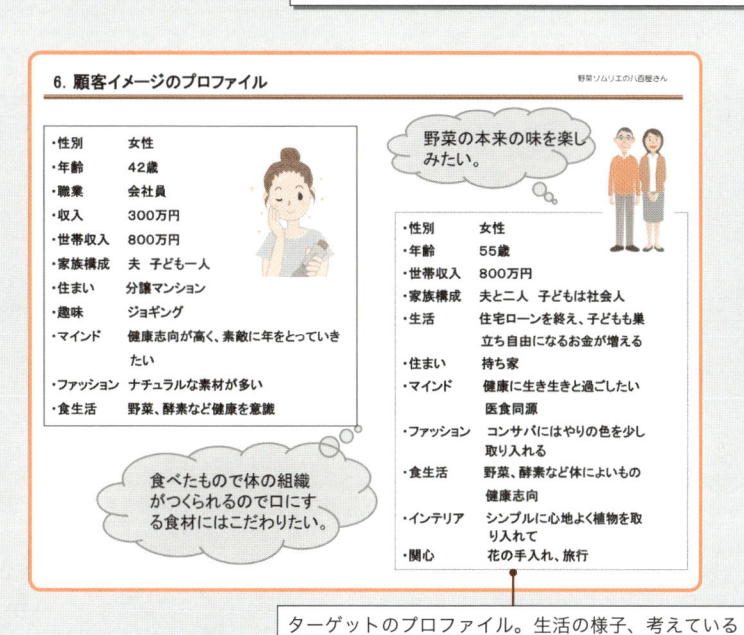

> 取り扱う商品のブランドポジションを確認。他社のイメージ写真を貼りつけるとよりわかりやすくなる

6. 顧客イメージのプロファイル

野菜ソムリエの八百屋さん

・性別	女性
・年齢	42歳
・職業	会社員
・収入	300万円
・世帯収入	800万円
・家族構成	夫 子ども一人
・住まい	分譲マンション
・趣味	ジョギング
・マインド	健康志向が高く、素敵に年をとっていきたい
・ファッション	ナチュラルな素材が多い
・食生活	野菜、酵素など健康を意識

> 食べたもので体の組織がつくられるので口にする食材にはこだわりたい。

> 野菜の本来の味を楽しみたい。

・性別	女性
・年齢	55歳
・世帯収入	800万円
・家族構成	夫と二人 子どもは社会人
・生活	住宅ローンを終え、子どもも巣立ち自由になるお金が増える
・住まい	持ち家
・マインド	健康に生き生きと過ごしたい　医食同源
・ファッション	コンサバにはやりの色を少し取り入れる
・食生活	野菜、酵素など体によいもの　健康志向
・インテリア	シンプルに心地よく植物を取り入れて
・関心	花の手入れ、旅行

> ターゲットのプロファイル。生活の様子、考えていることなど、どんな人かを具体的にイメージする

83

7. 出店ロケーション

野菜ソムリエの八百屋さん

● 第1候補　阪急西宮北口駅エリア

- 阪急西宮北口駅
- 1日平均乗車人数　　　5万人
  - 隣武庫之荘駅乗車数　5万3千人
- 1日平均乗降客数　　　11万4千人
- 西宮市　人口　　　　　47万2千人
  - 35歳〜80歳人口　　27万2千人
- 近隣施設　阪急百貨店、阪急西宮ガーデンズ
  - イズミヤ、ロフト
- 環　境　三ノ宮、宝塚、梅田の分岐点
  - 高級住宅街もあり、近隣からの買物客が多い

● 不動産賃貸設定条件
- 坪家賃10000円〜14000円
- 1階路面　15坪〜23坪

> 人口や駅の乗降客数などの数字だけでなく、住人の生活スタイルや不動産相場を現地で確認

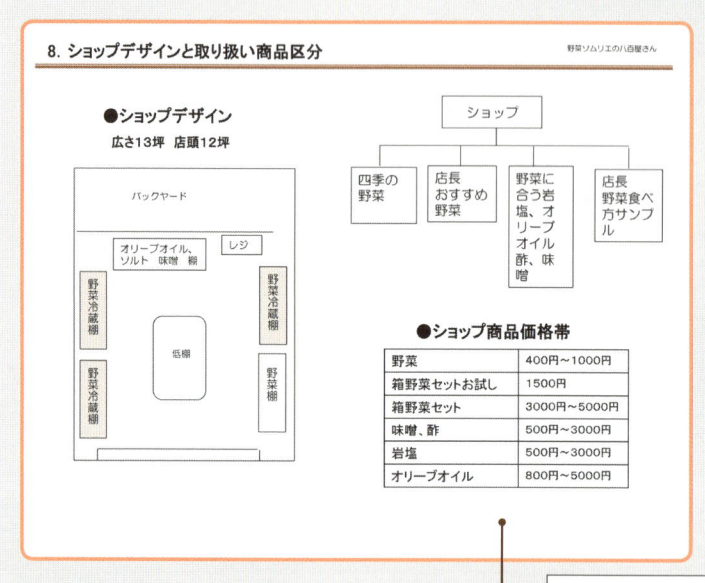

8. ショップデザインと取り扱い商品区分

野菜ソムリエの八百屋さん

● ショップデザイン
広さ13坪　店頭12坪

ショップ
- 四季の野菜
- 店長おすすめ野菜
- 野菜に合う岩塩、オリーブオイル、酢、味噌
- 店長野菜食べ方サンプル

● ショップ商品価格帯

野菜	400円〜1000円
箱野菜セットお試し	1500円
箱野菜セット	3000円〜5000円
味噌、酢	500円〜3000円
岩塩	500円〜3000円
オリーブオイル	800円〜5000円

> 店内ディスプレイ、商品の種類、価格帯などを検討

ⓘ OnePoint

コンセプト、ターゲットを具体的に想定したら、次にその方たちが生活・通行している場所を探します。人口調査、交通機関の乗降客数といった情報だけでなく、実際に現地に行って町並みや行きかう人たちをよく観察してください。

9. 店舗投資額と店舗月次収支モデル

野菜ソムリエの八百屋さん

●店舗投資項目と金額

項目	金額（単位：千円）	備考	
広さ/坪	13 坪	店頭面積	12坪
坪家賃	9 千円/坪年		
1か月家賃	117		

	項目	金額（単位：千円）	備考	年間償却
投	店舗保証金	351	3か月	
投	店舗敷金	234	2か月	3年均等償却	78
経	不動産仲介料	117	1か月	一時損金	
	不動産取得費	702			78
	居ぬき物件		坪単価	
投	内外装電気工事	1,300	100	15年償却	86
投	看板雑工事	130	10	15年償却	8
投	什器備品他	585	45	8年償却	73
	店舗工事合計	2,015	134		167
仕	初期商品仕入	74			
経	市場調査費	100			
経	広告宣伝費	100			
経	従業員募集費	30			
経	開業前人件費	0			
経	開業前家賃	117			
経	水道光熱費	70			
経	その他	70			
	開業諸経費計	487			
	初期投資合計	**3,278 千円**			245
	(投)投資合計	2,600	税込2,808（Tax8%）	
	(経)初期経費合計	604	税込652（Tax8%）	
	(仕)初期商品仕入	74	税込80（Tax8%）	

投資回収月数	7.9 ヶ月

*初期投資÷月差引利益

(注釈) 固定資産の耐用年数は内容により違いますので税務署、税理士にご確認ください

●モデル店舗月収支

単位：千円

項目	金額	売上比
売上高	3,600	100.0%
ロス前原価	2,232	62.0%
商品ロス	180	5.0%
ロス後原価	2,412	67.0%
売上総利益	1,188	33.0%
人件費	300	8.3%
アルバイト人件費	70	1.9%
家賃	117	3.3%
販売促進費	36	1.0%
水道光熱費	70	1.9%
減価償却費	20	0.8%
その他経費	100	2.8%
店舗販売経費合計	773	21.5%
店舗利益	415	11.5%

●月間商品係数

モデル月係数	
粗利益率	33.0%
在庫回転日数	1日
営業日数	26日
店頭面積	12坪
坪売上高	300千円
客数	3,000人
1日客数	115人
客単価	1,200円

候補不動産の相場で店舗投資額、収支を試算し、投資回収ができるか確認

☐ Check Point

　小売業は立地で成功が左右されるといっても過言ではありません。とはいえ資金には限界があるので、投資額を抑えつつ将来のことも想定してベストな環境を探す必要があります。

　たとえば大型店舗の近隣は通行人も多くいます。そして、このサンプルで示したように、大型店ではなかなかできないニッチな商品やサービスを実現して、お客さまと交流を深めながら根強いファンが増えていくお店を目指すのもよいでしょう。

　そのために第1号店は徹底的に調査して決断してください。事前調査をしっかりしているかどうかは金融機関もチェックしています。何よりご自身の事業のスタートとなるわけですから、ぜひ労力を惜しまず準備するようにしてください。

小売 3　女性をもっと美しくする セレクトショップの事業計画書

事業プラン名
服飾セレクトショップ運営事業

▶事業の背景
1. 日本の36～60歳女性人口は全女性人口の35％を占める。今後さらに増加
2. 40～60歳女性のお小遣いは39歳未満の1.5倍
3. いまの40歳代、50歳代の女性は自分らしさを演出することに敏感で、おしゃれに積極的
4. 国内婦人服小売市場は5兆6000億円で微増。ミセスが売上を牽引しているが、まだ20～30歳代のデザインとパターンの服が多く、上質な大人カジュアル、かわいらしさと色気のある服を売っているところが少ない

▶事業内容
　40～50歳代でファッションに敏感な女性に提案するセレクトショップを運営。伝統ある大手アパレルではなく、歴史は浅いけれど現在の消費者ニーズに合うブランドから委託仕入、消化仕入、買い取り仕入、一部海外買い付けで商品をセレクト。リアル店舗一店舗とWEBで提案販売を行います。

▶事業計画書のキモ
➡ここでは、「仕入・販売・在庫戦略」がキモ

　仕入商品はお客さまに買っていただけなければ現金化できません。お客さまがほしがる商品を仕入れ、提案し、買っていただくことが大前提です。仕入先との取引条件で資金繰りも変化します。店舗の商品構成、適正在庫の量、ディスプレイの方法など綿密な検討が必要です。

事例編 → 小売 → 小売-03

3. 事業コンセプトとビジネスモデル

服飾セレクトショップ事業

●事業コンセプト　経験を積み重ねた大人の女性美を引き出します

●ビジネスモデル9項目

	ビジネスモデル9項目	内容
1	顧客セグメント	いつまでも若々しく美しくありたいおしゃれなアラフォー、アラフィフ女性
2	顧客にもたらす価値	体型に合うだけでなくファッショナブルな服を提供
3	チャネル（販路）	リアル店舗　ネットショップ
4	顧客との関係	直営店で商品を提案　WEBでも着こなし提案と販売
5	収入の流れ	商品平均単価12000円　リアル店舗とネット販売　年2回顧客サロン試着会型展示会で受注販売も行う
6	活動と付加価値	路面リアル店舗　WEBでセレクト商品の着こなし提案
7	主なリソース（資源）	店舗　商品　販売スタッフ　ホームページ
8	パートナー	デザイナー　アパレル会社　婦人服メーカー
9	コスト構造	セレクト仕入商品　オリジナル商品　パッケージ

→ 事業コンセプトに連なる項目を細分化して整理

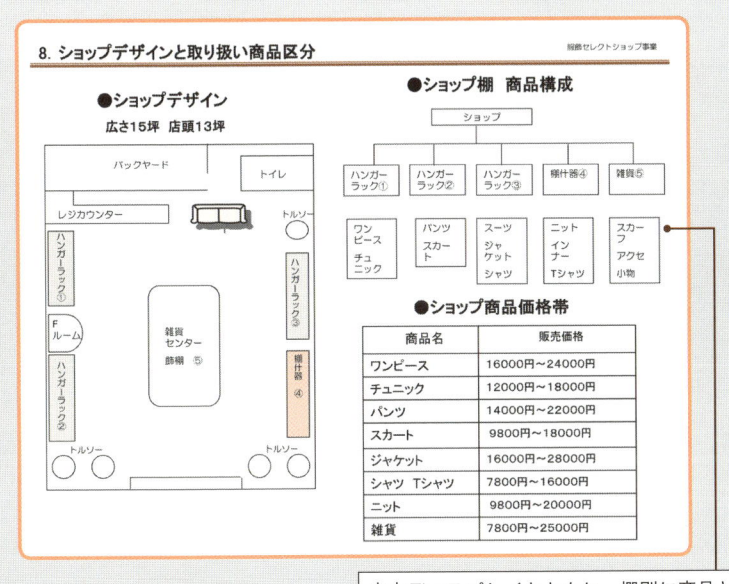

8. ショップデザインと取り扱い商品区分

服飾セレクトショップ事業

●ショップデザイン
広さ15坪　店頭13坪

（店舗レイアウト図：バックヤード、トイレ、レジカウンター、ハンガーラック①②③、棚什器④、雑貨センター飾棚⑤、Fルーム、トルソー）

●ショップ棚　商品構成

ショップ
├ ハンガーラック①：ワンピース　チュニック
├ ハンガーラック②：パンツ　スカート
├ ハンガーラック③：スーツ　ジャケット　シャツ
├ 棚什器④：ニット　インナー　Tシャツ
└ 雑貨⑤：スカーフ　アクセ　小物

●ショップ商品価格帯

商品名	販売価格
ワンピース	16000円～24000円
チュニック	12000円～18000円
パンツ	14000円～22000円
スカート	9800円～18000円
ジャケット	16000円～28000円
シャツ Tシャツ	7800円～16000円
ニット	9800円～20000円
雑貨	7800円～25000円

→ 店内ディスプレイとともに、棚別に商品とその適正枚数を検討する

10. 事業フロー

服飾セレクトショップ事業

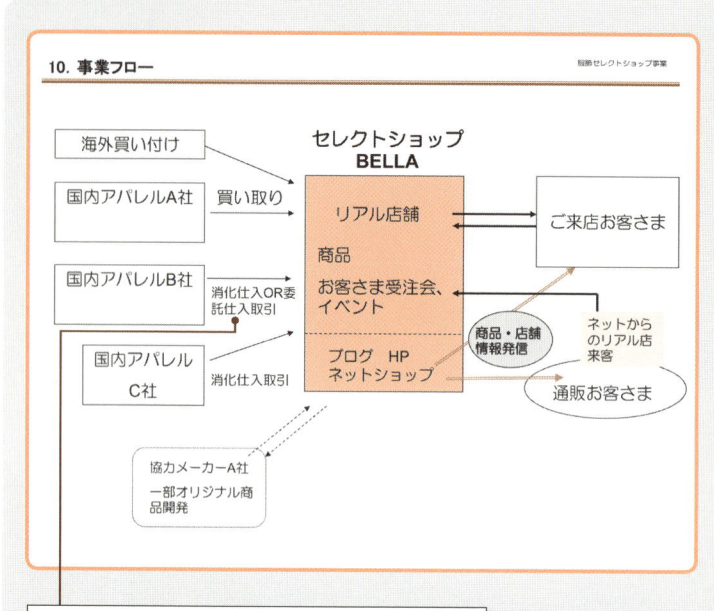

```
海外買い付け ─┐
              │
国内アパレルA社 ─買い取り→┐
              │          │
国内アパレルB社 ─消化仕入OR委託仕入取引→ セレクトショップ BELLA
                                      ├ リアル店舗          → ご来店お客さま
国内アパレルC社 ─消化仕入取引→          ├ 商品
                                      ├ お客さま受注会、イベント
              │                       ├ 商品・店舗情報発信 → ネットからのリアル店来客
              │                       └ ブログ HP ネットショップ → 通販お客さま
              │
協力メーカーA社
一部オリジナル商品開発
```

> 取引先別に取引条件を確認。必要があれば交渉しておく

参3. 販売・仕入・在庫計画

服飾セレクトショップ事業

(単位:千円)

初年度		3月	4月	5月	6月	7月	8月	9月	10月	11月	12月	1月	2月	年合計
	売上	2,080	2,496	3,840	3,640	5,200	4,940	6,500	3,900	3,900	4,180	5,200	4,550	50,206
	仕入高		3,870	4,300	4,540	5,950	5,690	5,900	2,400	4,050	4,910	5,425	3,475	50,510
	値入高(粗利)	832	998	1,456	1,456	2,080	1,976	2,600	1,560	1,560	1,664	2,080	1,820	20,082
①	値入率	40%	40.0%	40%	40%	40%	40%	40%	40%	40%	40%	40%	40%	
	ロス高	93	122	163	163	416	395	292	175	218	416	624	386	3,463
②	ロス率	4.5%	4.9%	4.5%	4.5%	8.0%	8.0%	4.5%	4.5%	5.6%	10.0%	12.0%	8.5%	6.9%
A	ロス後粗利益(売総)	739	876	1,293	1,293	1,664	1,581	2,308	1,385	1,342	1,248	1,456	1,434	16,619
	粗利益率	35.5%	35.1%	35.5%	35.5%	32.0%	32.0%	35.5%	34.4%	30.0%	28.0%	31.5%		33.1%
	売価月初在庫	4,246	2,166	3,540	4,200	5,100	5,850	6,600	6,000	4,500	4,650	5,400	5,625	4,246
④	売価月末在庫	2,166	3,540	4,200	5,100	5,850	6,600	6,000	4,500	4,650	5,400	5,625	4,550	4,550
③	在庫回転日数	28	30.0	30	30	30	30	30	30	30	30	30	30	27
	営業日数	27	26.0	27	26	27	25	26	27	26	27	27	23	312
	客数	173	208	303	303	433	412	542	325	325	347	433	379	4,184
⑤	1日購買客数	6	8.0	11	12	16	16	21	12	13	13	19	15	13
	客単価	12,000	12,000	12,000	12,000	12,000	12,000	12,000	12,000	12,000	12,000	12,000	12,000	12,000

①値入率=粗利益率　値入高=粗利益高＝販売予定売上高ー商品仕入高
②ロス率　盗難、値引きを考慮
③在庫回転日数　何日分の在庫をもつのか設定　年間回転日数＝(期首在庫+期末在庫)20÷年間売上高/年営業日数
④想定在庫回転日数より月末在庫高（売価ベース）を算出＝(当月と翌月売上高の平均/当月と翌月回転日数の平均)
⑤1日購買客数を算出
A　売上総利益=ロス高差引後の粗利

> 売上予想、適正在庫数、回転数から仕入高を試算しておく

ⓘ OnePoint

適正在庫を売上、回転数から計算します。店舗ディスプレイからも各棚に置く商品別枚数を検討して仕入情報に利用します。

参5. 数値計画：初年度月次資金繰り表

服飾セレクトショップ事業

(単位:千円)

1期資金繰り		3月	4月	5月	6月	7月	8月	9月	10月	11月	12月	1月	2月	年合計
	自己資金	10,000												10,000
	借入金	6,000												6,000
	出資資金													
	調達資金計	16,000	0	0	0	0	0	0	0	0	0	0	0	16,000
	初期投資支払	8,683												8,683
	月初資金	7,317	2,291	3,664	3,347	3,370	4,047	4,517	5,725	6,291	7,721	8,216	8,835	7,317
50%	現金売上収入	1,123	1,347	1,965	1,965	2,808	2,667	3,510	2,106	2,106	2,246	2,808	2,457	27,108
50%	カード売上収入		1,123	1,348	1,966	1,966	2,808	2,668	3,510	2,106	2,106	2,246	2,808	24,655
	収入合計	1,123	2,470	3,313	3,931	4,774	5,475	6,178	5,616	4,212	4,352	5,054	5,265	51,763
	翌月払仕入支出	2,750	0	2,508	2,786	2,941	3,855	3,687	3,823	1,555	2,624	3,181	3,515	33,225
	消化仕入支出													0
	人件費支払	450	450	450	450	450	450	450	450	450	450	450	450	5,400
	家賃支払	194	194	194	194	194	194	194	194	194	194	194	194	2,328
	経費支出	1,596	438	463	463	497	491	525	469	469	475	497	483	6,866
	出店経費	1,144												1,144
	支出合計	6,134	1,082	3,615	3,893	4,082	4,990	4,856	4,936	2,668	3,743	4,322	4,642	48,963
	差引キャッシュF	2,306	3,679	3,362	3,385	4,062	4,532	5,839	6,405	7,835	8,330	8,948	9,458	10,117
	支払利息	15	15	15	15	15	15	14	14	14	14	13	13	172
	借入金返済							100	100	100	100	100	100	600
	税金支払												612	612
	資金残高	2,291	3,664	3,347	3,370	4,047	4,517	5,725	6,291	7,721	8,216	8,835	8,733	8,733
	借入残高	6,000	6,000	6,000	6,000	6,000	6,000	5,900	5,800	5,700	5,600	5,500	5,400	
	出資金残高	10,000	10,000	10,000	10,000	10,000	10,000	10,000	10,000	10,000	10,000	10,000	10,000	

仕入は初期投資と同じく資金繰りに大きく影響するので、月次で資金繰り試算をしておくとよい

Check Point

　小売業で破たんする一番の原因は過剰在庫による資金ショート。適正在庫数を売上、回転数から試算しておくことは、過剰在庫によるロスと資金繰りが悪化することを防ぎます。もちろん、計算上だけでなく店頭でどのようにディスプレイするのか、お客さまが見やすく、商品の魅力を上手に伝えることに留意しながら、商品配置、ディスプレイからもアイテム別必要枚数を検討してみてください。

　仕入先との取引条件も交渉してみる価値は大きいです。業界によって違いはありますが、仕入条件は次のようなパターンがあります。

①現金仕入➡貴金属や買付商品取引
②買取仕入➡月締め翌月払いなど。返品不可
③委託仕入➡期日までの返品可能。支払いは月締め翌月払いなど
④消化仕入➡在庫所有者はメーカー側。メーカーより商品を預かり売れた場合に支払い。仕入率は少し高く在庫報告が必要だが在庫処分の心配はない。ただし販売能力がなければ解除される

小売 4 オリジナルジュエリーショップの事業計画書

事業プラン名
ジュエリーアトリエショップ運営事業

▶事業の背景
1. 国内のジュエリー小売市場は8000億円（1990年の2兆8000億円以降下がり続けたが2012年から回復）
2. 欧米のビッグブランドと中国の大量生産低価格商品との間で埋没気味
3. モノづくりにこだわりブランドが確立したジュエリーは人気
4. 女性だけでなく男性もおしゃれ、自己表現の手段としてジュエリーを身につけている

▶事業内容
　クラフト職人がいるオリジナルジュエリーのお店をオープンします。オリジナルジュエリーの製作販売を中心に、貴金属商品はサンプル展示で受注生産を行います。お客さまの要望で色石のセレクト、彫りネームなどセミオーダー受注に対応。品質とファッション性のあるジュエリーを提案します。

▶事業計画書のキモ
➡ここでは、「店舗運営資金、資金繰り」がキモ
　小売業は店舗初期投資額が大きくなりますし、商品の生産や仕入先への支払いをしてから、販売して現金化できるまでにタイムラグがあります。資金は生命線。想定外の資金ショートとならないために、小売業はキャッシュフロー経営が重要となる業種です。仕入先との取引形態、販売方法をキャッシュフロー経営の視点で確認しておきましょう。

◎ ➡ 📁 事例編 ➡ 📁 小売 ➡ 📄 小売-04

7. 出店ロケーション

ジュエリーアトリエショップ「SAI」

● 第1候補　阪急西宮北口駅エリア

- 阪急西宮北口駅
- 1日平均乗車人数　　　　5万人
    - 隣武庫之荘駅乗車数　5万3千人
- 1日平均乗降客数　　　　11万4千人
- 近隣施設　阪急百貨店、阪急西宮ガーデンズ
    - イズミヤ、ロフト
- 環　境　三ノ宮、宝塚、梅田の分岐点
    - 高級住宅街もあり、年齢に関係なく
    - おしゃれな女性が多い

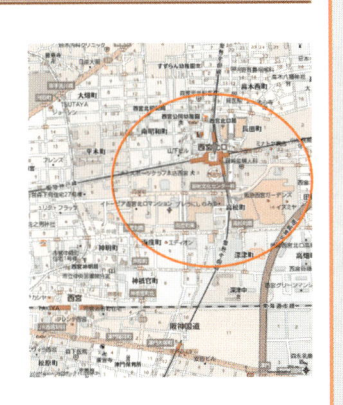

● 不動産賃貸設定条件
- 坪家賃10000円～14000円
- 1階路面　15坪～23坪

> 出店投資費用は支出に最も大きな影響を与えるので、不動産の条件は慎重に検討

8. ショップデザインと取り扱い商品区分

ジュエリーアトリエショップ「SAI」

● ショップデザイン
広さ15坪 店頭8坪

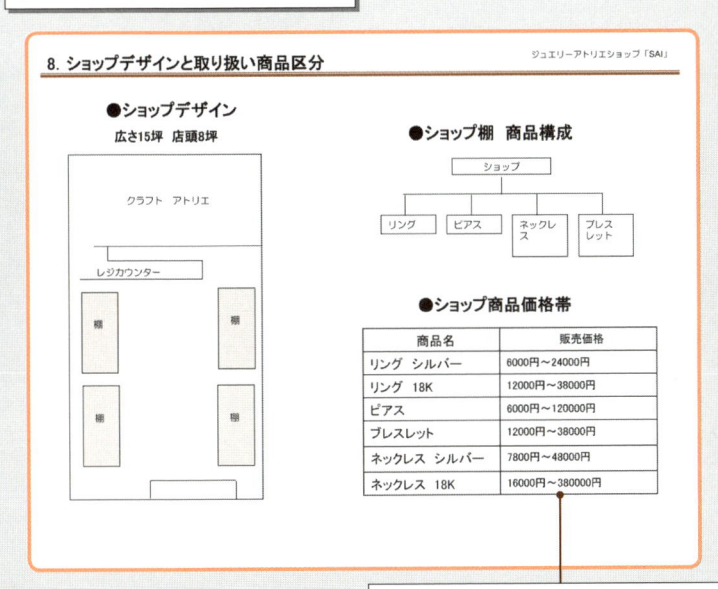

（クラフト アトリエ／レジカウンター／棚×4の店舗レイアウト図）

● ショップ棚　商品構成

```
          ショップ
   ┌────┬────┬────┬────┐
  リング ピアス ネックレス ブレスレット
```

● ショップ商品価格帯

商品名	販売価格
リング　シルバー	6000円～24000円
リング　18K	12000円～38000円
ピアス	6000円～120000円
ブレスレット	12000円～38000円
ネックレス　シルバー	7800円～48000円
ネックレス　18K	16000円～380000円

> 店舗内装、取り扱い商品の種類や価格帯とともに原価も整理しておくとよい

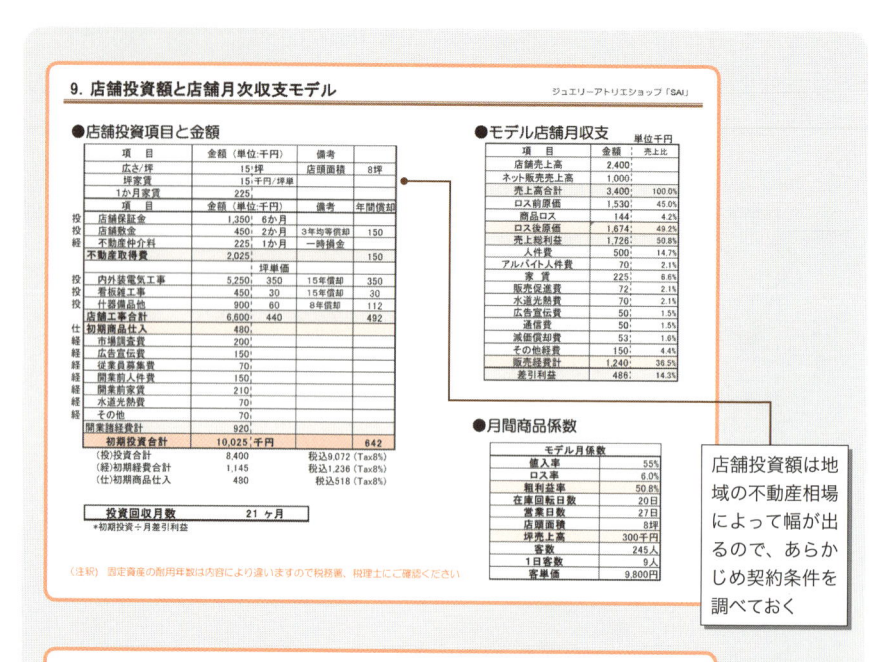

9. 店舗投資額と店舗月次収支モデル

ジュエリーアトリエショップ「SAI」

●店舗投資項目と金額

項　目	金額（単位:千円）	備考
広さ/坪	15坪	店頭面積　8坪
坪賃	15千円/坪・月	
1か月家賃	225	

	項　目	金額（単位:千円）	備考	年間償却
投資	店舗保証金	1,350	6か月	
投資	店舗敷金	450	2か月	3年均等償却　150
経	不動産仲介料	225	1か月	一時損金
	不動産取得費	2,025		150
			坪単価	
投	内外装電気工事	5,250	350	15年償却　350
投	看板誘導工事	450	30	15年償却　30
投	什器備品他	900	60	8年償却　112
	店舗工事合計	6,600	440	492
仕	初期商品仕入	480		
経	市場調査費	200		
経	広告宣伝費	150		
経	従業員募集費	70		
経	開業前人件費	150		
経	開業前家賃	210		
経	水道光熱費	70		
経	その他	70		
	開業諸経費計	920		
	初期投資合計	10,025 千円		642

（投）投資合計　8,400　　税込9,072（Tax8％）
（経）初期経費合計　1,145　　税込1,236（Tax8％）
（仕）初期商品仕入　480　　税込518（Tax8％）

投資回収月数	21 ヶ月

＊初期投資÷月差引利益

（注釈）固定資産の耐用年数は内容により違いますので税務署、税理士にご確認ください

●モデル店舗月次収支

単位:千円

項目	金額	売上比
店舗売上高	2,400	
ネット販売売上高	1,000	
売上高合計	3,400	100.0%
ロス前原価	1,530	45.0%
商品ロス	144	4.2%
ロス後原価	1,674	49.2%
売上総利益	1,726	50.8%
人件費	500	14.7%
アルバイト人件費	70	2.1%
家賃	225	6.6%
販売促進費	70	2.1%
水道光熱費	70	2.1%
広告宣伝費	50	1.5%
通信費	50	1.5%
減価償却費	53	1.6%
その他経費	150	4.4%
販売経費計	1,240	36.5%
差引利益	486	14.3%

●月間商品係数

モデル月係数	
値入率	55%
ロス率	6.0%
粗利率	50.8%
在庫回転日数	20日
営業日数	27日
店頭面積	8坪
坪売上高	300千円
客数	245人
1日客数	9人
客単価	9,800円

> 店舗投資額は地域の不動産相場によって幅が出るので、あらかじめ契約条件を調べておく

参3. 販売・仕入・在庫計画

ジュエリーアトリエショップ「SAI」

（単位:千円）

	3月	4月	5月	6月	7月	8月	9月	10月	11月	12月	1月	2月	年合計
店舗売上	1,600	1,600	2,240	2,240	2,400	2,400	2,240	2,240	2,400	4,000	2,240	2,400	28,000
ネット売上	500	1,000	700	700	1,000	1,000	1,000	1,500	1,700	1,700	1,700	1,700	13,700
売上合計	2,100	2,600	2,940	2,940	3,400	3,400	3,240	3,440	3,900	5,700	3,940	4,100	41,700
仕入売価	2,774	2,911	3,066	3,110	3,570	3,341	3,255	3,684	4,737	5,715	3,347	3,856	43,367
値入高（粗利）	1,155	1,430	1,617	1,617	1,870	1,870	1,782	1,892	2,145	3,135	2,167	2,255	22,935
① 値入率	55%	55%	55%	55%	55%	55%	55%	55%	55%	55%	55%	55%	81.9%
② ロス高	96	96	134	134	144	144	134	134	144	240	134	204	1,738
ロス率	6.0%	6.0%	6.0%	6.0%	6.0%	6.0%	6.0%	6.0%	6.0%	6.0%	6.0%	8.5%	6.2%
A ロス後粗利	1,059	1,334	1,483	1,483	1,726	1,726	1,648	1,758	2,001	2,895	2,033	2,051	21,197
粗利益率	50.4%	51.3%	50.4%	50.4%	50.8%	50.8%	50.9%	51.1%	51.3%	50.8%	51.6%	50.0%	50.8%
売価期初在庫	1,067	1,741	2,052	2,178	2,348	2,519	2,459	2,474	2,719	3,556	3,570	2,978	
③ 売価期末在庫	1,741	2,052	2,178	2,348	2,519	2,459	2,474	2,719	3,556	3,570	2,978	2,733	
④ 在庫回転日数	20	20	20	20	20	20	20	20	20	20	20	20	22
営業日数	27	27	27	27	27	27	27	27	27	27	26	27	323
客数	133	133	187	187	200	200	187	187	200	286	187	245	2,331
⑤ 1日客数	5	5	7	7	7	7	7	7	7	11	7	9	7
客単価	12,000	12,000	12,000	12,000	12,000	12,000	12,000	12,000	12,000	14,000	12,000	9,800	12,000

①値入率＝粗利益率　値入高＝粗利益　販売予定売上高－商品仕入高
②ロス率　盗難、値引きを考慮
③在庫回転日数　何日分の在庫をもつのか設定　年間回転日数＝（期首在庫＋期末在庫）/2÷年間売上高／年営業日数
④想定在庫回転日数より月末在庫高（売価ベース）を算出（当月と翌月売上高の平均／当月と翌月回転日数の平均）
⑤1日購買客数を算出
A　売上総利益＝ロス高差引後の粗利

> 仕入数、売上で資金繰りは大きく変化する。事前のシミュレーションが重要

ⓘ OnePoint

仕入支払いサイトが短く、現金売上よりクレジット売上が多かったりすると資金繰りは苦しくなります。初期投資の試算とともに取引条件ごとの資金繰りも何パターンか試算してつかんでおくことが大切です。

参5. 数値計画：初年度月次資金繰り表

ジュエリーアトリエショップ「SAI」

(単位:千円)

1期資金繰り	3月	4月	5月	6月	7月	8月	9月	10月	11月	12月	1月	2月	年合計
自己資金	14,000												14,000
借入金	4,000												4,000
出資金													
調達資金計	18,000	0	0	0	0	0	0	0	0	0	0	0	18,000
初期投資支払	9,072												9,072
月初資金	8,928	5,538	5,195	5,218	5,349	5,703	6,081	6,424	6,831	7,381	8,587	9,396	8,928
50% 現金売上収入	1,134	1,404	1,587	1,587	1,836	1,836	1,749	1,857	2,106	3,078	2,127	2,214	22,515
50% カード売上収入		1,134	1,404	1,588	1,588	1,836	1,836	1,750	1,858	2,106	3,078	2,128	20,306
収入合計	1,134	2,538	2,991	3,175	3,424	3,672	3,585	3,607	3,964	5,184	5,205	4,342	42,821
翌月払仕入支出	518	1,348	1,414	1,490	1,511	1,735	1,623	1,581	1,790	2,302	2,777	1,626	19,715
消化仕入支出													0
人件費支払	770	770	770	770	770	770	770	770	770	770	770	770	9,240
家賃支払	243	243	243	243	243	243	243	243	243	243	243	243	2,916
経費支出	1,747	510	531	531	536	536	531	531	536	588	531	536	7,644
出店経費	1,236												1,236
支出合計	4,514	2,871	2,958	3,034	3,060	3,284	3,167	3,125	3,339	3,903	4,321	3,175	40,751
差引キャッシュF	5,548	5,205	5,228	5,359	5,713	6,091	6,499	6,906	7,456	8,662	9,471	10,563	10,998
支払利息	10	10	10	10	10	10	9	9	9	9	9	9	114
借入金返済							66	66	66	66	66	66	396
税金支払												72	72
資金残高	5,538	5,195	5,218	5,349	5,703	6,081	6,424	6,831	7,381	8,587	9,396	10,416	10,416
借入残高	4,000	4,000	4,000	4,000	4,000	4,000	3,934	3,868	3,802	3,736	3,670	3,604	
出資金残高	14,000	14,000	14,000	14,000	14,000	14,000	14,000	14,000	14,000	14,000	14,000	14,000	

店舗投資、仕入、収支の計算をしたら資金繰りを組んでみる。資金管理は小売店舗運営の最重要事項

Check Point

　小売事業は資金が途絶えたら継続不能となるのでキャッシュフロー経営がとても大切です。コンセプト、お客さまへのサービスと同じくらいの力を注いで、資金繰りの試算と管理をしてください。

　資金は有限ですから、出店場所、店舗工事内容、仕入方法をよく検討して資金収支を一度試算してみましょう。損益収支は黒字でも資金繰りが大赤字（黒字倒産がこれです）だと経営は成り立ちません。

　最初のうちは苦手意識があるかもしれませんが、お店の経営をしていく限り資金繰りは心臓部だということを忘れないようにしてください。

　仕入先との取引条件は、ダメ元で最低一度は交渉してみることをおすすめします。事前に資金収支まで試算することで、仕入先との交渉の必要性を理解できるはずです。

Column

「小売サービス」で新たな事業を目指す方へ

　小売業は店舗をつくり、そこでお客さまと直接接点をもちます。お客さまからすると、お店はその道のプロがいる場所。そして生活の最も身近なエンターテイメント。お店は生活必需品を買い求めるだけでなく、ほしくなるものがあり、ワクワクできる楽しいことが待っている場所だとお客さまは期待しています。

　店舗という箱をつくるだけではお客さまは来てくれません。ワイワイガヤガヤと楽しく、たくさんの人がお店に集うことが理想です。

　そのために、つくろうとしているお店のプロになる準備、経験を積んでおいてください。業界の会社、お店で働く、関係分野の勉強をする、仕入先を検討するための情報をつかめる環境に身を置くなど方法はいろいろあります。店を開く前にブログ、Facebookを開設したり、ネットショップから始めてみるのもいいでしょう。

　取り扱う商品のプロになることで、その情報、楽しみ方、提案を発信してあなたのファンをつくっていってほしいのです。

- 同じものならあなたから買いたい
- あなたがいるお店に行くとお客さまはワクワクする
- 商品を買う理由ができてしまう。買わずにはいられない

　そんな気持ちにさせる発信を目標にしてみてください。

　今回は一店舗からSPA多店舗展開を目指すまで4つの事例を用意させていただきました。事業形態もリアル店舗だけでなくWEBや卸事業、FCとの連動などいろいろありますが、一番はコンセプト。コンセプトが固まったあとで、情報、数字を整理して事業準備の試算ツールとなるのが事業計画書です。

　事業計画にまとめようとすると、はじめのコンセプトと事業プランだと資金が足りないなど、再考することが必ず出てきます。お客さまをお店でおもてなしする準備を事業計画書で行ってください。そしてお客さまとともに成長していけるお店を目指してくださいね。

事例編 3

学習塾・教室
の事業計画書

author

後藤 高浩（ごとう・たかひろ）ドリームゲートアドバイザー
株式会社ジー・エス 代表取締役
学習塾専門 開業・運営コンサルタント
心理カウンセラー
ブログ／http://www.gssk-h.com/blog/

中央大学法学部を卒業後、大手進学塾に25年間在籍し要職を歴任。その間自らも講師として、常に入試の最前線で生徒を指導してきた。
家族の介護を機に退職し、充電期間を経て株式会社ジー・エスを設立。進学塾・就活塾・カウンセリングルーム等を運営するかたわら、学習塾専門の開業支援を行っている。
自らの具体的な経験を惜しみなく伝えることにより、一人でも多くの起業家に成功してほしいという思いが強い。開業時はもちろん、その後の授業・面談等のスキルアップ研修や、生徒・保護者対象の講演会に忙しく飛び回っている。心理カウンセラーの資格をもっているため、悩める起業家の心のケアにも当たっている。
起業・経営相談はこちら：http://profile.dreamgate.gr.jp/consul/pro/gsskgoto

学習塾 1　自宅を使って開業する塾の事業計画書

事業プラン名

自宅ではじめる小中学生向け「補習塾」事業

事業の背景

1. ゆとり教育の廃止に伴い、学校の授業内容についていけない小中学生が増加している。公立の小中学校では、勉強の習慣をきちんとつけて、基礎的な内容を理解できるようにしたいという生徒が多い
2. 開業資金に余裕がないという場合でも、自宅の一室を教室として使用し、自分（と家族）だけで指導を行うことで、費用面の負担を少なくすることができる

事業内容

1. 小学生・中学生を対象とした、学校学習内容の補習塾
2. 近隣の小中学校の生徒にターゲットを絞り、学校の進度に合わせて指導を行う
3. "学校の授業にきちんとついていけるようになりたい"児童・生徒を対象に、学校の教科書を使用した先取り学習を行う
4. ドリル形式での繰り返し学習によって勉強の習慣、勉強の仕方を定着させる

事業計画書のキモ

➡ **ここでは、「退会防止と継続率UP」がキモ**

- 常に学校のテスト・通信簿の点数を意識して指導を行う
- 成績が上がりやすい学校の教科書の先取り学習によって「勉強が楽しい」という感覚をもってもらう
- ときには生徒が楽しめるイベントを実施し、塾への帰属意識を高める

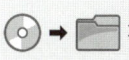

○ → 📁 事例編 → 📁 学習塾 → 📄 学習塾-01

要約サマリー

タイトル	自宅ではじめる小中学生向け「補習塾」事業
背景	・ゆとり教育の廃止に伴い、学校の授業内容についていけない小中学生が急増している ・まずは学校の成績をUPさせたいと考える保護者の割合が増えている
ソリューション	・近隣の小学校・中学校の生徒を対象とする ・各学校の授業内容・進度に合わせたカリキュラムを提供 ・各学校で使用している教科書を用いて補習を実施 ・とくに中学生の定期テスト対策に注力する

事業理念	勉強する習慣を身につけてもらう。子どもたちに自信を！
事業目標	1期目 年商550万円
組織体制 人員計画	講師：1名

事業の概要

<提供するサービス>
・学校の教科書の先取り学習
・中学生の定期テスト対策

<提供方法>
・ポイント整理とわからない個所に対する個別指導
・ドリル形式での繰り返し学習によって勉強の仕方・習慣を定着させる

ターゲット顧客

・小学校3年～中学校3年の生徒
・近隣の小学校2校、中学校1校の生徒に限定
・学校の授業内容についていけない層の生徒を中心とする

ビジネスモデル（収益を上げる仕組み）

・自宅の1階を教室として開業。初期費用を抑えることができる
・ターゲットとなる学校を絞り込む
・安定的に生徒数を増やすため、勉強以外のイベントも積極的に開催する

実施計画（目標売上）

1期目：550万円
2期目：660万円
3期目：672万円
4期目：684万円

※上記は補習塾のみの売上。
　3期目以降は学習塾開業者向けのコンサルティング活動も開始予定。

> この1枚のサマリーシートで、事業の全体像が伝えられるように、ポイントをわかりやすくまとめる

3．事業の内容

<提供するサービス>
・学校の教科書の先取り学習
・中学生の定期テスト対策

《対象者》
・町田市立□□□小学校の3年生～6年生の児童370名（全児童数：591名）
・町田市立△△△小学校の3年生～6年生の児童370名（全児童数：594名）
・町田市立◇◇◇中学校の1年生～3年生の生徒400名（全生徒数：400名）
・学校の勉強についていけない層の生徒が中心

※一般的に学校の授業についていけないと感じている児童・生徒数は全体の30％といわれている。
上記児童・生徒のうち342名（対象児童・生徒の30％）をメインターゲットに設定。

> 学校ごとの児童数・生徒数を明確に記載すること

<提供方法>
・各学校で使用している教科書を用いて、ポイント整理とわからない個所に対する個別指導を実施
・ドリル形式での繰り返し学習によって勉強の習慣、勉強の仕方を定着させる

・各小学校、中学校で使用している教科書を用いて、テスト問題になったことがある個所や
　テスト問題になりそうな個所をドリル形式で勉強
・ドリル形式で複数回問題をこなすことで、勉強するクセを身につけさせる
・児童・生徒は、学校と同様の内容で勉強を進めることができるため、学校の成績が上がる確率が高く、
　成果が出やすいことから、"勉強が楽しい"という感覚をもって塾へ通うことができる

※□□□小学校と△△△小学校は同じ教科書を使用しているため、クラスを分ける必要がない。

❶ OnePoint

とくに補習塾の場合、ターゲットとする学校の選定がたいへん重要です。近隣の小中学校の児童数・生徒数のデータを把握して、その裏づけをもって集客ターゲットを決定していることを明示します。

6. プロモーション・退会防止プラン

- プロモーション施策
  - 町内会で顔見知りの主婦の方にチラシを配布し、塾のPRを行う
  - 2回分のお試し体験授業を実施する
  - お友だちキャンペーンを実施し、紹介者を連れてきてくれた児童・生徒には特典をプレゼントする
  - 最大のプロモーション効果を得られるのは口コミのため、児童・生徒はもちろん、保護者とも密なコミュニケーションをとる
  - 学校の運動会・体育祭・文化祭・授業参観等に出向き、学校でも塾の生徒たちと積極的に関わる
  - ホームページ・ブログ等で塾の理念や提供するサービスについて発信する

- 退会防止・長期継続のための施策
  - 学校の教科書・問題集・ワーク等を使用し、学校の授業内容の先取り学習を実施する
  - 学校の授業の理解力がUPするカリキュラムのため、学校の成績が上がれば、必然的に退会率は下がる
  - ゲーム感覚で競わせる表彰制度、授業以外のコミュニケーションなど、「塾は楽しい」と思ってもらえる仕掛け・イベントを用意する

> 入塾者を退会させずに長期継続してもらうことによって安定した売上が見込める以上、退会防止・長期継続のための施策は必ず考えておきたい

補足資料_時間割表

	月	火	水	木	金	土
16:00						中1 英語
17:00	小4 国語	小5 算数	小3 国語	小4 算数	小5 国語	中2 英語
18:00	小6 算数A	小6 国語A	小3 算数	小6 算数B	小6 国語B	中3 社会
19:00	中2 英語	中1 数学	中2 国語	中1 英語	中2 数学	中3 理科
20:00	中3 英語	中3 国語	中3 数学	中3 英語	中3 国語	中3 数学
21:00						

- 小学生のクラスは17:00〜19:00に集中させ、部活などで帰りの遅い中学生のクラスを19:00以降に設定
- 小学校6年生は国語と算数のクラスを分ける。Aは一般の公立中学校へ進学する生徒を対象にしたクラス、Bは私立中学など受験を希望する生徒を対象にしたクラス
- 必要に応じて、土曜日は昼間の時間帯のクラスを増やす

> 補習塾として毎時間1クラスの設置とした場合には、学年の配置と生徒の誘導がたいへん重要になる。効率的な時間割を作成すること

補足資料_初期費用

項目	一般的な費用	備考
ホワイトボード	10,000円～	小さいものでいいので、あった方がよい。
コピー(プリンター)	30,000円～	毎回コンビニ利用だとかえって高くつく。プリンター兼用のものでOK。
看板・カッティングシート	20,000円～100,000円	紙の掲示ではあまりにも貧相。できれば、通りに面したところに。
パンフレット(リーフレット)	20,000円～	時間割・料金等を明確に。業者に頼んで見栄えがいいものを。
折込チラシ	1回 100,000円～	売上が上がるまでは、ポスティング・手渡し等の人海戦術で頑張った方がよい。
テキスト・参考書・問題集	20,000円～	学校の教科書・準拠問題集等は、必ず数セット必要。
講師	0円	生徒数が拡大するまでは、代表者とその家族だけで指導を行い、外部の講師は雇わない。

計画書の末尾に補足資料をつけて、自宅で開業することにより初期費用を最低限に抑えられることを伝えている

■ Check Point

　自宅で塾を始める場合は、初期費用がほとんどかからないため、金融機関から融資を受ける必要がないケースが多いと思います。しかし、だからといって事業計画書の作成をおろそかにしてはいけません。新たに自宅で開く学習塾は、塾としての認知度を高めることが難しいため、事前の市場調査と、開業後の営業活動の計画をきっちり立てておく必要があるのです。

　まずは、ターゲットとなる学校・学年を決定することがたいへん重要です。学校・学年別の生徒数データを元にして慎重に判断してください。

　補習塾を運営していくにあたっての最大のポイントは、学校の勉強の面倒をしっかり見て、学校のテスト・通信簿で成績を上げることです。そのポイントを押さえたうえで、塾に対しての帰属意識を高めて、長期間通ってもらえるような仕組みを事業計画書に落とし込んでください。

学習塾 2 難関校突破を目指す少人数制進学塾の事業計画書

事業プラン名
テナントを借りてはじめる「進学塾」事業

事業の背景
1. 大手の進学塾に通っていても、授業についていけなかったり、オプション授業も含めた高い費用などに不満を抱えている生徒・保護者が増えている
2. 難関校の受験を前提として学校より進んだ勉強をしたいと考えていても、高度な内容一辺倒ではなく、よりきめ細かい指導を求めている（必要としている）生徒が多い

事業内容
1. 中学受験・高校受験の受験指導（主に難関校対策）に特化した進学塾
2. 近隣の小中学校4校がターゲット。自転車通塾や車での送迎にも対応できるようにする
3. テナントを借りて、同時に3教室以上は稼働できるようにする
4. 学年の枠にとらわれない先取り学習と、入試対策・過去問指導を中心に授業を行う

事業計画書のキモ
➡ ここでは、「近隣他塾との比較優位性を訴求すること」がキモ
- 塾の代表者の力量が伝わるように、経歴・実績等を具体的にまとめる
- 校舎の立地やテナントの詳細をまとめて、「安心して通わせられる塾」であることをアピールする
- 進学塾の市場全体の状況や、近隣の大手進学塾のことをきちんと研究したうえで価格設定などの戦略を立てていることを明記する

事例編 ➡ 学習塾 ➡ 学習塾-02

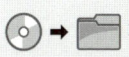

事例編・学習塾

1. 経歴

| 顔写真 | 講義中の写真 | 講義中の写真 |

▼代　表
木村　宏

▼資　格
中学校教諭一種免許状（国語）取得
高等学校教諭一種免許状（国語）取得

▼経　歴
大手進学塾に20年間在籍し、学部長・研修部長・本部長等を歴任。
主に新規校舎の開校と、講師の育成、営業面の統括を担当。
学校教師、塾講師を対象とした講演・研修の実績多数。
平成20年に八王子市にて少人数制進学塾を開業するため退職。

> 代表者が大手進学塾のことを知り尽くしている人材であることを強みとして示している

3. 出店ロケーション

▼出店予定地
事業名　：　少人数制進学塾「エース」
住　所　：　東京都八王子市子安町2丁目

近隣施設：
　　八王子市立□□□小学校
　　八王子市立△△△小学校
　　八王子市立◇◇◇中学校
　　八王子市立○○○中学校

▼特長
・人通りが多い通りに面している
・学校の通学路に面している
・通りに面して、袖看板やガラスのカッティングシートを掲出できる
・子どもの安全面や風紀の面からまったく問題のないテナントが同じビルに入っている
・最寄りの駅・バス停から近い
・車での送迎が周辺の迷惑にならない
・自転車を停められるスペースがある（塾専用の駐輪場を完備）
・コンビニ・書店・文房具店が近隣にある
・トイレが安心して使える（塾専用で男女別のトイレを用意）

> 保護者が子どもを安心して通わせられる立地・テナントであることをアピール

9. スケジュール

	3カ月前	8週前	7週前	6週前	5週前	4週前	3週前	2週前	1週前	開講週
コンセプト・運営	○実態調査完了 ○ターゲット設定（対象学年等） ○塾のコンセプトの確立		○塾名決定 ○営業（時間帯・授業料）確定				○入塾案内セット完成・配付開始		○入塾手続開始	
計画・費用	○事業計画書完成 ○必要な資金額を確定・準備 ○融資が必要な場合は申請完了			○年間の生徒数計画・収支計画策定						
テナント・教室	○物件候補絞り込み→検討		○テナント決定・仮契約 ○図面を基に教室割の確定		○テナント正式契約 ○机・椅子・什器等の検討		○内装工事（パーテーション）等 ○机・椅子・什器等の発注		○机・椅子・什器等搬入 ○備品等購入	
教材・模試	○業者の絞り込み・関係作り ○見本の取り寄せ				○使用教材・模試確定		○教材・模試発注		○手続き時に教材配付	
広告宣伝 営業活動		○パンフレット原稿作成		○パンフレット印刷発注			○ポスティング ○ポスター貼お等		○初期に入塾してくれる生徒・保護者 からの口コミ紹介を獲得	
人事関連		○法人化の場合／会社設立準備開始 ○講師・事務員募集開始・以降随時採用活動を 実施			○法人化の場合／登記完了 ○講師採用決定・研修スタート		○人事関連各種環境準備 ○事務員採用決定・研修スタート		○スタッフMT	
生徒指導							○生徒事前指導開始		○授業スタート	

コンセプト確立や資金手当てをはじめ、テナント契約、内装工事、広告宣伝、備品・教材等までスケジュールを開校日から逆算して落とし込む

補足資料_学習塾の市場環境

☆ 不況でも年々拡大していく市場規模

●学習塾市場規模調査（矢野経済研究所推計）　単位：億円

2009年度	2010年度	2011年度	2012年度	2013年度
9,000	9,150	9,240	9,380	9,400

① 都市部では子どもの数は増えていくところが多い
　　例）東京都の学齢人口（小1〜中3）
　　　　2013年：789千人
　　　　2015年：791千人（予測）
　　　　2017年：795千人（予測）

② とくに都市部で通塾率が高くなっている
　　文部科学省「2012 子どもの学校外での学習活動に関する実態調査報告」に見る「通塾率」
　　小4:25%　小5:32%　小6:36%　中1:41%　中2:47%　中3:61%
　　※ ゆとり教育の廃止により、学校の勉強についていけなくなっている子どもが増えている。
　　※ 就職難により、「学歴信仰」が復活してきている。
　　※ 共働きの家庭の割合が増えている（20年前は30%程度 → 現在はほぼ50%）。

③ 一人の子どもに使う教育費の額は年々増えている
　　文部科学省「2011 子どもの学習費調査」に見る「子ども一人あたりの年間学習塾費用平均」
　　小学生／　2001年　43,593円　→　2011年　52,245円
　　中学生／　2001年　162,357円　→　2011年　182,455円
　　※ 少子化により、一人の子どもに教育費をかけられるようになった。
　　※ 高齢化の進行により、祖父母が学習塾の費用を負担するケースが増えている
　　　（教育資金の贈与税非課税措置も後押し）。

少子化の中にあっても「進学塾」のニーズは高まっていることを、統計データを元にして示している

⚠ OnePoint

大手の進学塾に対しても、十分勝機があることを明確にすることがポイントです。自分の塾の優位性をアピールすることはもとより、相手（近隣他塾）のことを調べ上げたうえで戦略的に計画を立てていることを明示します。

補足資料_他塾料金表

〇〇塾

	週時間数	月額授業料	分単価
小4 4科	300	23,816	79
小5 4科	600	38,468	64
小6 4科	800	48,347	60
中1受験 3科	300	21,186	71
中2特訓 3科	360	32,020	89
中2受験 3科	300	26,489	88
中3特訓 3科	540	43,432	80
中3受験 3科	360	33,791	94

中学生がやや高い。小学生は平均的。

△△進学教室

	週時間数	月額授業料	分単価
小4 4科	420	27,100	65
小5 4科	600	37,566	63
小6 4科	730	44,566	61
中1 3科	360	25,544	71
中2 3科	360	27,827	77
中3選抜	360	37,536	104
中3特訓	420	29,036	69

小学生の単価はダントツで安い。中3選抜は割高。

□□ゼミ

	週時間数	月額授業料	分単価
小4 4科	210	24,830	118
小5 4科	420	36,201	86
小6 4科	630	46,103	73
中1 3科	—	—	—
中2 3科	—	—	—
中3選抜	—	—	—

小学部のみの設置。
小6は割高感はない。小4の単価が高い。

××学習塾

	週時間数	月額授業料	分単価
小4 4科	360	33,650	93
小5 4科	540	43,100	80
小6 4科	780	48,875	63
中1 3科	360	36,800	102
中2 3科	480	38,900	81
中3選抜	750	47,300	63

受験学年の絶対金額は高いが、時間数も長いので単価は高くない。低学年は割高。

☆☆進学塾

	週時間数	月額授業料	分単価
小4 4科	360	41,350	115
小5 4科	420	55,700	133
小6 4科	540	55,700	103
中1 3科	300	36,450	122
中2 3科	300	41,000	137
中3選抜	360	44,856	125
中3特訓	400	48,769	122

とにかく高い。1クラス少人数（原則1桁）としているため。

※※スクール

	週時間数	月額授業料	分単価
小4 4科	240	24,242	101
小5 4科	360	33,251	92
小6 4科	420	39,526	94
中1 3科	240	25,215	105
中2 3科	240	25,215	105
中3選抜	360	32,489	90
中3特訓	540	44,459	82

中1・中2は時間が短いため割高。

> 近隣他塾の授業料を学年ごとにまとめる。ここでは授業料の他に、週時間数と分あたりの単価まで踏み込んでまとめている

■ Check Point

　進学塾の開業にあたって事業計画書を作成する際のポイントは、「なぜ自分の塾を選んでもらえるのか？」という部分の説得力です。資金力のある大手の進学塾がこれだけある中で、個人で進学塾を立ち上げて成功することは生やさしいミッションではありません。「これならいけるぞ」と思ってもらえる計画に仕立てる必要があるのです。

　まずは、学習指導・受験指導において、絶対の自信を伝える必要があります。塾の講師としてのポリシー・信念が問われる部分です。大手塾にはできないけれど、自分の塾ではできるというアピールポイントを明確にしてください。そのうえで、テナントの立地や、費用面での優位性をアピールすることが必要です。

　また、融資を受けてテナントを契約する場合は、資金繰りや年間の収支計画も示す必要があることはいうまでもありません。

学習塾 3

FCの強みを活かしてスタートする塾の事業計画書

事業プラン名

フランチャイズで開業する「個別指導塾」事業

事業の背景

1. 集団授業の塾になじめず、自分のペースでじっくり勉強したいという生徒が増えているため、個別指導塾のニーズが高まっている
2. フランチャイズ傘下の塾にはブランド力があり、本部が開業やその後の運営などを支援してくれるため安心感がある

事業内容

1. 市内の中学生を対象とした、フランチャイズの個別指導塾
2. 1対1の指導を原則とするが、状況により1対2（講師一人に生徒二人）の指導も行う
3. 学校の補習から難関校受験まで幅広く対応する
4. テナント契約、内装工事、広告宣伝、教材・模試の選定・発注等は本部の主導で行う

事業計画書のキモ

➡ ここでは、「生徒の目標設定と保護者との情報共有」がキモ

- 定期的に生徒面談・保護者面談を行い、生徒一人ひとりの状況に合わせて、個別の学習計画を綿密に立てる
- 電話・メールでの連絡や「家庭連絡書」を通して、保護者とのコミュニケーションを密にする
- 成績UP、志望校合格にこだわった指導を継続し、日々の成果を目に見える形で提供する

◎ → 🗂 事例編 → 🗂 学習塾 → 📄 学習塾-03

2．事業の内容

<提供するサービス>
・弱点補強を中心とした個別指導
・志望校合格のための受験指導

<対象者>
・静岡市立□□□中学校　1年生～3年生（461名）
・静岡市立△△△中学校　1年生～3年生（260名）
・静岡市立◇◇◇中学校　1年生～3年生（713名）
・静岡市立○○○中学校　1年生～3年生（512名）
・静岡市立▽▽▽中学校　1年生～3年生（813名）
・静岡市立☆☆☆中学校　1年生～3年生（293名）

※個別指導のため、難関校受験者から学校補習希望者まで、幅広い層の生徒に対応できる。
上記生徒のうち1831名（対象生徒の60%）をメインターゲットに設定。

<提供方法>
・生徒の状況に合わせて作成したカリキュラムによる指導
・問題演習、解説を中心とした得点力養成学習

・入塾時に生徒・保護者と三者面談を行い、指導科目とカリキュラム・使用教材を確定する。実際に指導が始まってから修正の必要があれば、生徒・保護者と相談のうえ変更する。
・学校補習を希望する生徒は、学校の教科書・準拠ワークを中心に指導し、定期テストの対策に注力する
・難関校受験を希望する生徒は、受験学年の夏休みまでに単元学習を終了し、9月以降は過去問対策を指導の中心とする

> 個別指導なので、難関校受験者から学校補習希望者まで、対象となる生徒の割合が高いことに言及

5．市場環境

- **ターゲット市場の規模・特徴**
  7km圏内に中学校6校がある。
  6校の生徒数の合計は3052名。

- **ターゲット市場における競合状況**
  駅近辺に中学生を対象とした個別指導塾は存在しない。
  集団で指導する進学塾は3校存在する。

- **ターゲット市場における今後の展望**
  現状は近隣の6校をターゲットに設定しているが、商圏を10km圏内にまで広げた場合には3校増える可能性がある。

> 近隣の中学校や他塾の状況をまとめて、十分に勝機があることをアピールする

6．競合優位性

・近隣に中学生向けの個別指導塾が存在しない
・個別指導のニーズが高まっている中で、地域で最初に個別指導を打ち出すことで優位に立てる
・フランチャイズ傘下の塾としてブランド力があり、塾としての指導ノウハウも一定の評価がなされている
・優秀な講師が集まりやすいので、講師のレベルの高さもアドバンテージになる

⚠ OnePoint

この事業に参入する理由として、いま、なぜ個別指導塾のニーズが高まっているのか、子どもの志向や教育現場の実態に触れてみるのもいいでしょう。あるいはフランチャイズのシステムによって指導ノウハウや受験情報が共有化されていることの優位性について触れるのもいいでしょう。

8. 収支計画（売上・利益計画）

＜初年度収支シミュレーション＞

	単価	生徒数	月数	合計
＜売上＞				
入学金	¥20,000	70	1	¥1,400,000
本科授業料	¥30,000	70	11	¥23,100,000
講習会授業料	¥100,000	70	3	¥21,000,000
有料模試・教材	¥10,000	70	1	¥700,000
売上合計				¥46,200,000
リスク予防 ※80%				¥36,960,000

	単価	生徒数	個数	合計
＜経費＞				
FC初期費用	¥4,000,000		1	¥4,000,000
ロイヤリティ	¥3,168,000		1	¥3,168,000
家賃	¥400,000		12	¥4,800,000
電話代	¥10,000		12	¥120,000
光熱費	¥30,000		12	¥360,000
事務用品	¥200,000		1	¥200,000
資料郵送費	¥200		200	¥40,000
模試・教材費	¥50,000	70		¥3,500,000
雑費	¥30,000		12	¥360,000
人件費※講師	¥1,200		12600	¥15,120,000
人件費※事務	¥60,000		14	¥840,000
経費合計				¥32,508,000
利益計				¥4,452,000

＜中期計画＞

初期投資（資本金）⇒ 800万円

＊売上高　　初年度3690万円
　　　　　　5期目4620万円

＊経常利益　初年度440万円
　　　　　　5期目1320万円

＊利益率　　初年度12%
　　　　　　5期目29%

	1期目	2期目	3期目	4期目	5期目
売上高	¥36,960,000	¥38,000,000	¥40,000,000	¥43,000,000	¥46,200,000
経費	¥32,508,000	¥28,000,000	¥29,000,000	¥31,000,000	¥33,000,000
経常利益	¥4,452,000	¥10,000,000	¥11,000,000	¥12,000,000	¥13,200,000
累積経常利益	¥4,452,000	¥14,452,000	¥25,452,000	¥37,452,000	¥50,652,000

※ 2期目からはFC初期費用がかからないため、その分利益が純増となる。
※ フランチャイズの個別指導塾の場合、ロイヤリティや人件費率が固定となるため、経費削減による利益増は難しい。単純に生徒数を増やすか、一人あたりのコマ数を増やすかしか手がない。
※状況が許すのであれば、講師一人が生徒二人を担当する1：2の形を導入するのが最も効率的に利益を上げる方法である。しかし、生徒の満足度が下がることもあり、両刃の剣であることに留意が必要。

> 初年度はFCの初期費用や設備投資費がかかるため収支が厳しくなるが、その中でも利益を出せる計画をシミュレーションによって模索したい

補足資料_生徒の目標設定と学習計画表

目標達成シート

（学年・コース・クラス・生徒氏名・在籍中学校・第1志望校・第2志望校の記入欄）

■月例テストの記録
（月例テスト：目標／結果　英語・数学・国語・2科・理科・社会・5科）
［　］月度テスト ×5

■中学校成績の記録
［定期試験等］目標／結果　英語・数学・国語・理科・社会・保健体育・技術家庭・美術・音楽
［内申点］目標／結果　英語・数学・国語・理科・社会・保健体育・技術家庭・美術・音楽

■目標達成への計画
時期／学習計画の内容

■生徒面談の記録
面談日／担当者／内容

> 設定した目標と、目標達成のための学習計画を落とし込むシート。中学生向けなので項目はある程度細分化している

補足資料_保護者へのフォローアップ体制

個別指導塾では、学習への取り組み姿勢やテストの結果等、保護者への報告がたいへん重要となる。

＜報告書＞
授業中の取り組み姿勢や、小テストの結果等を書面でお渡しする。毎週授業のたびに報告できるのが理想だが、少なくとも月に1回はお渡ししないと報告書の効果は薄いと考える。

＜電話・メール＞
気になることがある場合はもちろん、そうでない場合にも日常的に電話やメールでコンタクトを図るようにする。短い時間でかまわないので、簡単な報告をして、困っていることなどがないか伺うようにする。保護者との関係づくりには欠かせない業務。

＜保護者面談＞
学期に1回は塾にお越しいただいて保護者面談を行う。3年生の場合は、受験校決定の際に生徒を含めた三者面談を行う必要もある。学習状況の報告や志望校の確認とともに、保護者の不安を解消し、ご要望を承ったうえで安心してお帰りいただくことが重要である。もちろん、承ったご要望には誠意をもって対応する（事後報告も含めて）。

> 保護者の満足度UPは常に意識しておくべきこと。日常的に行う施策をまとめておく

◻ Check Point

　まず、「フランチャイズ」と「個別指導」について、それぞれのメリット・デメリットをしっかり理解したうえで計画を立てることが前提となります。フランチャイズは、個人で始める場合と比べると初期費用がだいぶかかりますし、開業後も売上の一部を本部に納めなくてはならないため、その分を見越して売上・利益の計画を立てなくてはなりません。

　運営についても、フランチャイズだからといって「本部にお任せ」という姿勢は許されません。講師の確保・研修、生徒指導の計画、保護者との対応など、すべて自分の責任で進めなくてはならないのです。とくに、生徒・保護者の満足度を上げて退塾を防ぎ、長期間通ってもらってコマを増やしてもらえるような施策を明確にしてください。ポイントは、目標・学習計画の立案とその点検、そして保護者を巻き込んで成果につなげていくための仕組みづくりです。

Column

「学習塾・教室」で新たな事業を目指す方へ

　「教育ビジネス」が他の業種と一番違うのは、目に見えるものを商品として売っているわけではないということです。

　みなさんは、「教育ビジネス」で提供するべきサービスは何だと思いますか？　即効性のある知識でしょうか？　それとも、自分で未来を切り開いていくためのスキル・ノウハウでしょうか？

　それらは必要なものではありますが、まずみなさんに認識していただきたいことは、「教育ビジネス」は夢を売る仕事であるということです。

　もちろん、自ら独立して起業するからには、売上・利益を上げることが絶対に必要です。事業計画書・収支計画を丁寧につくり込む中で、事業のコンセプトを真剣に考え抜き、実際に開業したあとも、その時その場の状況に応じて臨機応変な対応が要求されます。

　その過程の中でみなさんが忘れてはならないことは、お客さま（生徒・保護者・会員等）に対して、常に夢を与え続けることです。そのためには、経営者自らが先頭に立って、お客さまと従業員に情熱を伝えていかなくてはなりません。

　また、サービスを受けたことについて、成果を求められることも「教育ビジネス」の特徴です。たとえば、学習塾で子どもたちを指導する場合、成績を上げて、最終的には志望校に合格させることが重要な仕事（ミッション）となります。

　そして留意しなくてはならない点は、「サービスを受ける人と対価（授業料等）を支払う人が異なる」ということです。日常的に、子どもにどんなによいサービスを提供していたとしても、保護者にそのことが伝わっていなければ、本当の意味で顧客満足度を上げることはできません。

　ときには、採算を度外視してサービスを提供しなくてはならない場面もあるかもしれません。それらのことに楽しんで取り組み、常に自分の仕事に自信とプライドをもって指導していくことができるかどうかがカギとなるでしょう。

　ぜひ、一人でも多くの人に夢を与えて、それを実現するお手伝いをしてあげてください。それが、この仕事でこそ味わえる醍醐味なのですから。

事例編 4

美容室
の事業計画書

author

鈴木 敏浩（すずき・としひろ）

千葉県出身、美容室専門コンサルタント。
金融機関に従事し、さまざまな業界の成功ノウハウを学ぶ。その後、販売・サービス会社に転職し、ゼネラルマネージャーとして売上120億円、100名のマネジメントや総額10億円以上の販売促進など実績を積む。
茨城県龍ケ崎市に美容室「RELASY hair & beauty」を出店。最少の予算で、最大限のパフォーマンスを追求する独自のクロスメディアマーケティングを駆使し、オープン初日から1週間先まで予約が埋まるなどの成功を収める。
現在は、複数の美容室経営のかたわら、美容室専門コンサルタント会社「グローウィズコンサルティング」（http://www.growith.info/）の代表として、開業、経営に関するアドバイスや、誰でも簡単にできる販売促進の成功ノウハウの提供を行っている。また、美容室オーナー同士の交流や情報交換などを目的とした「美容室集客実践会」も主宰している。

美容室 1　マンツーマンスタイル＆家庭的な美容室の事業計画書

事業プラン名
夫婦で始めるアットホームサロン事業

▶事業の背景
　アシスタントを多用したスタイルで営業する美容室は多くあります。そんな中で、一人ひとりのお客さまとしっかり向き合えるマンツーマンスタイルに着目。家庭的でリラックスした雰囲気の元、最大限の満足を感じていただくことを目指します。

▶事業内容
1. チェーン店では実現できない、完全マンツーマン営業
2. まつ毛、ネイルの施術もできるトータルビューティサロン
3. ともに美容師免許をもつ夫婦二人での営業で、人件費をかけることなく損益分岐点を下げる

▶事業計画書のキモ
➡ここでは、「新規集客および固定客化へ向けた施策の豊富さ」がキモ

　事業を継続するためには、商圏内に生活基盤をおもちの一人でも多くの方々に、自店の存在とよさを知っていただき、お客さまとしてお越しいただくことが必要不可欠です。サンプリングや近隣のお店に置いていただくためのフライヤーから、各種フリーペーパーや新聞折込チラシなどのアナログ媒体、それらアナログ媒体と、低コストで運用できるホームページ、SNSなどのITツールを組み合わせたクロスメディアマーケティングを駆使し、新規客の集客と固定客の囲い込みを行い、より短い期間での収益化を図ります。

事例編・美容室

1. 店舗概要

事業名 ： サロン アットホーム
住　所 ： 千葉県我孫子市本町2丁目
　　　　　※我孫子駅北口　徒歩5分
事業内容 ： 美容業

近隣施設 ： イトーヨーカドー、あびこショッピングプラザ
　　　　　中央学院大学
乗降者数 ： 59,000人（平均/日）

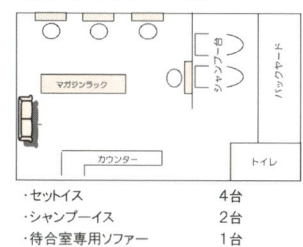

＊店舗レイアウト（1階・15坪程度）

＊イメージ写真

- セットイス　　　　　　　4台
- シャンプーイス　　　　　2台
- 待合室専用ソファー　　　1台

> レイアウトは、お客さまの動線と快適性、店側の作業効率を両立できるものであることが必要

2. 経歴

代　表 ： 夢門　実（夫）
資　格 ： 美容師免許（H16.3.24）、管理美容師免許（H19…）
経　歴 ： 平成16年4月～現在まで□□美容室（千葉市）に勤務
　　　　　美容学校を卒業後、地元の美容室で腕がいいと評判の個人サロンへ就職し、
　　　　　平成17年10月スタイリストとしてデビュー。
　　　　　一人ひとりのお客さまと親身に向き合う接客を心がけ、技術向上を図りながら
　　　　　経験を積んだ結果、毎月70名程度のお客さまより指名をいただけるようになった。
受賞歴 ： ○×カットコンテスト　優勝

代　表 ： 夢門　幸子（妻）
資　格 ： 美容師免許（H16.3.24）、管理美容師免許（H19…）、ネイル1級（H20…）
経　歴 ： 平成16年4月～現在まで××美容室（我孫子市）に勤務
　　　　　美容学校を卒業後、スタッフ数20名を超える地元の大型店に就職。
　　　　　入社後2年にわたりスタイリストに必要となる技術を学んだのち、同期では一番
　　　　　のスピードでスタイリストデビュー。その後も、積極的に都内有名店のカット講習
　　　　　会などへ参加し、技術の向上に努めた。その結果、チーフ、リーダーと責任ある
　　　　　ポストを任せられるようになり、現在は副店長として月に150名程度のお客さま
　　　　　対応と後輩スタッフへの技術指導や接客指導を担当している。

> 指導者レベルの技術を身につけていること、店舗マネジメントの経験もあることをアピールしている

> 技術力が伝わるように、どのようなお店で何年キャリアを積んだのかを明記する。月の指名人数は技術力と今後の成功を裏づける数字となるので必ず記入したい

3. 事業の内容

- 事業概要
  - 専属スタイリストがシャンプー・ブロー・カットを一貫して行うマンツーマンサロン
  - まつ毛、ネイルの施術も同時にできる、トータルビューティサロン

  > 簡潔にまとめた事業の概要。競合との差別化ポイントがひと目でわかるようにしている

- 基礎情報・メニューリスト

・営業時間 9:00〜19:00		・カット	：¥3,800
・定休日 毎週火曜日		・カラー	：¥5,500
・スタッフ数 2名		・パーマ	：¥5,500
・カットスペース 4台		・ネイル	：¥6,000〜
・シャンプースペース 2台		・マツエク	：¥5,000〜

- ターゲット顧客の説明

  《メインターゲット》
  ・流行に敏感で、美に対する意識が高い25歳〜35歳の女性

  《サブターゲット》
  ・サービス業にお勤めで、清潔感を大切にしている男性
  ・足元人口で最も多い、55歳〜65歳の女性
  ・メインターゲットのご家族
  ・近隣の小学校に通う生徒

  > ターゲットの絞り込みは明確か、またターゲットに対し立地選定や営業時間、プライス設定に問題がないか合わせて確認する

4. 市場環境

- ターゲット市場の規模・特徴
  都内のベッドタウンとして開発・発展が進み、現在の人口は13万3,000人。
  足元人口が最も多い世代は団塊世代で、時間とお金に余裕がある方が多い。

- ターゲット市場における競合状況
  半径3キロ圏内に10席以上の大型店2店舗と、4〜9席の中型店1店舗、1〜3席の小型店2店舗の合計5店舗が営業している。

- ターゲット市場における今後の展望
  業界全体の傾向と同様に供給過多のため競争は激しいが、接客や販売促進で他店を圧倒しているような店舗はなく、マンツーマンでの接客応対と、複数のプロモーション施策の展開により競合店舗との差別化を図ることが可能と見込む。

5. 競合優位性

- 夫婦ともに優良顧客をもっている（月120名程度）
- 人件費がかからない
- マンツーマン営業により顧客緊密性が高い
- まつ毛、ネイルを含めたトータルビューティへの対応が可能
- 従業員の入れ替えがなく、安定したサービスレベルを維持できる
- メール予約に24時間対応、顧客の利便性が高い
- ホームページ、SNS、紙媒体と、これまで培ってきたプロモーション施策・リピート施策の経験が豊富

> 理美容師に限らず技術職にありがちなのが技術一辺倒になってしまうこと。経営の要素である人・モノ・金・情報の観点から総合的に競合優位性を考える

❶ OnePoint

日本で一番お店が多い理美容業。新しいお店がオープンしてはすぐに撤退するケースを目にしたことがあるでしょう。ライバル多数である以上、「競合との差別化」を具体化することが欠かせません。

6. プロモーション・リピート獲得プラン

- **プロモーション**
  - ホームページ(HP)をもっていないお店が多い業界。HPの作り込み(顔写真やプロフィール、お客さまの声の掲載)を行うことにより、先進性と安心感をアピールする
  - HPは、急速に普及が進むスマートフォンへの最適化も行う
  - 美容室検索サイト最大手ホットペッパービューティーや、無料サイトへの登録を積極的に行い、自店HPへの流入、およびSEOにつなげる
  - オープン1週間前に前職の固定客300名に対して、特典付のご案内ハガキを送る
  - オープン1週間前を目安に、新規開店ならではのお得感あるオープン企画の案内を新聞折込とフリーペーパーによって行い、開店当日から予約で一杯の繁盛店を目指す
  - 地域のフリーペーパーに広告出稿を行う
  - フライヤーを作成し、近隣の他業種店舗に置いてもらう

- **リピート獲得**
  - 親近感をもってもらえるよう、顔写真やプロフィール、メニューを載せた販促名刺を作成し、リピーターの確保につなげる
  - 施術していただいたお客さまには、施術から3日以内にお礼状にて感謝の気持ちを伝える
  - 施術後の写真をお店のFacebookページへアップし、お店へのロイヤリティを高める
  - お得感のあるカラーチケット(回数券)を用意し、顧客の囲い込みを図る

> 他店との違いのみで終わらずに、自店の資産となるホームページを作成する予定であることを伝えている

> すでに固定客がいることは大きな強み。最大限に活用したい

☐ Check Point

技術力があり、一定の固定客をもっていればオープンしやすい理美容室。夫婦での出店であればなおさらです。その一方で続かないお店もたくさんあります。そんなお店に共通するのが、技術に気をとられるあまり事業計画そのものや集客プランについて問題があるケースです。

- ニーズに基づいた事業概要になっていますか?
- 事業概要と、営業時間や出店地域は噛み合っていますか?
- すでにつかんでいる固定客に対するプロモーションや施策は適切ですか?
- 新規のお客さまに対するプロモーションと、リピートしていただくための施策は適切ですか?

また、夫婦二人でやっていくアットホームな美容室なのですから、夫婦関係がそのままお店の雰囲気に直結します。常に良好な夫婦関係を保つ工夫も必要ということを付記しておきます。

美容室 2　女性による女性のための美容室の事業計画書

事業プラン名

「キレイになりたい」をかなえる女性のためのプライベートサロン事業

事業の背景

　男性美容師の増加、それに経営効率が求められた結果、昔ながらの小規模個人店は数を減らし、画一的な中・大型店が多くなっています。髪や美容に関する情報の増加に伴い、人には（とくに男性には）聞かれたくない、女性特有のコンプレックスや悩みを抱えている方が増えていますが、そのことを口に出しづらいお店ばかりとなっている現状があります。そこで、女性による女性のための完全予約制のプライベートな空間とすることにより、そんなコンプレックスや悩みに寄り添えるお店をつくっていくことを目指します。

事業内容

1. 女性経営者・スタイリストによる女性のためのサロン
2. 完全予約型で他のお客さまに気兼ねすることなくくつろげる空間を提供
3. チェーン店にはできない、完全マンツーマン営業
4. 貸切制とすることで、お子さま連れのお客さまも積極的に取り込んでいく

事業計画書のキモ

➡ **ここでは、「固定客への告知、リピート、紹介」がキモ**

　独立前からスタイリストに固定客がついていることを前提に、新たにオープンするプライベートな美容室で、その固定客を誘引し離さないためのメニューや仕組みを準備。紹介する方・される方、双方への特典を用意して固定客の紹介から新規客獲得へとつなげていきます。

◉ → 📁 事例編 → 📁 美容室 → 📄 美容室-02

1．店舗概要

事業名　：　プライベートサロン
住　所　：　千葉県柏市柏1丁目
　　　　　　※柏駅東口 徒歩6分
事業内容：　美容業

近隣施設：そごう、高島屋、マルイ、イトーヨーカドー
乗降者数：393,000人（平均／日）

＊店舗レイアウト（1階・10坪程度）

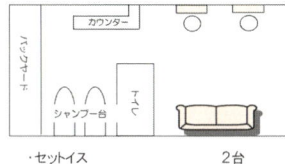

＊イメージ写真

- セットイス　　　　　2台
- シャンプーイス　　　2台

> 事業の成長性を示すために近隣施設や駅の乗降者数について記載している

2．経歴

代　表　：　夢野 香

資　格　：　美容師免許(H16.3.24)、管理美容師免許(H19…)、ネイル1級(H20…)

経　歴　：　▼平成16年4月～平成21年3月まで松戸市の□□美容室に勤務
　　　　　　美容学校を卒業後、地元の美容室で腕がいいと評判の個人サロンへ就職し、
　　　　　　スタイリストに必要となる技術を学んだのちスタイリストとしてデビュー。
　　　　　　一人ひとりのお客さまと親身に向き合う接客を心がけ、技術向上を図りながら
　　　　　　経験を積んだ結果、毎月70名程度のお客さまより指名をいただけるようになった。
　　　　　　▼平成21年4月～現在まで柏市の□□ヘアサロンに勤務
　　　　　　さらなる技術向上と将来の独立を見越して、大型店にスタイリストとして入社。
　　　　　　チェーン店ならではの多様な客層への接客応対や施術を通じ、応用技術や
　　　　　　顧客対応力を向上させ店長へ昇格。スタッフの技術指導や育成、売上管理など、
　　　　　　店舗全体のマネジメントに関わるかたわら、毎月120名程度の指名客に対応する。

受賞歴　：　○×カットコンテスト 優勝

> 独立に向けて計画的に行動してきたこと、指名客の数、店長として取り組んできたことなどを明記している

事例編・美容室

3．事業の内容

- **事業概要**
  - ・女性の専属スタイリストが、シャンプー・ブロー・カットをマンツーマンで行う ←
  - ・女性限定のサロン
  - ・お客さまにマッチしたスタイルメニューを提案
  - ・お子さま連れのお客さまを積極的に囲い込む

  > 美容室ではありそうでなかった、女性による女性のための女性限定のお店であることを最初に記載している

- **基礎情報・メニューリスト**

・営業時間 9:00～19:00	・カット ：¥4,500
・定休日 毎週火曜日	・カラー ：¥6,000
・スタッフ数 2名（スタイリスト1名、アシスタント1名）	・パーマ ：¥6,500
・カットスペース 2台	・家族カット ：¥6,000
・シャンプースペース 2台	・お子さまカット ：¥2,000

- **ターゲット顧客の説明**
  - ・小さなお子さまを抱える25歳～40歳の主婦
  - ※小さなお子さまを気軽に連れてこられるよう完全貸切制にする

  - ・流行に敏感で、美に対する意識が高い25歳～35歳の女性
  - ※プライベートサロンとして他のお客さまに気兼ねすることなくくつろげる空間を提供

4．市場環境

- **ターゲット市場の規模・特徴**
  JR柏駅の東口駅前立地。1日の乗降客数は39万人あり、商業施設の他、銀行の支店や会社が多い。半径1キロ圏内にはファミリー向け、単身者向けマンションも多い。

- **ターゲット市場における競合状況**
  半径1キロ圏内に10席以上の大型店4店舗と、4～9席の中型店6店舗、1～3席の小型店2店舗の合計12店舗が営業している。

- **ターゲット市場における今後の展望**
  業界全体の傾向と同様に供給過多のため競争は激しいが、効率重視が目につき、接客や販売促進で他店を圧倒しているような店舗はなく、女性スタイリストによるマンツーマンでの接客応対とプロモーション施策の展開により競合店舗との差別化を図ることが可能と見込む。 ←

5．競合優位性

- ・350名の優良顧客をもっている
- ・開業当初は1名体制のため人件費がかからない
- ・プライベートサロンならではの高い顧客満足度と顧客緊密性
- ・高めに設定できる客単価
- ・お子さま連れのお客さまに対応
- ・メール予約に24時間対応

> マーケットリサーチの結果を踏まえたうえで、他店との事業プランの違いを明らかにするためにも自分の視点、想いを入れたい

---

❶ OnePoint

顧客獲得に向けたプロモーションの手数は多いほどよいといえますが、コストの高いアナログ媒体だけに頼るのは考えものです。無料で利用できる各種SNSサービスを上手に活用し、販促費のかけすぎを回避しましょう。過度の割引も経営を圧迫するため要注意です。

6. プロモーション・リピート獲得プラン

- プロモーション
  - ホームページ（HP）をもっていないお店が多い業界。HPの作り込み（顔写真やプロフィール、お客さまの声の掲載）を行うことにより、先進性と安心感をアピールする
  - HPは、急速に普及が進むスマートフォンへの最適化も行う
  - SNSを活用し、お客さまの知人に対してもアプローチを行う
  - オープン1週間前に前職の固定客に対して開店案内のハガキを送る
  - 地域のフリーペーパーに広告出稿を行う
  - フライヤーを作成し、近隣の他業種店舗に置いてもらう
  - 店頭にイーゼルを設置する
  - 紹介する方・される方、双方に特典のある紹介カードを配布する

- リピート獲得
  - 顔写真やプロフィール、メニューを載せた販促名刺を作成し、リピーターの確保につなげる
  - 施術していただいたお客さまには、施術から3日以内にお礼状にて感謝の気持ちを伝える
  - 施術後の写真をFacebook等のSNSへアップさせていただき、お店に対するロイヤリティを高める
  - お得感のあるサービスチケット（回数券）を用意し、顧客の囲い込みを図る

> 好立地である場合には、それを無駄にしないためにも、立地に見合った施策も考えておきたい

事例編・美容室

☐ Check Point

　事業規模や資金力で劣ることが多い一人営業のお店。チェーン店や大型店にはマネのできないお客さまとの距離感、小回りといったメリットを活かした新規顧客へのプロモーションやリピート促進施策の導入が競合との差別化となり、事業の成否を分けます。

　どのようにしていまいるお客さまから新規のお客さまを紹介していただくか、そのお客さまにも継続利用していただき、さらに新しいお客さまを紹介していただくためにはどうすればよいか。今回のように一人で経営する女性限定のプライベートなお店ではとくにキモになるでしょう。

　また、流行に感度の高い方々がお客さまになりますから、新しい設備や新サービスの導入、自分自身のブランディングなど、常にお客さまを飽きさせない工夫も求められます。

Column

「美容室」で新たな事業を目指す方へ

　世の中には、素晴らしい技術やサービスを他店よりもより安価に提供するお店がどんどん増えています。一方で、高齢化が進み人口は減少し続けています。お店は増えているのに、お客さまは減っていくのです。

　そんな中……あなたは、独立を果たした10年後も自分のお店は安泰だと言い切れる自信がありますか？　ひょっとしたら、すでにこれだけのオーバーストア状態と厳しい価格競争の中でも、一生懸命に技術を高め、サービスがよければ何とかなると思っていませんか？

　その答えはNOです。学校や職場では教えてくれなかった、技術やサービス以外のことも学ばなければいけません。売上を上げるすべての入口は、新規やリピーターのお客さまをどうやって集めるかにあります。どんなに優れた技術やサービスがあっても、それは一度も来店したことのない方にはわかりません。それらはお客さまを集めるための一つの手段でしかないのです。商売で一番大切なことは、新規やリピーターのお客さまを集めるための方法を学び、実践し続けることなのです。

　自分自身を思い返せば、専門学校での基礎勉強から始まり、叱られてばかりだったアシスタント時代。友だちが楽しそうに遊んでいるのに、早朝・深夜はもちろん、休日を返上しての技術練習。緊張の連続でお客さまに何度となくご迷惑をかけてしまったサロンワーク。サンプリングに、ポスティングにハンティング……。

　最初はあんなにたくさんいた専門学校の同級生や職場の同僚が一人、また一人と理美容業界からドロップアウトしていく中で、あなたは、いままでの間に、何度悔し涙を流しましたか？　いままでの間に、何度独立の夢をあきらめようと思いましたか？

　本当に長く大変な道のりだったと思います。そして、いよいよこれからが本当のスタート。もしかしたらすでにわからないことばかりで不安に襲われているかもしれませんが、心配する必要はありません。なぜなら、独立開業するまで美容師を続けていることは本当にすごいことなのですから。

　いままでどおり、努力することを忘れず、目の前の問題に立ち向かっていけば解決できない問題はありません。今日まで美容師を続けてきた自分を信じてあげてください。あなたの成功を応援しています！

事例編 5

リラクゼーションサロン
の事業計画書

author

伊澤 宜久（いざわ・よしひさ）ドリームゲートアドバイザー

サロン開業コーディネーター。鍼灸師・あん摩マッサージ指圧師。株式会社ハーモニア 代表取締役。

アーティストマネジメントに携わったあと、鍼灸マッサージ師の専門学校に入学。開業直後は資金がなく【低コスト集客】を発案。自作HPにセルフSEOで集客し、データベースでリピーターを囲い込む独自の方法論を展開。開業1カ月目から黒字。3店舗で年に1万5千人の来客。表参道店では月に259人というケタ違いの新規集客に成功した。10年を経た店舗でも月に数千円のコストで約100名の集客を実現。

ホットペッパーでは1年で120件超の口コミという驚異的な数字を叩き出す。不動産の賃貸部も経験しており物件選びにも強い。

整体開業コム：http://seitai-kaigyou.com/

起業・経営相談はこちら：
http://profile.dreamgate.gr.jp/consul/pro/seitaikaigyo

サロン 1　初期投資を抑えてスタートするサロンの事業計画書

事業プラン名

マンションの一室で始めるプライベートサロン事業

▶ 事業の背景

　核家族の数はこの40年間で約２倍に増え、子どもを親世代に預けられない子育て女性が増えています。そして悩みを抱えつつもそれを吐き出す場所もなく、心身ともに追い詰められている場合も少なくありません。この事業のオーナーは自らも子どもをもつ母親です。そのような方たちの力になりたいという想いが事業の出発点になっています。

▶ 事業内容

1. 初期費用を抑えるために事業が行えるマンションで開業する
2. 見込み客に通りがかりに知ってもらうことが期待できないため、集客に力を入れる
3. 本場のバリで磨いたバリニーズマッサージを提供するバリニーズ・スパ
4. 完全予約制・完全個室制で、お子さま連れの方も大歓迎のプライベートサロン

▶ 事業計画書のキモ

➡ **ここでは、「低い初期投資とマーケティングプラン」がキモ**

　この事業では初期投資は80万円と非常に低く見積もられており、参入しやすいといえます。反面、マンションの一室での開業ゆえに認知されることが非常に難しいです。放っておいても集客できるようなことはないので、マーケティングプランを練って仕掛けていかないといけません。

◎ → 📁 事例編 → 📁 サロン → 📄 **サロン-01**

事例編・サロン

1．店舗概要

事業名　：バリニーズ・スパ「BARIRI」
住　所　：東京都品川区小山6丁目
　　　　　※西小山駅　徒歩5分
事業内容：リフレクソロジー

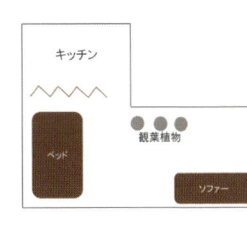

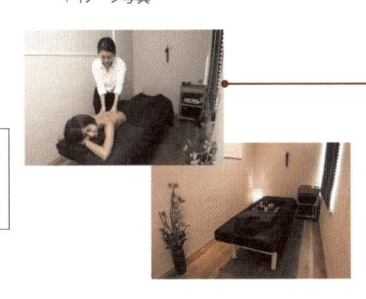

近隣施設：西小山駅・スーパー4店舗・商店街
乗降者数：33,670人（平均／日）

＊レイアウト（マンション1階・15坪程度）　　＊イメージ写真

店舗のイメージやレイアウトについてビジュアルが用意されていると、事業計画書の読み手に具体的な計画であると意識づけることができる

3．事業の内容

＜提供するサービス＞
完全予約制、完全個室制のプライベートサロン
本場のバリで磨いたバリニーズマッサージを提供するバリニーズ・スパ

≪対象者≫
・子育て世代の20代〜30代後半の女性がメインターゲット
・20代〜30代後半のOLがサブターゲット

※西小山駅近辺の人口数は約4800人。そのうち20代〜30代の女性は6%
　上記人口のうち288名（対象人口の6％）がターゲット

≪提供メニュー≫
・ボディケア（背面）　　　　60分　　4500円
　　　　　　　　　　　　　　90分　　6000円

・ボディケア（全身）　　　　90分　　6500円
　　　　　　　　　　　　　　120分　10500円

・ハンドケア　　　　　　　　10分　　1000円
・フットケア　　　　　　　　15分　　1000円
・ハーブボール　　　　　　　10分　　1500円
・ハーブテント　　　　　　　10分　　1500円
・ヘッド／ネックトリートメント　20分　2500円
・ベーシックフェイシャル　　30分　　3500円

すべてのメニューに
ハーブティーと足湯をセット

提供するサービスメニューの内容と価格を提示し、きちんとした計画であることをアピールすることが大事

121

4．市場環境

- **ターゲット市場の規模・特徴**
  西小山駅は東急目黒線沿線の各駅停車駅の中で1日あたりの乗降客数が最も多い（33,670人）。前年比で乗降客数が減少している駅が少なくない中で、西小山駅は利用者数が伸びている駅。

- **ターゲット市場における競合状況**
  近隣には個人が経営するマッサージ店が7店舗存在する。
  すべて駅から徒歩5分圏内の場所に店舗を出している。

- **ターゲット市場における今後の展望**
  駅近隣で3人世帯～4人世帯のファミリー向けマンションが建設中。
  20代～30代後半の両親からなる核家族世帯が増えることが予想される。

5．競合優位性

- マッサージ店は近隣に7店舗あるが、バリニーズをウリにした店舗は存在しない
- オイルマッサージを行う店舗も存在しない
- 本場バリでの経験者が施術するという点で、信用獲得＆ブランディングが行いやすい
- 完全個室のプライベートサロンのため、子連れのお客さまにも気軽にご来店いただける

> 周りの環境を踏まえたうえで、自店にはどのような優位性があるか、勝ち残っていける可能性を示す必要がある

6．プロモーション

《リアル》
ママ友へ紹介しやすいように、紹介する方・される方の双方に割引などの特典がある紹介カードの作成。
自店から美容院へ、美容院から自店へ、相互紹介の関係づくりができる美容院を発掘。
毎日1時間程度のポスティング。
平日は午前中に駅に向かう人へチラシを手配り。
少なくとも初動の半年間は地域のフリーペーパーへ広告出稿。初回限定の思いきった割引を実施し、まずはサロンのことを認知してもらう。

《WEB》
マンションの一室での営業であることから宣伝広告による相当の露出が必須。
読者数・ユーザー数が限られていても費用対効果の高い媒体を選択。
すべての媒体からの流入をいったん自店ホームページに集め、高いコンバージョンを狙う。
SEOはロングテール（細かなキーワード設定）で数を稼ぐ。
自店ホームページの検索順位が低いうちはPPC広告で対応する。
ホームページは低コストでできるホームページ作成サービスを使う。自店ホームページにはお客さまの声を写真とともに掲載し社会的証明をつくる。
ホームページはスマートフォンへの最適化も行う。
コンテンツを増やして露出を多くし、SEOにも効果を出せるよう、ホームページ上で毎日健康コラムを書く。
地域クーポンサイトなど口コミが書けるサービスへの登録を行う。

> 今回のように初期投資額を抑えた、マンションの一室で開業するサロンではWEB集客がキモになる。なお、共同購入（フラッシュマーケティング）は施術というサービスを販売するこの業態には合わないので避けたほうが無難

ⓘ OnePoint

比較的低コストで効率のよいWEBでの集客に重きを置きます。口コミは半分疑問視されているところもありますが、プライベートサロンではやはりアテにするお客さまが多いです。多くの流入経路を明確にしておきます。

7. 収支計画（売上・利益計画）

	7月	8月	9月	10月	11月	12月
売上高	¥88,000	¥129,000	¥168,000	¥200,000	¥210,000	¥225,000
単価	¥4,000	¥4,300	¥4,800	¥5,000	¥5,000	¥5,000
客数	22	30	35	40	42	45
地代家賃	¥50,000	¥50,000	¥50,000	¥50,000	¥50,000	¥50,000
広告宣伝	¥30,000	¥30,000	¥30,000	¥30,000	¥30,000	¥30,000
水道光熱費	¥6,000	¥6,000	¥6,000	¥6,000	¥6,000	¥6,000
消耗品費	¥4,000	¥4,000	¥4,000	¥4,000	¥4,000	¥4,000
その他経費	¥60,000	¥60,000	¥60,000	¥60,000	¥60,000	¥60,000
経費合計	¥150,000	¥150,000	¥150,000	¥150,000	¥150,000	¥150,000
利益	¥-62,000	¥-21,000	¥18,000	¥50,000	¥60,000	¥75,000

	1期目	2期目	3期目	4期目	5期目
売上高	¥2,570,000	¥4,500,000	¥4,992,000	¥5,670,000	¥6,360,000
単価	¥4,683	¥5,000	¥5,200	¥5,250	¥5,300
客数	214	900	960	1080	1200
地代家賃	¥300,000	¥600,000	¥600,000	¥600,000	¥600,000
広告宣伝	¥180,000	¥360,000	¥360,000	¥360,000	¥360,000
水道光熱費	¥38,000	¥80,000	¥82,000	¥84,000	¥86,000
消耗品費	¥24,000	¥60,000	¥63,000	¥67,000	¥71,000
その他経費	¥360,000	¥800,000	¥900,000	¥950,000	¥1,000,000
経費合計	¥900,000	¥1,900,000	¥2,005,000	¥2,061,000	¥2,117,000
利益	¥1,670,000	¥2,600,000	¥2,987,000	¥3,609,000	¥4,243,000

	1月	2月	3月	4月	5月	6月
売上高	¥200,000	¥200,000	¥250,000	¥275,000	¥300,000	¥325,000
単価	¥5,000	¥5,000	¥5,000	¥5,000	¥5,000	¥5,000
客数	40	40	50	55	60	65
地代家賃	¥50,000	¥50,000	¥50,000	¥50,000	¥50,000	¥50,000
広告宣伝	¥30,000	¥30,000	¥30,000	¥30,000	¥30,000	¥30,000
水道光熱費	¥6,000	¥6,000	¥6,000	¥6,000	¥6,000	¥6,000
消耗品費	¥4,000	¥4,000	¥4,000	¥4,000	¥4,000	¥4,000
その他経費	¥60,000	¥60,000	¥60,000	¥60,000	¥60,000	¥60,000
経費合計	¥150,000	¥150,000	¥150,000	¥150,000	¥150,000	¥150,000
利益	¥50,000	¥50,000	¥100,000	¥125,000	¥150,000	¥175,000

> 業界の傾向として冬場は売上が落ちることが多い。冬の間の売上の見積もりは厳しめにしておくほうがよい

◻ Check Point

　マンションでサロンを開業する場合には融資を受けずにオープンというケースのほうが多いと思いますが、計画をしっかり立てるためにも事業計画という形でまとめ、売上や経費の数字など具体的な目標をもって進めていくことが大切です。

　資金の面で苦労しない代わりに集客で苦労する場合が多く、どのようなチャネルで近隣の人々に認知してもらうのか事前に計画を立てておく必要があります。

　コストが安くてすむのはWEBを使った集客ですが、インターネットに明るくない人にはハードルが高いかもしれません。値は張ってしまうけれど従来の（アナログな）広告媒体を使う、あるいはアドバイスをしてくれる人を探す、ということになるでしょう。

　また、事業を営むことができないマンションもあります。賃貸借契約を終えてから追い出されたりしたら大損害です。不動産屋さんへの事前確認は念入りに行いましょう。

サロン2 競合が多い地域で埋没しないサロンの事業計画書

事業プラン名

ほぐし専門店「もみどころ」事業

▶事業の背景

厚生労働省の調査によると、体調不良として男性は「腰痛」、女性は「肩こり」を訴える比率が高く国民病とされています。厚生労働省「平成22年国民生活基礎調査」では、有訴者は人口1000人あたり322.2と3分の1近くにのぼります。医療費の増大に歯止めがかからない中、身体の定期的なメンテナンス、東洋医学的にいうところの未病を治すことが求められています。

▶事業内容

1. 揉み返しが少なく好き嫌いも少ない指圧をベースにした手技を専門的に扱う
2. 「マッサージ」なのに「エステ」に行ったような心地よさを提供する
3. 一人ひとりの顧客を大事にするべく、顧客・カルテのデータベースを運用し、オーダーメイドなサービスをどのスタッフでも提供できる環境を整える
4. 予約を取り逃さないようにオンライン予約を導入し、24時間いつでも予約が取れる体制を整える

▶事業計画書のキモ

➡ここでは、「リピートを生み、ファンをつくる仕組みづくり」がキモ

コストを抑え、安定した経営を目指すためにはお店のファンといえる常連客を多く抱えることが重要です。オーナー以外のスタッフが施術しても同じ効果を提供できる仕組みやリピート促進のための仕組みをつくり稼働させていきます。

事例編 → サロン → サロン-02

事例編・サロン

1. 店舗概要

事業名 ： ほぐし専門店「もみどころ」
住　所 ： 東京都港区青山
　　　　　※表参道駅　徒歩2分
乗降者数： 143,772人（平均/日）
事業内容： マッサージ・整体などの施術
　　　　　電子カルテのASPサービスなど

出店場所の特徴：
高級ブランドからファストファッションまで、大型小型の商業施設が密集している。
高級住宅街と密接したエリア。
表参道駅は、平日は利用者の多くをビジネスマンが占めるが、休日は近隣の住民やショッピング・美容院などを目的とした女性客の割合が圧倒的に多くなる。

＊レイアウト（2階・15坪程度）

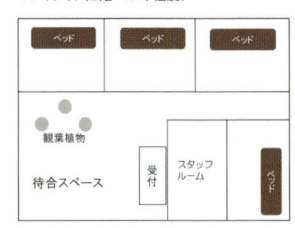

＊イメージ写真

> 店舗を構えてのビジネスである以上、知名度が高くよく知られたエリアであったとしても、出店場所についての記載は忘れないようにしたい

5. 市場環境

- **ターゲット市場の規模・特徴**
  表参道ヒルズオープンから10年足らずで目まぐるしいスピードで発展した。
  もともとは高級住宅街だったが、高級ブランドショップやファストファッションなどの大中小型店が立ち並ぶ街へと変貌をとげ、いまではファッションの街として認知されている。
  ベンチャー企業のオフィスも増え、多くのビジネスマンにも利用されている。

- **ターゲット市場における競合状況**
  近隣には個人経営やFCのマッサージ店が60店舗存在する。

- **ターゲット市場における今後の展望**
  サービス供給過多のため、淘汰と選別が進むことは避けられない。

6. 競合優位性

- 一般的な施術メニューの提供で終わらずに、お客さま一人ひとりに合わせた施術サービスの提供が可能
- お客さまお一人ごとにカルテを作成。お客さまはいつでも身体の状態を把握しているスタッフから施術を受けることができる
- 施術を行うスタッフ全員が月に一度研修を行うため、サービスの質が均一に保たれる
- 予約のための電話が不要。スマートフォン1台で予約状況の確認から申し込みまで完了できる

> 市場環境にはよい面ばかりでなくマイナス面もある。そのマイナスを打ち消す事業計画であること、施策があることをアピールすることが肝要

125

7．プロモーション

≪新規≫
- スマートフォンにも最適化されたHPを作成し、SEOやPPCを実施
- ホットペッパー等のクーポンサイトを利用
- デジタルサイネージ（動画看板）を採用し、路面からの店舗の視認性を高める
- 地域クーポンサイトなど口コミが書けるサービスへの登録を行う

≪リピート≫
- 初来店から3回は有効期間を区切ったうえで割引を行う
  （2週間以内の再来店で1000円OFF。さらに2週間以内の再再来店で1500円OFF）
- ステップメール（日数がたつと自動的に配信されるメールシステム）にお客さまのアドレスを登録し、初回より10日後、その後は1カ月ごとに1通メールを自動で送信する
- 顧客管理システムやオンライン予約システムの導入により顧客一人ひとりのケアのできる体制をつくる

> 新規客に対するプロモーションのみ書いている計画書を目にすることがあるが、当然、既存客へのアプローチも合わせて書いておいたほうがよい

8．収支計画（売上・利益計画）

	7月	8月	9月	10月	11月	12月
売上高	¥504,000	¥645,000	¥748,000	¥940,000	¥1,000,000	¥1,196,000
単価	¥4,200	¥4,300	¥4,400	¥4,700	¥5,000	¥5,200
客数	120	150	170	200	200	230
人員数						
人件費	¥200,000	¥200,000	¥200,000	¥400,000	¥400,000	¥400,000
地代家賃	¥300,000	¥300,000	¥300,000	¥300,000	¥300,000	¥300,000
広告宣伝	¥200,000	¥150,000	¥150,000	¥130,000	¥130,000	¥130,000
水道光熱費	¥30,000	¥30,000	¥20,000	¥20,000	¥20,000	¥30,000
消耗品費	¥20,000	¥20,000	¥20,000	¥20,000	¥25,000	¥25,000
その他経費	¥60,000	¥60,000	¥60,000	¥60,000	¥60,000	¥60,000
経費合計	¥810,000	¥760,000	¥750,000	¥930,000	¥935,000	¥945,000
利益	¥-306,000	¥-115,000	¥-2,000	¥10,000	¥65,000	¥251,000

	1期目	2期目	3期目	4期目	5期目
売上高	¥14,339,000	¥19,550,000	¥23,100,000	¥29,640,000	¥36,580,000
単価	¥5,142	¥5,200	¥5,300	¥5,700	¥5,900
客数	2710	3500	4200	5200	6200
人件費	¥5,052,750	¥7,290,000	¥9,750,000	¥13,020,000	¥16,490,000
地代家賃	¥3,600,000	¥3,600,000	¥3,600,000	¥3,600,000	¥3,600,000
広告宣伝	¥1,670,000	¥1,870,000	¥1,870,000	¥1,870,000	¥1,670,000
水道光熱費	¥295,000	¥295,000	¥295,000	¥295,000	¥295,000
消耗品費	¥295,000	¥350,000	¥370,000	¥390,000	¥400,000
その他経費	¥800,000	¥1,000,000	¥1,200,000	¥1,400,000	¥1,500,000
経費合計	¥11,712,750	¥14,115,000	¥16,885,000	¥20,375,000	¥23,955,000
利益	¥2,626,250	¥4,435,000	¥6,215,000	¥9,265,000	¥12,625,000

	1月	2月	3月	4月	5月	6月
売上高	¥1,188,000	¥1,320,000	¥1,456,000	¥1,596,000	¥1,740,000	¥2,006,000
単価	¥5,400	¥5,500	¥5,600	¥5,700	¥5,800	¥5,900
客数	220	240	260	280	300	340
人員数	2	2	2	2	2	3
人件費	¥400,000	¥400,000	¥448,000	¥600,000	¥652,500	¥752,250
地代家賃	¥300,000	¥300,000	¥300,000	¥300,000	¥300,000	¥300,000
広告宣伝	¥130,000	¥130,000	¥130,000	¥130,000	¥130,000	¥130,000
水道光熱費	¥30,000	¥30,000	¥20,000	¥25,000	¥20,000	¥20,000
消耗品費	¥25,000	¥25,000	¥25,000	¥25,000	¥30,000	¥30,000
その他経費	¥70,000	¥70,000	¥70,000	¥70,000	¥80,000	¥80,000
経費合計	¥955,000	¥955,000	¥993,000	¥1,150,000	¥1,212,500	¥1,312,250
利益	¥233,000	¥365,000	¥458,000	¥446,000	¥527,500	¥693,750

> どのタイミングでスタッフを増やしていくのかが難しい。自分一人ではやりきれなくなるタイミングを、売上を基準に考えるとよい

❶ OnePoint

長期にわたってリピートしてくれるファン客になってもらうための施策を考え、リピート促進プランとして複数盛り込んでいます。ここでは顧客数よりもライフタイムバリュー（顧客生涯価値）に重きを置いています。

9．スケジュール

店舗物件選定からオープンまで2カ月。
リピート対策を入念に行う。
HPはリッチに作成する。そのため物件契約のメドがついた時点ですぐに作成に取りかかる。問題がなければ物件を決める前につくり始めたい。

	5月	6月	7月
不動産関係	物件契約	消防関係届出	店舗オープン
内装関係	店舗デザイン	内装工事	
広告関係	HP作成／パース作成	広告準備／事前広告開始	写真撮影／本番広告開始
備品関係		ペーパーアイテム準備／備品発注	
その他		顧客管理システム導入／予約システム稼働開始	プレオープン

> 多くの場合、お店のメドが立ってからホームページをつくりがちだが、経験からいって、出店場所が決定する前、もしくはそれ以前にでもつくり始めたほうがオープン時にホームページを活かすことができる

□ Check Point

　ある程度の規模のサロンをつくるとなると顧客数の母数が必要になってきますので、新規客を集めることはたいへん重要です。ですが、ザルのような顧客管理体制ではせっかくの顧客のほとんどがこぼれ落ちてしまい、お店の経営が安定しません。

　資金と手間を既存客のケア、もしくは満足度UPのために費やすことで、トータルでの顧客獲得コストを下げることができます。もちろん、お店の評判も上がるはずです。お客さまの情報を一元管理し、定期的に連絡を取ったり、オンラインの予約システムでいつでも予約を入れられるようにするなどのシステムを使った管理も利用価値は高いです。

　評判のいいお店にはよいスタッフが集まり、安売りすることもありません。スタッフへの報酬も高めに設定でき、安定した雇用ができます。

　「お客さまのために何をすればよいか？」という視点からのお店づくりが目指すべき方向性の一つとなるでしょう。

「リラクゼーションサロン」で新たな事業を目指す方へ

　この業界で生きていこうと決めた人たちはみな純粋な心をもっています。人に喜ばれることをして生きていこうと決めたわけですから。
　ですが、その純粋な心はときに妨げになることもあります。
　つまり、技術だけあればいいと思い込み、その他の欠かすことのできないパーツをおろそかにしてしまいがちなのです。

　雇用されている間は自らが提供するサービスのことだけを考えていればよかったかもしれません。
　しかし、独立されるのであれば、営業部や人事部や総務部や経理部や宣伝部がやってくれたすべてのことを自分一人、もしくは限られた人数でやらなければいけません。
　最も重要なことは、事業主としてのスキルを磨くということ。決して「技術さえあれば」と思わないでほしいということです。
　それには計画をきちんと立てられ、広い視野をもち、感度の高いアンテナを張り、多くの人とコミュニケーションを取り、誠実な態度で人とつき合い、既成概念を疑って自分で考え、お金は消費してしまうものではなく投資するものだと認識を変え、提供するサービスの向上を怠らない――そんな事業主になることです。

　苦手なことにも向き合い、気持ちのこもったサービスをして、しっかりとした運営ができれば、喜びに満ち、それなりの収入も見込める仕事です。
　逆にいうとあまり運営のことを突き詰めて考えていない事業主も多いのが現実です。
　この本で勉強しているあなたはそれらの人より頭一つ出ているのではないでしょうか。だから、きっと大丈夫。
　開業に必要な一番のことは「勇気」だと思います。
　一歩を踏み出しましょう。

事例編 6

人材サービス
の事業計画書

author

中野 尚範（なかの・なおのり）

株式会社アドヴァンテージ 代表取締役
兵庫県淡路島出身、同志社大学商学部卒業
大学2年より起業家養成塾に入り没頭。卒業後、さまざまなフリーター生活のあと、2000年(株)ウィル・ビーを設立し起業（副社長）。2005年子会社をMBOして独立（現アドヴァンテージ）。大手人材派遣会社を中心に広告代理店、飲食チェーン等の採用支援、事業コンサルティングを行う。
2007年ダイヤモンド社より採用に関する『いい人が2倍集まる求人広告のワザ』を出版。2008年月刊人事マネジメントにて執筆、週刊FLASHにて「どん底からの一発逆転！元フリーター社長列伝」を連載執筆。
2010年より求職者向け「就活マーケティング」セミナーを実施中。
2013年(株)クロスリンクを設立、代表取締役に就任。

人材 1　人材派遣業への参入を提案する事業計画書

事業プラン名
ECサイトに関する人材派遣事業

事業の背景
　ネットショップ、eコマースへの参入が増えていますが、社内に適切な運用ができる人材が不足していたり、教育研修ノウハウを持ち合わせていない会社も少なくありません。成長分野の業界＝人材不足というニーズが存在していますので、そのギャップがビジネスチャンスとなります。

事業内容
　アパレルのECサイトで成功している企業が、人材派遣ビジネスへの新規参入を検討する際の事業計画書です。ECサイトを運営する人材を自社で採用し、現場で教育研修を行い、デザイナー、店長候補（運営）、プログラマーとして育成します。育成した人材を他社へ派遣するというビジネスモデルです。

事業計画書のキモ
➡ここでは、「人材の確保と教育」がキモ
- 未経験人材を教育する場であるEC事業で成功しており、人材派遣業とのシナジーが見込める
- 人材のコーディネート（マッチング）にノウハウを活用できる
- 成長分野だからこそ人材確保のノウハウが将来の本業にも役立つ

○ → 事例編 → 人材 → 人材-01

事例編・人材

新規事業開発「ECサイトに関する人材派遣事業」要約サマリー

タイトル	ECサイトに関する人材派遣事業	事業理念	EC事業を担う人材を育成し業界発展を支える
背景	ネットショップ、eコマースへの参入が増えてきていますが、社内に適切な運用ができる人材が不足していたり、教育研修ノウハウを持ち合わせていない会社が少なくないといわれています。	事業目標	年商3.6億円（3期目）
ソリューション	ECサイトを運営し、成功している当社のリソースとノウハウを活用することができます。・新規の採用は、既存の求人媒体だけではなくネット集客ノウハウを活用し行います。・未経験人材は、EC現場での教育研修を実施して育てることができます。	組織体制人員計画	代表：全業務、マネジメント※1期目サブ：営業サブ：教育研修、サポートサブ：管理、マッチング※1期目サブ：管理、マッチング

事業の概要
ECサイト運営人材を採用し、当社の現場で教育研修を行い人材派遣を実施します。
・未経験者を教育研修し、デザイナー、店長候補（運営）、プログラマーを育てます。経験者はスキル見極めに活用します。
・ECサイトの運営支援にもなります。
・ECサイト運営企業人材の派遣を行います。
・その後、ECサイト運営代行、人材紹介への展開も視野に入れます。

ビジネスモデル（収益を上げる仕組み）
ECサイトに関連する人材を派遣し、派遣料金を受け取ります。本人の給与との差額が収益になります。
派遣料金 月額30万円−本人給与（社保等）25万円
＝営業利益　5万円
※プログラマー、店長クラスだと派遣料金は月額40〜60万円になります。

対象市場・ターゲット顧客・競合など
ECサイトに参入している企業
第一ステップとしてまずは首都圏の事業者をターゲットとします

競合
○○○○（××××系）
△△△△．など

> サマリー1枚だけでも事業計画の概要がわかるようにまとめることが大切。場合によってはこの1枚のシートしか説明の時間がないこともある

1．事業の背景と目的

- 事業の背景

ネットショップ、eコマースへの参入が増えてきていますが、
社内に適切な運用ができる人材が不足している状況といわれています。

当社のECサイト運営のリソースを活用し、ECサイトに関連する
人材に対して教育研修ならびに実践の場を提供することは、
当社のECサイト運営の支援になります。
さらに、今後成長が見込まれるECサイト運営企業へ人材を派遣することができます。

- 事業の使命

EC事業を担う人材を育成し業界発展を支えます。

ECサイトへの参入企業は大幅に増えてきていますが、人材不足により適切な運営ができていないサイトも多く、そういった企業へ人材を派遣することで、業界全体の発展を支えることができます。

未経験人材はEC現場での教育が可能であり、他業界や若年層、主婦などの人材の流動化を促進することができます。
この人材育成の仕組みを当社がもつことによって、今後もEC業界で成長するための活動のエンジンになります。
（本業においても同業他社との差別化が可能です）

> なぜECサイトの会社が新規事業で人材派遣を行うのか、事業の背景と使命を記載

⚠ OnePoint
既存のビジネス（アパレルECサイト）を活かして新規事業（人材派遣）を展開するメリット（人材の確保や教育に既存ビジネスを活用できること）、およびシナジー効果がどう生み出されるかを伝えることが重要になります。

2. 事業の内容

- **事業概要**

  ECサイト運営人材を採用し、当社の業務の現場で教育研修を行い人材派遣を実施します。
  ・当社のECサイトを活用し、デザイナー、店長候補（運営）、プログラマーを、
  　未経験者を教育研修し育てます。経験者はスキル見極めに活用します。
  ・当社のECサイトの運営支援にもなります。
  ・ECサイト運営企業へ人材の派遣を行います。
  ・その後、ECサイト運営代行、人材紹介への展開も視野に入れます。

- **商品・サービスの説明**

  ECサイトに関連する人材を派遣し、派遣料金を受け取ります。
  本人の給与、社会保険料等との差額が粗利益になります。

  ※プログラマー、店長クラスだと派遣料金は月額40～60万円を見込む
  ※運営、デザイナー　　月額30～40万円を見込む
  ※発送、商品管理　　　月額25～30万円を見込む

- **ターゲット顧客の説明**

  楽天、Yahoo!ショッピング出店企業、自社ECサイトを運営している企業が対象となります。

  ECにまつわる外部委託に関しての調査によると、
  「サイトデザイン」分野で26%の企業が外部委託をしています。
  プロモーション分野である「リスティング」が18%、「アフィリエイト」が16%。
  「コンサルティング」が14%、「サイト運営」も12%の企業が何らかの外部委託をしています。

  株式会社ワークスアプリケーションズ調べ

> 本業に対してどういったシナジー効果が見込めるのかという視点を押さえながら事業の内訳を説明

3. 市場環境

- **ターゲット市場の規模・特徴・今後の展望**

  2012年のＥＣ市場は９兆円規模。年率10%のスピードで市場が拡大しています。
  小売業売上全体に対するECの割合は3%程度と、アメリカの6%と比べてもまだまだ成長余地があると考えられます。

- **ターゲット市場における競合状況**

  競合
  ○○○○（××××系）
  △△△△
  など、先行企業がありますが、ECサイト運営企業自体の参入は少ないと考えられます。

---

4. 競合優位性

- **当社がこの事業に参入する優位性について**

  ①ECサイトを自ら運営し、楽天ショップの売上もトップクラスの実績がある。

  ②ECサイトを使って、人材の育成やスキル見極めをする環境、ノウハウがある。

  ③既存のECサイトの運営支援にもなるため、教育コストを吸収することができる。

> ここでの人材派遣ビジネスのコアとなる「採用力×ECでの実績」といった競合との差別化理由を明記し、個条書きでポイントをまとめている

事例編・人材

5．ビジネスモデル

- ビジネスモデルの説明

    1期の最終目標は月商1000万円。派遣人数は30名を想定しています。

    ECサイトに関連する人材を派遣し、派遣料金を受け取ると、本人の給与、社会保険料等との差額が収益になります。

    派遣料金 月額30万円－本人給与（社保等）25万円
    ＝営業利益　5万円

    ※プログラマー、店長クラスだと派遣料金は月額40～60万円を見込みます。

- 集客プラン、販売計画

    【人材の募集】
    人材の募集にはネットマーケティングノウハウを活用、既存の求人媒体も活用します。
    【クライアントの確保】
    営業マンによるテレアポとネットからの問い合わせを強化します。

- 人員体制（1期目）

    1期の最終目標は月商1000万円。代表者と、教育研修、管理、マッチングを行うサブ人員2名の3名体制でスタートし、売上に連動して人員は随時増強することとします。

> 既存事業とはまったく異なる事業構造となるので、売上・収益の仕組みを明確に記載する。人員体制や人件費も事業計画遂行上のポイントになる

Check Point

　極端なことをいえば、参入時に法律の定める資産要件を満たしたうえで、人さえ集まればできるのが人材ビジネスです。難しいのは顧客開拓と求職者の獲得を継続すること。

　ここでは、ECサイトで成功を収めているアパレル企業が、新規事業を立ち上げるという形で事業計画書を作成しました。先行の大手派遣事業者（多分野派遣）に対抗すべくニッチ派遣（EC専業）という差別化がポイントになります。

　既存のECサイトのプラットフォームを活用するモデルとして、なかなか経験者を採用できない現状の求人マーケットでは、未経験者をECサイトを活用して育てることができる点が大きな強みになります。こういった事業参入時に大いに活用できるものや他社と差別化できる強みはしっかりと記載してください。

人材 2　企業退職後、人材紹介事業立ち上げの事業計画書

事業プラン名
ＴグループOB人材紹介事業

▶事業の背景

　団塊世代の退職が始まり、大手自動車メーカーＴグループでも役職経験者の退職が多くなっています。本事業の提案者もＴグループの退職者で、Ｔグループ人事部での勤務経験から役職経験者とのつながりがあります。その人脈を活用して中小企業やベンチャー企業に人材を紹介、Ｔグループの人材の再就職支援とともに外部の会社の活性化を目指します。

▶事業内容

　退職後、一人でもできる人材紹介事業です。Ｔグループ人事部での勤務経験や役職経験者とのつながりを強みに、ＴグループのOB人材のスキル、ノウハウ、人脈を活かせそうな中小企業、ベンチャー企業に対して人材紹介を行います。中小企業、ベンチャー企業への紹介は、外部の人材紹介会社とのアライアンスネットワークを活用します。また、Ｔグループ人事部へのネットワークを活用し、若年層の人材紹介の売上も見込みます。

▶事業計画書のキモ

➡ここでは、「自分の強みを事業計画に落とし込むこと」がキモ

- 経験豊富なOB人材を活用できるポジション（自分の強み）を事業計画で表現する
- 人脈を活用した一人でもできる事業モデル。初期に大きな事業投資が必要ではなく、発展の可能性もある
- OB活用という社会貢献の面も明記し、協力を要請する

◉ ➡ 📁 事例編 ➡ 📁 人材 ➡ 📄 人材-02

1．事業の背景と目的

- 事業の背景

    Tグループ人事部での勤務経験から、OB人材や業務内容でのアンマッチによって眠ったままとなっている退職者のスキル、ノウハウ、人脈を活用したいと考えます。
    人材データベースを構築し、中小企業やベンチャー企業に紹介することで、紹介先企業の活性化を目指します。

- 事業の使命・理念・目的

    Tグループだけでなく各企業にて団塊世代の退職が始まっています。彼らが身につけたスキル、ノウハウ、人脈が活用されないことは大きな損失であり、この無形価値をこれから発展する中小企業、ベンチャー企業に活かすことは経済活性化の一助になると考えます。

    また、OB人材も退職後に社会から引退して自宅で過ごしたり余暇に専念するというより、何らかの形で仕事をしたい、名刺を持ちたいと考える方が多くいらっしゃいますので、彼らのサポートにもなると考えています。

    この事業を通して、企業と人材の有効活用ができれば、さらに社会に貢献することができると考えます。

> 事業がもつ使命や理念に、周囲に共感してもらえる大義があるかどうか。儲かることはもちろん必要だが、周囲を巻き込むメッセージも忘れないようにしたい

2．事業の内容

- 事業概要

    TグループのOB人材をリスト化し、スキル、ノウハウ、人脈をデータベース化します。
    そのスキル等を活かせそうな中小企業、ベンチャー企業へ紹介します。

    中小企業、ベンチャー企業への紹介は、他の人材紹介会社とのアライアンスネットワークを活用します。
    また、Tグループ人事部へのネットワークを活用し、若年層の人材紹介による売上も見込めます。

- 商品・サービスの説明

    有料職業紹介免許を取得し、紹介料にて収益化します。

    ・OB人材は中小企業の負担を考え、紹介料を安く設定（15～20%）
    　（年収300万　紹介料45～60万円を想定する）
    ・Tグループへの人材紹介は年収の25～30%。
    　（年収400万　紹介料100～120万円を想定する）

- ターゲット顧客の説明

    第一段階としてTグループとのコネクションを活用
    ・OB人材を中小企業・ベンチャー企業へ紹介、また若年層の人材をTグループへ紹介します。

    第二段階として他の大手企業のOB人材の紹介
    ・人材紹介は、ヤジロベエ型ビジネスですので、企業、求職者双方のバランスが大切と考えます。

> 事業参入に必要な許認可がある場合は、今後の法改正の情報も含めて別紙に詳細を記載するとよい

❗ OnePoint

有料職業紹介事業の許可が必要となる人材ビジネスは非常に多いですが、一人で始める際は資産要件が一つのハードルとなります。事業立ち上げの際は、必要な許認可や要件についても押さえておくことが重要です。

5．ビジネスモデル

- ビジネスモデルの説明

    1期の最終目標は年商600万円
    ・紹介人数
      OB人材　3名×60万＝180万円　　提携先紹介　6名×30万（50%）＝180万円
      若年人材　2名×120万＝240万円
      合計　600万円

    紹介ビジネスはストック式ではありませんが、企業のリピートオーダーやクライアントの紹介によって展開可能となります。

- 経営プランの説明

    人材確保策としてTグループのOB人脈を活用します。
    一般の求人媒体も活用しますが、その場合は利益率が下がるため人脈ネットワークを優先します。

    1期の最終目標は年商600万円とします。
    年商1500万円程度までは代表者1名で回るスモールビジネスとして展開します。

    年商2000万円を超えたら、案件増による人員強化を検討します。その際もOB人材を活用します。
    中高年を雇用した際に受け取れる助成金も活用します。

> 有料職業紹介事業における収益モデルと、それを実現するための人員体制を記載。数値は極力具体的に

8．想定リスクと対応策

想定されるリスク	対応策
<リスク①> 売上が積み上げ式ではない	<対応策①> 当初代表一人による運営で、極力人材を雇わないこととします。
<リスク②> 入金までのサイトおよび人材の退職リスク	<対応策②> 紹介後の退職リスク（返戻金、紹介料の返金）を極力なくすため、マッチング精度向上と入社後のフォローを徹底的に行うこととします。
<リスク③> 広告宣伝費を抑えての売上推移	<対応策③> 最大の強みである人脈ネットワークを活用しなるべく広告宣伝に依存しないようにします。 しかし想定目標に達しない場合は広告出稿を行います。

> 事業を展開するうえで想定されるリスクやネガティブ要因は隠さず記載。あとで指摘されるより先に明示して解決策（案）を記すこと

10. 資金計画

	第一期	第二期	第三期	第四期	第五期
自己資金	¥5,000,000	¥8,550,000	¥8,300,000	¥9,550,000	¥12,550,000
借入資金	¥5,000,000	¥0	¥0	¥0	¥0
調達資金	¥0	¥0	¥0	¥0	¥0
売上金	¥6,000,000	¥15,000,000	¥20,000,000	¥25,000,000	¥50,000,000
CASH増	¥0	¥0	¥1,250,000	¥3,000,000	¥5,000,000
原価支出	¥1,200,000	¥3,600,000	¥4,800,000	¥7,200,000	¥14,400,000
経費支出	¥4,500,000	¥9,900,000	¥12,200,000	¥14,800,000	¥30,600,000
返済金	¥1,750,000	¥1,750,000	¥1,750,000	¥0	¥0
CASH減	¥-1,450,000	¥-250,000	¥0	¥0	¥0
資金残高	¥8,550,000	¥8,300,000	¥9,550,000	¥12,550,000	¥17,550,000

各種支出を抑えれば自己資金のみでも可能な範囲ですが、
円滑な事業運営のためには資金調達が必要と考えております。

> 有料職業紹介事業は、人材ビジネスの中でも先行キャッシュが大きく必要なモデルではないが、キャッシュフローの把握は大切。資金不足への備えも必要

Check Point

　有料職業紹介事業を立ち上げる際の事業計画書です。その中で社会問題でもある中高年の活用にスポットを当てています。事業自体のモデルは標準的ですが、この事業の代表者がもつ人脈が差別化要因であり強みになっています。

　このモデルの次のポイントは組織化できるかどうかです。一人でそこそこであれば体力と気力が続く限り継続することも可能ですが、事業を拡大するには組織化の壁というハードルを越えていく必要があります。

　社会貢献性の高いテーマであること、および既存の人脈を営業と求職者確保双方に活用できるという強みを示し、OBの人材紹介事業だけではなく、クライアント企業のニーズも踏まえて若年層の人材紹介にも対応（深耕営業）することで事業継続のバランスを取っています。当然のことながら、こういった発展の可能性は事業計画書に漏らさず記載してください。

人材 3　既存事業とのシナジー効果が高い新事業提案の事業計画書

事業プラン名

ネット求人広告代理店事業（ハウスエージェンシー事業）

事業の背景

　求人募集広告費は、リーマンショックによって大きな落ち込みがあったものの、景気回復を受けて対前年比24カ月連続で2ケタ成長を続けており、これからも堅実な成長を見込むことができます。本事業の提案者が属する人材派遣グループ会社では年間2億円の求人募集費が使われており、そのうちネットでの求人広告が90％を占めています。そこで、社内にネット求人広告代理店を立ち上げ、ノウハウを集約するとともにハウスエージェンシー化することで、代理店マージンで事業化することを目指します。

事業内容

　人材派遣グループ会社が新事業として「ネット求人広告代理店事業」を立ち上げる際の事業計画書です。既存の求人広告媒体社と代理店契約を結び、自社グループ専属の広告代理店（ハウスエージェンシー）を立ち上げます。グループ各企業から求人募集業務を受注し、求人広告媒体マージン（15〜40％）を収益とします。また、グループ以外の既存・新規クライアントからの人材募集、求人広告予算の獲得を狙います。

事業計画書のキモ

➡ ここでは、「事業コンセプトを理解してもらうこと」がキモ

- グループが手がける既存の人材派遣業を強化する事業であることを理解してもらう
- クライアントからも要望が増えている新しいサービスの提供が可能
- 取引先がすでにあること、ランニングコストを抑えられること

💿 → 📁 事例編 → 📁 人材 → 📄 **人材-03**

1．事業の背景と目的

- **事業の背景**

  現在当社では、年間2億円の求人募集費が使われています。
  そのうちネットでの求人広告が90％を占めます。
  この募集業務の効率的な運用および人材の採用数向上は、人材派遣ビジネスのKSF
  (Key Success Factor) となります。

  そこで、当社内にネット求人広告代理店を立ち上げ、ノウハウの集約を行うとともに、ハウスエージェンシー化することで代理店マージンで事業化することを目指します。
  また、クライアントからも人材派遣以外のニーズ（採用代行）が発生しており、グループ営業ネットワークを活かし、外販で事業を伸ばすことが可能です。

- **事業の使命・理念・目的**

  「あらゆる人材サービスをワンストップで」

  この新規事業によるサービスを当社の既存ならびに新規クライアントに提供することで、人材派遣、人材紹介以外の求人広告代理店サービスも含めた人材採用のサービスをワンストップで提供することが可能になります。

> 既存事業から新しい事業（収益）が生まれることを伝えるとともに、グループ内での収益のみを見込んでいるのではなく外販も視野に入れていることを明記して新規事業の意義と成長性を補強

3．市場環境（1）

- **ターゲット市場の規模・特徴**

  求人広告市場は約6000億円規模といわれています。

  当社の取引先1000社の募集費をすべて合わせると推定30億円以上。
  既存のクライアントには人材派遣、人材紹介サービスだけではフォローしきれないニーズも多数存在します。

  また、人材派遣サービスや人材紹介サービスを使ったことがない中小企業も多く、新規事業は新規取引先の開拓という視点からも有益です。

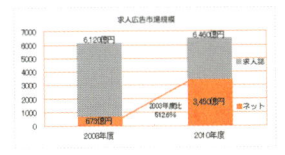

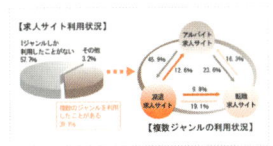

> 市場および事業規模（成長性）を数字で明らかにする。参考資料がある場合は出典の明示も忘れずに

🅾 OnePoint

既存のビジネスから新しい事業が生まれるという視点で提案しています。既存のビジネスを継続するだけではなく、新しい事業を組み合わせれば既存ビジネスも含めて成長する可能性があることを示し、スタートを切れる形にもっていくことが大切です。

5．ビジネスモデル・人員体制

- ビジネスモデルの説明

　1期の最終目標は年商1.2億円。
　当社の求人広告の50％を取り扱います。利益率は平均20％。
　外販部分は利益率30％を想定しています。

　1期は、種まき期間として当社の採用面を強化する役割とし、2期より外販による成長を見込みます。
　リピート率が高いクライアントを取り込むことが必要となります。

　外販新規は、既存取引先を中心に営業し、リプレイスニーズを掘り起こします。

- 人員体制の説明

　1期目は月商1000万円をメドとします。

　人員は、代表1名、営業2名、制作3名の6名体制とします。
　受注状況に応じて、営業、制作を随時増強していきます。

> ここでは、ビジネスモデルとそれを実現するための人員体制をセットで記載

6．マーケティング・販売計画

- マーケティングプラン

　・ハウスエージェンシー
　　当社（本体およびグループ企業）の既存求人広告費の分析を行います。

　・外販
　　既存の取引先への営業同行、人材ワンストップサービスの提案を行います。

- 販売計画

　大手求人媒体社を中心に10社程度と代理店契約を結びます。
　営業形態は、
　・既存取引先への紹介、営業同行
　・新規獲得はテレアポを実施（営業リストは毎週発売される求人媒体を活用）
　・既存求人広告代理店からのリプレイス提案ならびに人材派遣会社としての
　　採用ノウハウの提供

> 立ち上げ時のグループ展開のあとに続く、既存・新規取引先への外部展開の計画について記載

7. 事業目標

- 短期的な事業目標（1カ月～6カ月・スタートアップ期）

    月商1000万円が目標。
    この期間に当社のハウスエージェンシーとしての取扱媒体を固めます。

- 中期的な事業目標（6カ月～12カ月・拡張期）

    月商1000～1500万円が目標。
    既存取引先への外販営業を開始します。

- 長期的な事業目標（13カ月～36カ月先・安定拡張期）

    売上、収益に連動して人員を増加させ取扱媒体を増やすことで深耕を行うとともに新規獲得を進め、当社全体でのシナジー効果を図ります。

> 事業目標と成長性を明示。ここでは「スタートアップ期」「拡張期」「安定拡張期」の三段階に分けて記載している

☐ Check Point

　100億円ほどの売上規模を誇る人材派遣グループ会社の採用部門がコストセンターではなく、実は収益を生み出す新規事業ネタになりうるという視点から考えられた事業計画書です。

　この人材派遣会社のように既存ビジネスの売上が大きい場合には、新規事業の売上が数億円程度であれば、なかなかグループ内で評価されにくいことも考えられます。

　そこで、まずは人材派遣会社のハウスエージェンシーとして採用の成果を残すことが目標となります。売上はもらうけれど採用がうまくいかない、では次のステップであるグループ営業ネットワークを活かした外販への協力が得られません。まずはここに力を集約し、目標（売上よりは求職者を集める代理店としての機能）の達成を図ることが一番重要といえます。

人材 4 アルバイト確保で苦心する企業の新規事業計画書

事業プラン名
コンビニ専門アルバイト求人サイト事業

▶事業の背景
　非正規雇用の増加に加え、若年層の人口減もあり、アルバイト採用環境が厳しくなっています。とくにサービス・接客業ではリーマンショック前の有効求人倍率を超え、ますます人材確保が難しくなり、これまでどおりの求人媒体での採用とは別の手法を構築する必要が出てきました。

▶事業内容
　コンビニエンスストアを展開する企業が新規事業としてアルバイト求人サイトを立ち上げる際の事業計画書です。直営店、FC加盟店ともに、大手求人広告媒体を活用していましたが、費用対効果が大幅に悪化しているため、外部に支払っていた求人広告費を内部で活用し、アルバイト採用ができるようにします。これまでの固定観念を打破し、自社ブランドと店舗ネットワークを活用することでアルバイトを確保します。現在ではアルバイト採用の是非が新規出店や既存店運営に大きな影響を与えており、アルバイト採用をコントロールできることは大きな武器となります。

▶事業計画書のキモ
➡ここでは、「新規事業の必要性のアピール」がキモ
- 既存の求人体制から脱却を図れる
- 本業のコンビニ事業強化のためにもアルバイト採用をコントロールできるようにする
- 直営店・FC加盟店の店舗資産を活用した求職者の効果的な集客ができる

◉ → 📁 事例編 → 📁 人材 → 📄 人材-04

1．事業の背景と目的

- **事業の背景**

  非正規採用の増加に加え、若年層の人口減もありアルバイト採用環境が厳しくなっています。
  とくにサービス・接客業ではリーマンショック前の有効求人倍率を超え、ますます人材確保が難しくなってきています。
  それに伴い既存の大手求人広告媒体での採用単価が高騰傾向です。

  そこで、これまでどおりの求人媒体による採用とは別の手法を構築する必要が出てきました。

  アルバイト採用を事業として成り立たせるレベルまでもっていくことが、
  本業であるコンビニエンスストア店舗展開のサポートにもなります。

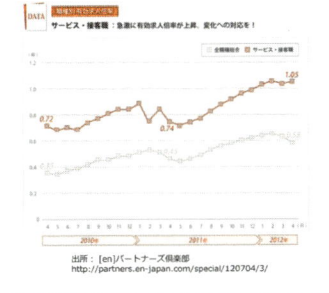

  [グラフ：サービス・接客業の有効求人倍率の推移]

  サービス・接客業の
  有効求人倍率の上昇が進む

  2013年7月
  東京都　1.12倍

  2013年9月
  調理　1.49倍
  接客　3.03倍

  出所：[en]パートナーズ倶楽部
  http://partners.en-japan.com/special/120704/3/

> なぜこの事業を展開すべきであるのか、
> 自社内で響く理由を明示し、理解を図る

2．事業の内容

- **事業概要**

  コンビニ専門のアルバイト求人サイトを構築し、求人募集費をいただくモデル。
  この事業を成功させることにより店舗運営がよりスムーズに行われ、本業に貢献できます。

- **商品・サービスの説明**

  求人広告媒体を作成し各店舗から広告掲載費をいただきます。

  3年後に全国6000店舗のうち常時3分の1の店舗が活用。

  2000店舗×5万円＝1億円×12カ月＝年商12億円を見込みます。
  ※年間の募集費合計30～50億円（予測）のうち3分の1程度を見込む。

- **ターゲット顧客の説明**

  当社の直営店、FC加盟店をターゲットとします。

  競合である外部の求人媒体に頼らなければ採用ができないという固定観念を
  打破します。

> ターゲットの規模、目標とするシェア、売上の
> 予測値などが一目でわかる形で記載

事例編・人材

4．競合優位性

①当社のブランド名を活用できる
　（ネット検索、SEO上も有利）

②直営店、FC加盟店にも集客の協力を要請できる
　※全国店舗数6000店舗、来店者数延べ3億人を
　　有効活用する

> 既存のリソースが新規事業の
> 強みになることを説明

8．想定リスクと対応策

想定されるリスク	対応策
<リスク①> サイト集客力	<対応策①> 自社ブランドの価値を活用すればSEO的に有利。
<リスク②> 人的限界（リソース）	<対応策②> ゆるやかな成長を目指しますが、ターゲット店舗数が多いため、状況に応じて人員増強を行います。
<リスク③> クレーム対応	<対応策③> 媒体立ち上げ当初は応募がない店舗も出てきます。期待値の調整と事前説明を徹底します。
<リスク④> 既存求人媒体との関係悪化	<対応策④> この事業による媒体だけでは採用をすべて完結できないので既存求人媒体とは協力関係を温存しつつ事業拡大を図ります。

> リスクはあとからこじらせるのではなく、
> 対応策とともに前倒しで示しておきたい

ⓘ OnePoint

人材確保をコストで終わらせず、新規事業に変換した求人広告媒体事業です。既存の採用体制を打破することで本業にも大いなるシナジー効果が見込めます。新規事業の必要性を認めてもらうには、事業の意義から想定されるリスク対応策まで網羅して伝えることが欠かせません。

事例編・人材

9. 今後のスケジュール

■スケジュール目安

| 10月 | 11月 | 12月 | 1月 | 2月 | 3月 |

・ビジネスモデルの構築
----→

・サイトプランニング（設計）
　　　----→

・サイト構築（開発）
　　　--------→

・新会社設立

・組織構築（営業・運営・集客）
　　　　--------→

・営業、集客開始
　　----→

・サイトオープン

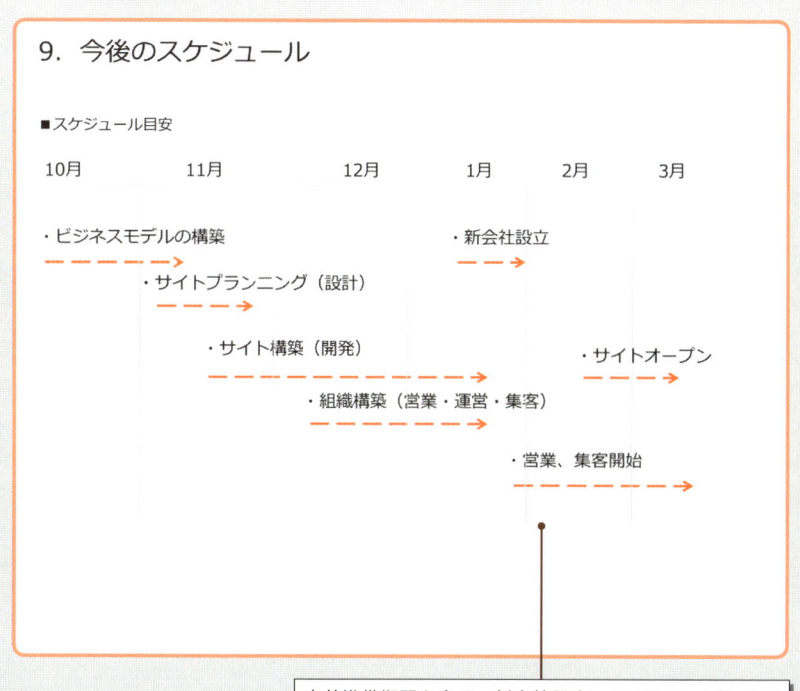

> 事前準備期間を含め、新会社設立、サイトオープンまでのスケジュールを記載。春のアルバイト入れ替えという重要イベントから逆算して考えている

☐ Check Point

　飲食やサービスチェーンなど多店舗展開しているほぼすべての企業に適用できる事業モデルです。

　外部に依頼していた募集業務から新しい事業のタネ（求人広告媒体事業）が生まれ、店舗ネットワークという既存の資産が、その事業のキモである人材集客にも実は有効である（強みをもっている）ことがポイントになります。

　既存ビジネスであるコンビニエンスストアの展開とはまったく違う切り口からの事業ですので、想定されるリスクとその対応策、回避策などの周到な準備が慎重派への説得材料となります。また、この新規事業を成功させることが本業にも必ず貢献するという原点の目的を繰り返し伝えることも大切です。

Column

「人材サービス」で新たな事業を目指す方へ

　人材ビジネス市場は、市場規模が約8.1兆円（2012年度。出所は「人材サービス産業の近未来を考える会」。以下すべて同様）。労働者派遣業（人材派遣業）が約5.4兆円、業務請負業（アウトソーシング業）が1.6兆円、職業紹介業（人材紹介業）が2000億円、求人広告業（ネット求人広告も含む）が約1兆円となっています。

　この業界はまだまだ大小混沌としており労働者派遣・業務請負業では全国で1万社以上といわれ、既存のビジネスとの組み合わせがしやすい分野といえます。

　またトップ企業であるリクルートグループでも、労働者派遣・業務請負業でシェア10％程度、職業紹介業でシェア20％程度、求人広告業でもシェア15％程度という状態です。

　一般労働者派遣事業、有料職業紹介事業などは許認可が必要で、とくに個人資本で始める場合は、資産要件が大きなハードルになります。

　規制緩和を受けて大きく成長してきましたが、リーマンショックによって業界全体が大きくシュリンク。2010年ごろより第二の成長軌道に乗り、2013年に入って飲食サービス業、建設業、製造業を中心に人手不足が顕著になり各業界とも大きく伸びています。

　人材ビジネスは参入障壁が低いものの、簡単なビジネスではありません。「ヤジロベー型」で、企業と求職者の双方をバランスよく集めることが必要なビジネスであり、さらに労働者派遣業、業務請負業ではスタッフ（派遣社員等）への給与支払いが先にくるのでキャッシュフローの管理がキモとなってきます。またスタッフへの感謝、そして管理、フォローもたいへん重要です。

　成熟期ともいわれていますが、どんな業界にも関わることができ、さまざまな経営者にも出会えるチャンスがある面白いビジネスです。

　やり方次第で、まだまだ伸びると考えています。ぜひチャレンジしてみてください。

事例編 [7]

ソーシャルビジネス
の事業計画書

author

服部 匡志（はっとり・ただし）ドリームゲートアドバイザー

1969年大阪生まれ。静岡県出身。
東北大学工学部応用物理学科卒。1993年アンダーセンコンサルティング（現アクセンチュア）入社。大手企業会計システムの設計・開発に携わる。同社戦略グループへ配属後、複数社の業務改革PJTへ参画。1997年日本語教師アシスタントとして渡英。
1998年（株）ベルハート入社。営業＆マーケティング戦略立案に関するコンサルを実施。翌年、同社台湾法人を設立し総経理就任。2000年（株）ラストリゾート取締役就任。国内拠点、海外拠点の拡大に従事。2002年同社取締役事業本部長、2006年代表取締役社長に就任。同社社長退任後、数多くの新規事業を立ち上げ、参画プロジェクト数は100を超える。生涯資金調達額が40億円を超える資金調達のスペシャリスト。本書ではメイン執筆者として「基本編」「事例編 ソーシャルビジネス」「ブラッシュアップ編」「アドバイス編」の執筆を担当。
起業・経営相談はこちら：
http://profile.dreamgate.gr.jp/consul/pro/eightbirds

ソーシャル 1　大規模エネルギーインフラ設備構築の事業計画書

事業プラン名

太陽光発電設備レンタル事業

事業の背景

　日本には温室効果ガスの削減目標が課せられています。しかし、現行の太陽光発電設備の設置に対する補助金と余剰電力の買い取り制度では、目標に向けた一般家庭への普及効果に限界があり、温室効果ガス削減目標の達成は困難であると思われます。太陽光発電設備には多額の投資負担があり、世上いわれているような回収モデルには疑問が多くあります。

事業内容

　太陽光発電設備の取り付けにおける巨額の先行負担を軽減させることで設備の一般家庭への普及を促進させる仕組みを「設備のレンタル」によって構築します。これにより、設備を取り付けた家庭では、翌月から太陽光発電の電気料金削減効果を実感でき、家計にやさしいサービスとなります。

事業計画書のキモ

➡ここでは、「資金調達」がキモ

- こうしたインフラ型の事業では莫大な資金が必要となることが多い
- よって、社会に対してどれだけのインパクトが与えられる事業であるかを強く訴求し、多くの投資家、事業家、行政を巻き込んでいく必要がある
- 多くの人の目に触れる計画なので、「社会的意義」に対する「納得感」があることが必要

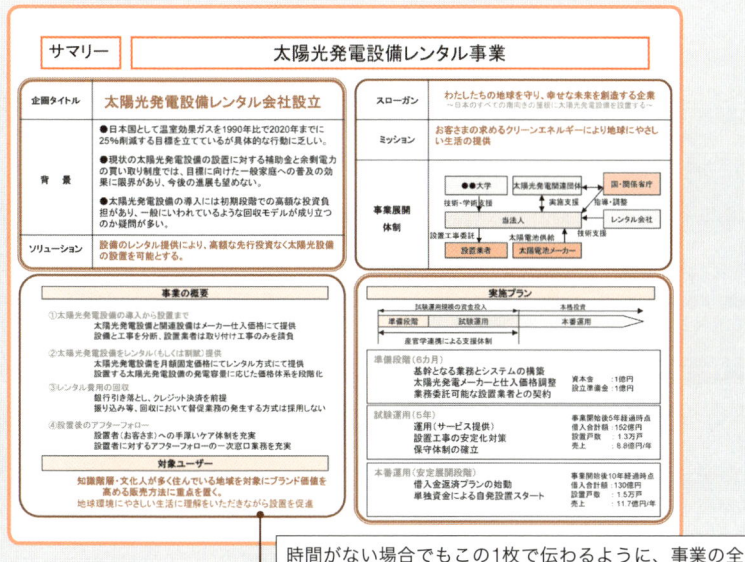

⊙ → 📁 事例編 → 📁 ソーシャル → 📄 ソーシャル-01

事例編・ソーシャル

サマリー　　太陽光発電設備レンタル事業

企画タイトル	太陽光発電設備レンタル会社設立	スローガン	わたしたちの地球を守り、幸せな未来を創造する企業 〜日本国すべての屋根の上に太陽光発電設備を設置する〜
背景	●日本国として温室効果ガスを1990年比で2020年までに25%削減する目標を立てているが具体的な行動に乏しい。●現状の太陽光発電設備の設置に対する補助金と余剰電力の買い取り制度のみは、目標に向けた一般家庭への普及の効果に限界があり、今後の進展も望めない。●太陽光発電設備の導入には初期投資での高額な投資負担があり、一般にいわれているような回収モデルが成り立つのか疑問が多い。	ミッション	お客さまの求めるクリーンエネルギーにより地球にやさしい生活の提供
ソリューション	設備のレンタル提供により、高額な先行投資なく太陽光設備の設置を可能とする。	事業展開体制	●●大学／技術・学術協力／実装支援／当法人／設置工事実施／設置業者／技術協力／太陽電池供給／太陽電池メーカー／国・関係省庁／認可・調整／レンタル会社

事業の概要
①太陽光発電設備の導入から設置まで
　太陽光発電設備と関連設備はメーカー仕入価格にて提供
　設備と工事を分断、設置業者は取り付け工事のみを担保
②太陽光発電設備をレンタル（もしくは賃貸）提供
　太陽光発電設備を月額固定価格にてレンタル方式にて提供
　設置する太陽光発電設備の発電容量に応じた価格体系を採用とする
③レンタル費用の回収
　銀行引き落とし、クレジット決済を前提
　振り込み等、回収において替宣業務の発生する方式は採用しない
④設置後のアフターフォロー
　設置者（お客さま）への手厚いケア体制を充実
　設置後に対するアフターフォローの二次口業務を充実

対象ユーザー
知識階層・文化人が多く住んでいる地域を対象にブランド価値を高める販売方法に重点を置く。
地球環境にやさしい生活に理解をいただきながら設置を促進する。

実施プラン
試験運用開始時点の資金収支／準備投資／試験運用／本格運用

準備投資（6カ月）
基幹となる業務とシステムの構築
太陽光発電メーカーと仕入価格調整
業務委託可能な設置業者との契約
　資本金：1億円
　設立準備金：1億円

試験運用（6年）
運用（サービス提供）
設置工事の安定化対策
保守体制の確立
　事業開始後5年経過時点
　借入金合計：152億円
　設置戸数：1.3万戸
　売上：8.8億円／年

本番運用（安定展開段階）
借入金返済プランの始動
単独資金による自発運用スタート
　事業開始後10年経過時点
　借入金合計：130億円
　設置戸数：15万戸
　売上：11.7億円／年

> 時間がない場合でもこの1枚で伝わるように、事業の全体像を1枚のサマリーシートにわかりやすくまとめる

事業の内容　　太陽光発電レンタルサービスが目指すもの

- 構築するブランドイメージ
  『太陽光発電レンタルサービスは、家族思い・地域思い・地球思いの気配り思いやりサービス』
  ⇒レンタルだからこそ無理なく始められる、続けられると、ユーザーの方に思っていただく。

  下記メリットにより、太陽光発電設備の設置の爆発的な普及を目指すことを可能とする。
  - 先行投資が不要なため、特別な負担なく太陽光発電の導入を可能にする。
  - 余剰電力の売電により、設置したときから電気代の削減を可能にする。
  - 仕入価格を基準としたレンタル費を前提として、薄利多売による相互メリットを実現することで、中長期的に高収益企業を目指す。

- ミッション
  - お客さまの求めるクリーンエネルギーにより地球にやさしい生活の提供

- スローガン
  - 『わたしたちの地球を守り、幸せな未来を創造する企業』
    ⇒CO_2削減に貢献するクリーンエネルギーを誰でも使えるようにすることで未来に明るい生活を提供する。
    ⇒安心と安全に基づいた電気の供給を可能とするサポート体制により、誠実で信頼の置ける企業として活動を展開する。
    ⇒次の世代のあるべきエネルギー環境を生み出すベンチャー精神に基づき、新たなクリーンエネルギーの普及に貢献する。

> スローガンや事業理念は、伝わりやすく相手の心に響くように表現を工夫するとよい

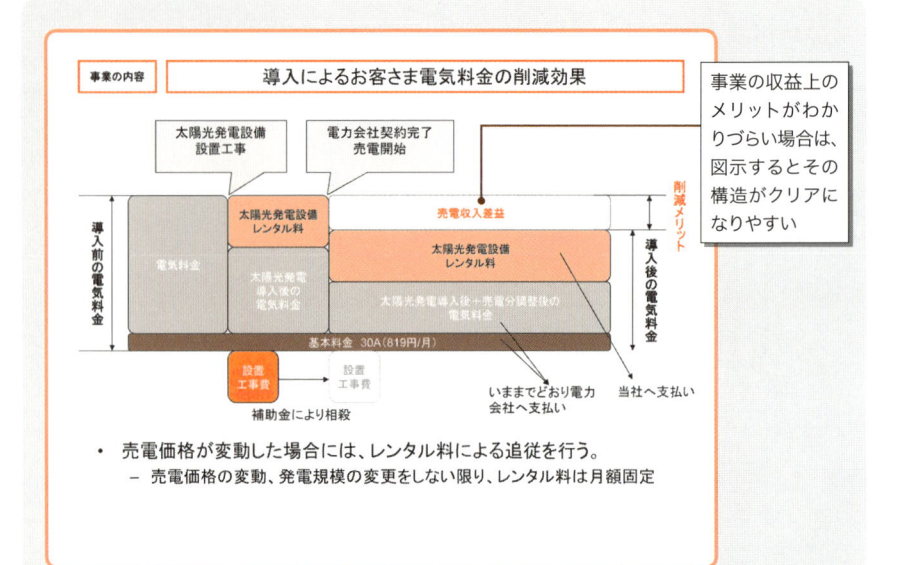

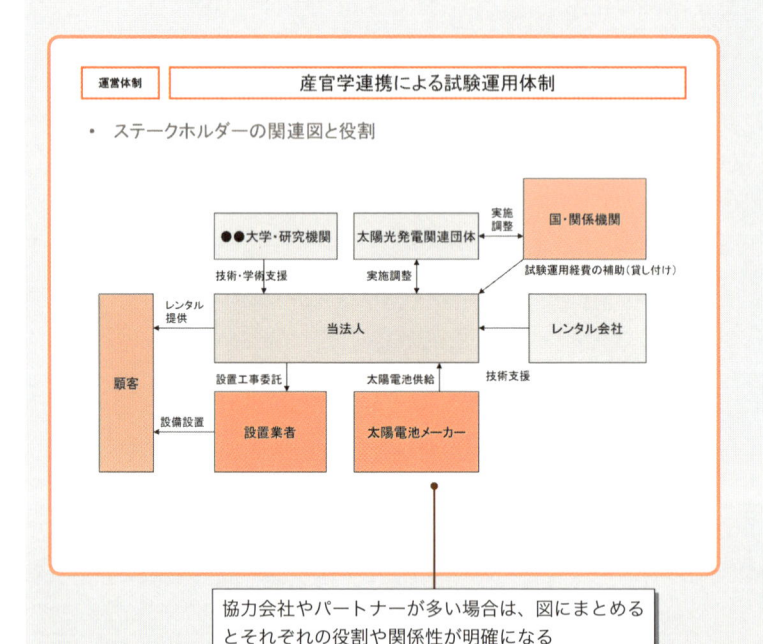

| 事業の内容 | 導入によるお客さま電気料金の削減効果 |

事業の収益上のメリットがわかりづらい場合は、図示するとその構造がクリアになりやすい

- 売電価格が変動した場合には、レンタル料による追従を行う。
  - 売電価格の変動、発電規模の変更をしない限り、レンタル料は月額固定

| 運営体制 | 産官学連携による試験運用体制 |

- ステークホルダーの関連図と役割

協力会社やパートナーが多い場合は、図にまとめるとそれぞれの役割や関係性が明確になる

① OnePoint

大規模な資金が必要な事業計画の場合には、その目的と効果を明確にすること、数字、とくに資金計画の中で投資コストをいかにして回収するのかについてきちんと明記されている必要があります。

| 事業予算 | 資金計画 |

単位：千円

	1年目	2年目	3年目	4年目	5年目	6年目
借入資金	200,000	1,000,000	2,000,000	3,000,000	4,000,000	5,000,000
借入資金累計	200,000	1,200,000	3,200,000	6,200,000	10,200,000	15,200,000
返済金額（金利）		4,000	24,000	64,000	124,000	204,000
償却費合計	0	27,027	106,318	241,918	435,841	688,299
単年度営業損益	-78,999	-48,557	-34,118	-165	47,703	107,735
キャッシュ残	121,001	74,469	148,200	177,753	359,544	592,034

返済計画前提条件
・試験運用期間は借入金のうち利子のみ支払い（2%/年）、試験運用終了後に分割返済（5%/年）
・2年目、3年目に借入金のうち1億円を運転資金として活用する

資金計画では借入金の返済計画の記載を忘れないこと。借入金の返済に対する意識の高さがここに表れる

◻ Check Point

　こうした大規模な事業の事業計画書においては、まず、その目的と導入効果をわかりやすく示す必要があります。この事業計画が、「誰を幸せにして」「何を達成するために」存在しているのかを明確にすることが大切です。

　大規模な事業には多くの協力者が必要となります。大義を実現するために、「誰に」「どのような」協力を求めていくのか、あるいは現段階ですでに賛同いただいているのかを具体的に明示します。とくに誰でも知っているような著名人や有力企業、行政などが賛同者としてついていると、より事業計画に説得力が生まれることでしょう。

　最後に、大きなお金の投資が必要な計画の場合には、数字はきめ細やかに積み上げていかなければいけません。単年度の収支だけでなく、経年でどのようなキャッシュフローになって、投資金額をいつ回収できるのかがわかるようにしておきましょう。

ソーシャル 2　新しいコミュニティ創造の事業計画書

事業プラン名
夫婦の「あんしん」と「ドキドキ」をデザインする事業

▶事業の背景
　この事業の起業者は、生命保険の営業を通じて、多くの夫婦と知り合いましたが、あくまでそれは保険を通じた関係でしかなく、次第にもっと踏み込んだサービスを提供したい、と考えるようになりました。深い信頼関係で結ばれた夫婦を増やし、温かな家族を日本中に生み出すことで日本を元気にすること、それがこの事業を通じて果たしたい使命です。

▶事業内容
日本初の夫婦参加型コミュニティ（会員組織）の運営を通して、一組でも多くの夫婦に「トキメキ」と「ワクワク」をお届けする事業。
- 夫婦がキラキラと輝くためのサポートサービスを提供する
- 多様化するニーズに合わせ、オーダーメイド＆カスタムメイド型のサービス提供で、個別のお客さまへの対応を大切にする（量より質の追求）
- 女性主体の会社として働く女性を応援する

▶事業計画書のキモ
➡ **ここでは、「立ち上げ時の顧客獲得」がキモ**
- こうした会員組織を形成するビジネスでは初速をつけることがとても大切
- これまでの仕事で培った人脈ネットワークを駆使して、極力早い段階で損益分岐をクリアすることが求められる
- 自社だけのサービスでは弱いので、多くの賛同企業（パートナー企業）をいかにして集められるかがポイントになる

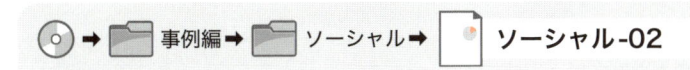

3. 市場環境

■ターゲット市場の今後の展望

結婚後の夫婦の関係を良好に維持するためのさまざまなサービスはありますが、とくに夫婦にターゲットを絞って提供されているものではありません。これから幸せな家族が育つためには、まず、その基礎である良好な夫婦関係が鍵であり、その良好な関係を醸成するための夫婦コミュニティを創造するということが、当事業の大きな目的です。

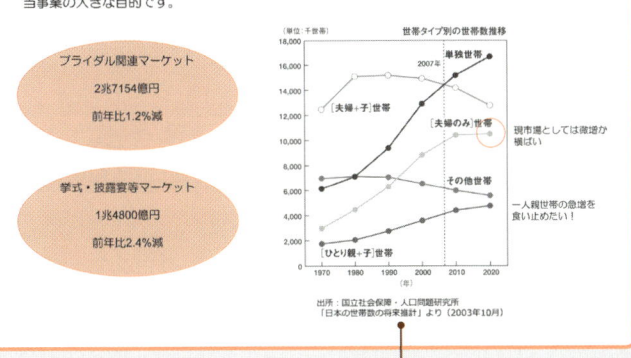

- ブライダル関連マーケット
  2兆7154億円
  前年比1.2%減

- 挙式・披露宴等マーケット
  1兆4800億円
  前年比2.4%減

世帯タイプ別の世帯数推移（単位：千世帯）
- 単独世帯
- [夫婦+子]世帯
- [夫婦のみ]世帯 — 現市場としては確認か横ばい
- その他世帯
- [ひとり親+子]世帯 — 一人親世帯の急増を食い止めたい！

2007年

出所：国立社会保障・人口問題研究所「日本の世帯数の将来推計」より（2003年10月）

> 市場規模などで数字を引用する場合は、どの資料が元になっているのか出典を明記する

5. ビジネスモデル

当事業においては、お客さまから頂戴する入会金および月会費が主な収入となります。月会費内でまかなうことができない高額サービスや特別サービスについては別料金にてサービス提供を行い、各事業パートナーからの顧客紹介に対するキックバック（KB）によって収益を獲得します。

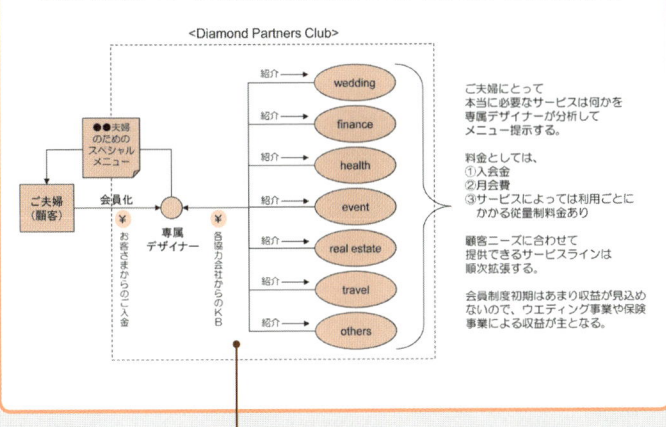

<Diamond Partners Club>

- ご夫婦（顧客）
- ●●夫婦のためのスペシャルメニュー
- 会員化
- 専属デザイナー
- お客さまからのご入金
- 各協力会社からのKB
- 紹介 → wedding / finance / health / event / real estate / travel / others

ご夫婦にとって本当に必要なサービスは何かを専属デザイナーが分析してメニュー提示する。

料金としては、
①入会金
②月会費
③サービスによっては利用ごとにかかる従量制料金あり

顧客ニーズに合わせて提供できるサービスラインは順次拡張する。

会員制度初期はあまり収益が見込めないので、ウエディング事業や保険事業による収益が主となる。

> ビジネスモデルのスキーム図では、顧客に何を提供して、その対価がどのように流れていくかを意識して図示するとよい

5. ビジネスモデル

■ビジネスモデルの実現可能性について

＜見込み客数＞
これまでの仕事で培った見込み客数がおよそ50組存在している状態です。
その中ですでに、23組がサービスが立ち上がったときに参加したいと表明いただいています。

＜イベント開催＞
本年9月より月2～4回の頻度で、さまざまなイベントを展開しています。
これまでのイベント集客数は1回につきおよそ30名で、イベント実施後のアンケートの結果、おおむねご提供させていただいたサービスに対してご好評を得ることができています。

＜パートナー企業の開拓＞
生保・損保についてはA社、B社など全部で8つの代理店資格を取得して、各社の商品を営業できる体制を構築しています。それぞれの特徴を組み合わせると、おおむねお客さまの多様なニーズをすべて満たすことができる状態となっています。
ウエディングについてはC社と業務提携を完了しており、同社のウエディングに関するさまざまなノウハウやインフラを利用することがすでに可能となっています。

それ以外の各サービスパートナーについてはもっぱら開拓中ですが、●月●日までに下記のようなパートナーの参画が決定しています。

- ●●会社　××××
- ●●会社　××××
- ●●会社　××××
- ●●会社　××××
- ●●会社　××××
- ●●会社　××××
- ●●会社　××××
- ●●会社　××××

> 実現可能性の検証ではリアルさが命。数字をきちんと記載することで具体性を向上させる

9. 資金計画

事業運営に必要な資金計画を明記します。8.で描いた収支計画をベースにして
事業によって得られる売上と、事業に使う費用に加えて、自己資金や借り入れによる
資金増、返済に伴う資金減などを加味して、毎期どれだけの資金が残るのかを予測します。

	第一期	第二期	第三期	第四期	第五期
期首CF残高	¥3,000,000	¥1,339,250	¥4,526,045	¥22,806,381	¥60,990,716
売上に伴う入金	¥20,100,000	¥47,273,250	¥97,638,000	¥152,739,000	¥206,475,000
借り入れによる入金	¥0	¥5,000,000	¥0	¥0	¥0
自己資金・代表からの借り入れ	¥0	¥0	¥0	¥0	¥0
その他入金	¥0	¥0	¥0	¥0	¥0
入金合計	¥20,100,000	¥52,273,250	¥97,638,000	¥152,739,000	¥206,475,000

	第一期	第二期	第三期	第四期	第五期
原価支払い	¥0	¥0	¥0	¥0	¥0
経費支払い	¥19,020,750	¥44,696,455	¥72,112,300	¥95,638,820	¥133,421,140
投資関連支払い	¥0	¥0	¥0	¥0	¥0
借入金返済	¥2,740,000	¥4,320,000	¥4,320,000	¥4,320,000	¥4,320,000
税金・社保支払い	¥0	¥70,000	¥2,925,364	¥14,595,845	¥30,813,314
その他出金	¥0	¥0	¥0	¥0	¥0
出金合計	¥21,760,750	¥49,086,455	¥79,357,664	¥114,554,665	¥168,554,454

	第一期	第二期	第三期	第四期	第五期
当月CF増減	¥-1,660,750	¥3,186,795	¥18,280,336	¥38,184,335	¥37,920,546
期末CF残高	¥1,339,250	¥4,526,045	¥22,806,381	¥60,990,716	¥98,911,262

> 資金計画では期末のキャッシュフローの残高に留意する。月次計画も立案のうえ、資金に余裕がある計画を立てること

⚠ OnePoint

個人の経験を踏まえて新しい事業を一から立ち上げるときには、いかにして自分がそれまでに培った経験や人脈から最初の顧客を獲得するか、その見込みを明確にすることが大切です。

10. 事業展開イメージ

当事業は「ダイヤモンドパートナーズクラブ」の運営事業を母体として事業モデルを創造します。創業期には、ほとんどの収益を見込むことができないため、生命保険販売によるKBやウエディングプランニング等のスポット収入により運営資金を確保し、事業モデル創造期にDPC収益だけで黒字化できる状態をつくり上げます。

	①スタート時点 （スタートアップ期）	②中間時点 （事業モデル創造期）	③最終 （本格稼働期）
運営事業	・保険事業 ・Wedding事業	・保険事業 ・Wedding事業 ・パートナーによる各種サービスの拡充	・ダイヤモンドパートナーズクラブの運営 ・きっかけとして保険／WED事業を継続
収益	保険事業のKB Wedding事業の委託費	保険事業のKB Wedding事業の委託費 各パートナーからのKB	保険事業のKB Wedding事業の委託費 各パートナーからのKB クラブメンバーからの会費収入

> 事業がどのようにしてステップアップしていくのか、誰にでもわかるように見せ方を工夫する

■ Check Point

　それまでサラリーマンをしていた個人が、新たに事業を立ち上げて収益を上げていくことは簡単なことではありません。収益を上げるということは、自社が提供するサービスに対して、価値を感じていただける顧客がいて、その顧客がお金を払ってくれることに他なりません。その顧客をどのように集客して契約していくのか、その部分の流れがこうした事業計画においては大切となります。顧客を集めたり、契約する手段として、それまで自分が経験してきたことや培ってきた人脈が役立つのであれば、その部分を強くアピールしましょう。

　また、途中で資金がショートしないように、資金計画にも余裕をもたせ、売上が想定どおりに上がらない場合でも、十分に経営が継続できるようなシミュレーションを行っておくことも大切です。黒字でも資金の回収サイトがズレると資金がマイナスに転じることもありますので、とくに注意しましょう。

ソーシャル 3 時代にマッチした新しい教育システム構築の事業計画書

事業プラン名

「自ら求め学習する心を育成する」
ネットを活用した自己学習システム事業

▶ 事業の背景

　「少子化」「受験教育からの脱皮」などが進んでいくにあたって、今後教育産業界には、大きな質的・構造的変化が生まれます。また、10代を中心とした受験産業から20代以降の社会人が主体の生涯教育産業へのシフトが始まります。学校教育に本格的にパソコンが導入され、ネットワークインフラが整備されていく中で、パソコンをはじめとするデバイスは教育市場に欠かせないツールとなります。こうした流れを押さえ、当事業ではインターネットを主体とした新しい自己学習型の教育システムの確立を目指します。

▶ 事業内容

　当事業では「意志教育」をスローガンとして、「自ら求め、自ら学習し、自ら理解した感動を味わう」という学習スタイルを身につけられる仕組みを提供します。また、通信インフラを用いることにより、学習したい意思をもつ方に対して、「いつでも」「どこでも」サービスを提供できる体制を構築します。

▶ 事業計画書のキモ

➡ **ここでは、「ビジネスモデルのUSPと集客の仕組み」がキモ**

　すでに数多くある教育サービスの中で「何がユニークで顧客の心をとらえるのか」が最大のポイントとなります。競合の多いビジネスでは、USP（Unique Selling Proposition）をいかに際立たせることができるかが重要で、その良し悪しで集客の成否が決まります。

💿 ➡ 📁 事例編 ➡ 📁 ソーシャル ➡ 📄 ソーシャル-03

Ⅰ. 事業構想の背景

[1.1] 教育市場の規模

「少子化」「受験教育からの脱皮」などが進んでいくにあたって、今後大きな質的・構造的変化が生まれます。
市場規模としては、対象人数は徐々に減少が進むものの、顧客単価の増大により現状のレベルを維持すると考えます。
また、10代を中心とした受験産業から20代以降の社会人が主体の生涯教育産業へのシフトが始まります。

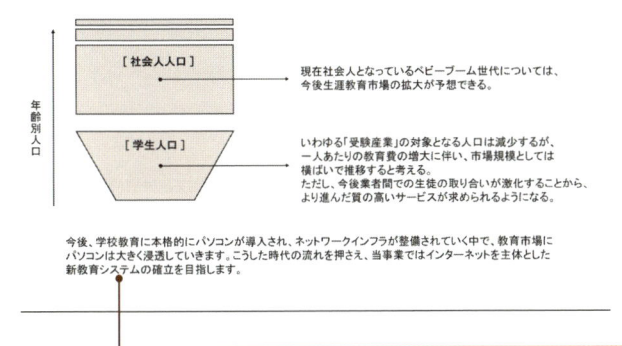

年齢別人口

[社会人人口] — 現在社会人となっているベビーブーム世代については、今後生涯教育市場の拡大が予想できる。

[学生人口] — いわゆる「受験産業」の対象となる人口は減少するが、一人あたりの教育費の増大に伴い、市場規模としては横ばいで推移すると考える。
ただし、今後業者間での生徒の取り合いが激化することから、より進んだ質の高いサービスが求められるようになる。

今後、学校教育に本格的にパソコンが導入され、ネットワークインフラが整備されていく中で、教育市場にパソコンは大きく浸透していきます。こうした時代の流れを押さえ、当事業ではインターネットを主体とした新教育システムの確立を目指します。

> 大きな市場の場合は、その市場のどの部分にフォーカスして自分の事業を確立していくのか明確にしておくこと

Ⅰ. 事業構想の背景

[1.3] 他社事例研究（1）

他社が展開しているインターネットを利用した学習サポートサービスの事例を紹介します。

① XXX
大手予備校のXXXは、インターネットを利用した学習支援システムの運用を始めた。学習法の相談や進学先についての疑問を受験生から電子メールで募りホームページ上で答えるほか、過去の模擬試験や大学入試問題を出題し、回答をリアルタイムで採点する。受験生への迅速な情報提供を行うことで、進学実績の向上に役立てる。インターネットを活用した学習支援システムは、大手予備校でははじめてという。

② XXX
XXXはCD-ROMとインターネットを活用した家庭用マルチメディア教材をリリースした。小学3年生から中学3年生向けに教材22種類を発売する。同社が提供する通信サービスと合わせて初年度20億円、2年目50億円の売上を目指す。通信サービスについては、XXXのセンター側で学習者の成績管理や試験対策情報の提供、有害情報を遮断したうえでインターネット接続サービスも提供する。

③ XXX
XXXは同社の通信添削講座にインターネットとCD-ROMを利用したコースを追加した。中学2年生向けからスタートし、翌年以降順次、中学・高校の他学年に広げる。中学・高校生間の学力差が拡大しているため、インターネットを利用して個別指導をしやすくするのが狙い。電話料金とインターネットプロバイダー接続料金は別に払う。

④ XXX
教育関連ネットワーク会社のXXXは6月から、インターネットを通じた教育情報サービスを始めた。小中高生を対象に受験などの情報を提供するほか、いじめなどの相談にも乗る。9月からはインターネットによる学習も始める。海外からのアクセスも可能で、来年3月までに8千人の会員を集める予定。

> 同業他社の事例研究では、これから説明する自分の事業と関連性がある部分を選び取って記載するようにする

II. 事業概要

[2.1] 事業コンセプト

> 「自ら求め、自ら学習し、自ら理解した感動を味わう」＝「意志教育」

当事業が追求する教育サービスの理想像は「意志教育」です。
意志教育とは、「自ら求め、自ら学習し、自ら理解した感動を味わう」という学習スタイルを身につける教育ということです。
長い人生の中で、単なる知識習得型の「与えられた教育」が役立つ割合はほんのわずかであり、本来は解答のない問題に立ち向かってゆかねばならない場面が多々あります。こうした場面に役立つのは自らの「理解したい」という探求心であり、またその手段を自ら探して手に入れ理解していこうという「意志」にあります。
当事業ではユニークな自宅学習システムを通して、自ら学んでいく学習スタイルを身につけることを目指します。
また、インターネットやスマートフォンといった通信インフラを用いることにより、学習したい意思をもつ方に対して「いつでも」「どこでも」サービスを提供できる体制を構築します。

当事業の目指すものは

> 「与える」教育から「自ら求める」意志教育への転換です。

※これから立ち上げる事業においてどのような価値を提供するのか、わかりやすく表記することが大切

III. 事業内容

[3.2] 顧客ニーズ分析

[Needs分析]

子どものNeeds
- 自宅にパソコンがあるといいなぁ
- 友人とメールのやりとりがしたいなぁ
- いろいろなホームページを見たいなぁ
- 面白い勉強方法はないかなぁ

社会人のNeeds
- 子どもが自発的に勉強してくれるといい
- 子どもの教育費を抑えたい
- 空いている時間を有効活用したい

自宅学習システムの求心力
- 安価な価格設定
  1教科あたり2500円程度の価格を実現、組織規模の拡大に伴って、より低価格を実現することも可能。
- 累計ポイント制
  子どもの自主学習意欲を高めるために、達成レベルごとに商品などを与える。楽しく学習し、頑張ったらご褒美がもらえるシステムにする。

自宅学習支援システムの強みは
→ いつでも好きなときに
→ 自宅またはオフィスで（インターネットに接続できる場所ならどこでも）
→ 定期的なスケジュールに則って
→ 自分の弱点を確認しながら

学習できる点にあります。学習塾やセミナーなどのように時間や場所に縛られるといった問題、また通信添削のように問題提供頻度が低いために、学習意欲が低下するといった問題をクリアしています。

※見込み客が事業のどの部分に魅力を感じて顧客化していくか、その理由や背景を具体的に記載する

ⓘ OnePoint

競合の多いビジネスでは、SWOT分析を行うことで、自分の事業の特徴を正確にとらえておくことが大切です。市場調査も十分に行い、ビジネスモデルの仮説が正しい基礎の上に構築されていることを示します。

事例編・ソーシャル

III. 事業内容

[3.6] 環境分析

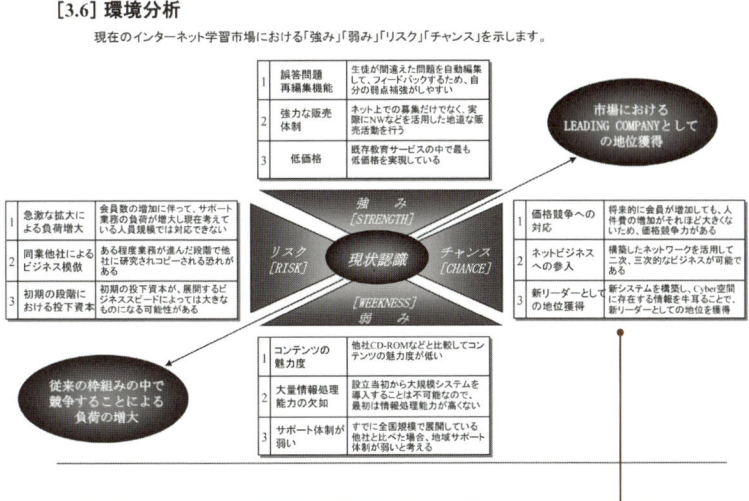

現在のインターネット学習市場における「強み」「弱み」「リスク」「チャンス」を示します。

強み [STRENGTH]

1	誤答問題再編集機能	生徒が間違えた問題を自動編集して、フィードバックするため、自分の弱点補強がしやすい
2	強力な販売体制	ネット上での募集だけでなく、実際にNWなどを活用した地道な販売活動を行う
3	低価格	既存教育サービスの中で最も低価格を実現している

チャンス [CHANCE] → 市場における LEADING COMPANY としての地位獲得

1	価格競争への対応	将来的に会員が増加しても、人件費の増加がそれほど大きくないため、価格競争力がある
2	ネットビジネスへの参入	構築したネットワークを活用して二次、三次的なビジネスが可能である
3	新リーダーとしての地位獲得	新システムを構築し、Cyber空間に存在する情報を牛耳ることで、新リーダーとしての地位を獲得

リスク [RISK] → 従来の枠組みの中で競争することによる負荷の増大

1	急激な拡大による負担増大	会員数の増加に伴って、サポート業務の負担が増大し現在考えている人員規模では対応できない
2	同業他社によるビジネス模倣	ある程度業務が進んだ段階で他社に研究されコピーされる恐れがある
3	初期の段階における投下資本	初期の投下資本が、展開するビジネススピードによっては大きなものになる可能性がある

弱み [WEAKNESS]

1	コンテンツの魅力度	他社CD-ROMなどと比較してコンテンツの魅力度が低い
2	大量情報処理能力の欠如	設立当初から大規模システムを導入することは不可能なので、最初は情報処理能力が高くない
3	サポート体制が弱い	すでに全国規模で展開している他社と比べた場合、地域サポート体制が弱いと考える

中央: **現状認識**

> SWOT分析の表記方法の一例。事業における強み・弱み・リスク・チャンスを一覧できるようにする

☐ Check Point

　教育産業は成熟業界であり、プロダクトライフサイクルを考慮した場合、既存のサービスの延長線上にはあまり魅力があるとはいえないでしょう。こうした業界においては、強いイノベーション＝変革が必要であり、その変革のポイントが明確でかつ市場ニーズに合致していれば、大きなパイを一気に獲得できるチャンスとなります。現在市場で起こっている変化と既存ビジネスとの間に生まれているギャップが正確に把握され、顧客ニーズが満たされていない状況が判明すれば、そのニーズをわかりやすく満たす新たな付加価値を創造し、市場へ参入することが可能となります。

　また、こうしたスキマを見つけても資本力のある競合他社がすぐに参入する可能性があります。圧倒的なスピードでその領域のブランドを短期に確立してしまうことが必要です。念入りに準備をしたうえで、事業開始と同時にトップスピードで走れるようにしましょう。

ソーシャル 4 行政を巻き込み社会問題を解決するための事業計画書

事業プラン名

「マチナカデミアすみだ」事業

事業の背景

- 小中学生の「放課後問題」（放課後の学習、交流の場の確保）を解決したい
- 薄れてしまった、子どもと大人（他者）とのナナメの関係を回復したい
- 学習への「外発的動機づけ」を「内発的動機づけ」へとシフトさせたい
- シニア世代の経験や体験を社会に還元したい（ナレッジ・マネジメント）

当事業は、地域社会とのコミュニケーションを通じて浮かび上がってきたこうした課題に対してNPO法人が包括的に取り組みたいという想いから誕生しました。

事業内容

「マチナカデミアすみだ」は、地域の子どもから大人までが、愉快で楽しく「生きる力」を共に育む、地域の「小中高大社一貫共育」校です。「伝えたいヒト」「想いのあるヒト」と、「学びたいヒト」「貢献したいヒト」が、行政、企業、団体という組織と世代を超えて、体験しながら学び、学びながら体験するための多世代交流と体験型学習のプラットフォームを提供し、地域に存在する社会問題の解決を図ります。

事業計画書のキモ

➡ここでは、「組織体制と行政の協力体制」がキモ

こうした地域を巻き込む活動においては行政の協力が不可欠。営利を目的とした株式会社という組織スタイルよりも、一般社団法人やNPOといったより公共性の高い組織体制を選択することで、行政との協力体制を速やかに構築していくことが大切です。

💿 ➡ 📁 事例編 ➡ 📁 ソーシャル ➡ 📄 ソーシャル-04

事例編・ソーシャル

> 事業のサブタイトルやキャッチフレーズをこのように表記すると、説明相手の関心を引くことができる

マチナカデミアすみだ 「ワタシを生きる、マチが活きる。」

「すみだの力応援基金」助成事業
「マチナカデミアすみだ」事業について

マチナカデミアすみだ 「ワタシを生きる、マチが活きる。」

代表あいさつ
NPO法人 地域コミュニティ研究所　代表理事　ひらのとよひろ

墨田区は職住近接のものづくりのまちであると同時に、街中で人と人が声をかけあい挨拶を交わす、下町の温かな人情味あふれるまちでもあります。墨田区はこの下町のあたたかさを残しながらも、次世代の急速な流れや変化に対応できるまちへの進化が求められています。

それは、一方には日本の新たなシンボルとなる東京スカイツリーの開業による、観光、まちづくり、商工業、国際交流等における、国際都市への成長であり、他方では、東日本大震災の発生以降注目されている、地域が協力し合い、助け合うことのできる「つながり」の醸成や、お互いの強みを活かし合い、弱みを補い合うという協治（ガバナンス）や「互助の精神」の伸長でもあります。

「マチナカデミア すみだ」は、この歴史的な転換期におけるすみだの企業、行政、学校、団体、NPOなどの既存のコミュニティと新しいコミュニティ、人と人とを「学び」によってつないでつむぐ基盤となることを目指しています。また、「生きる力」を共に育む豊富な講座を提供する場であるとともに、かけがえのない仲間との出会いの場になることを願っています。

> 経営者がどのような想いでこれから事業に従事するのか、その気持ちが伝わる熱いメッセージを届ける

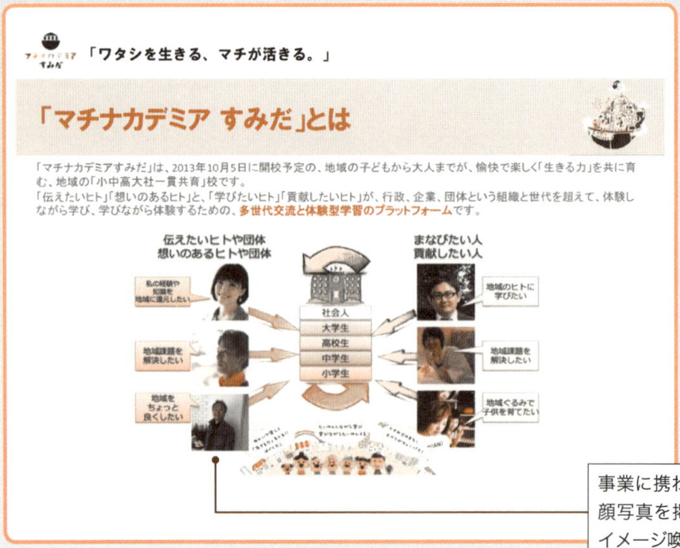

「ワタシを生きる、マチが活きる。」

「マチナカデミア すみだ」とは

「マチナカデミアすみだ」は、2013年10月5日に開校予定の、地域の子どもから大人までが、愉快で楽しく「生きる力」を共に育む、地域の「小中高大社一貫共育」校です。
「伝えたいヒト」「想いのあるヒト」と、「学びたいヒト」「貢献したいヒト」が、行政、企業、団体という組織と世代を超えて、体験しながら学び、学びながら体験するための、**多世代交流と体験型学習のプラットフォーム**です。

伝えたいヒトや団体
想いのあるヒトや団体

- 私の経験や知識を地域に還元したい
- 地域課題を解決したい
- 地域をちょっと良くしたい

社会人
大学生
高校生
中学生
小学生

まなびたい人
貢献したい人

- 地域のヒトに学びたい
- 地域課題を解決したい
- 地域ぐるみで子供を育てたい

> 事業に携わるメンバーの顔写真を掲載することもイメージ喚起のよい方法

「ワタシを生きる、マチが活きる。」

コンセプト（2）
「すみだ教育指針」に則ったプログラム

墨田区に根を下ろす事業者として区の教育委員会作成の「すみだ教育指針」に則ったプログラムとします。

豊かな社会生活を営んでいくための確かな学力・体力・人間性を身につけ、健やかに成長するすみだの子ども

生きる力
- [挑戦する力]
- [つながる力]
- [役立つ力]

学校 ⇔ 家庭
すべての区民による教育
地域

> 墨田区長さんにも太鼓判を押して頂きました

> 行政やパートナー企業など、誰でも知っている団体や人物からの後ろ盾は事業計画の信頼感UPにつながる

---

① OnePoint

志や公共性が高い事業の事業計画では、内容が理想的なことに寄りすぎて、具体性に欠けることがあります。掲げている目的を達成するために、現在どのような活動をしていて、どんな方からの賛同を得られているのか明記することが大切です。

「ワタシを生きる、マチが活きる。」

授業体験会レポート
2013年6月16日(日) 八広地域プラザ

6/16（日）、
ニーズのリサーチを兼ね、
無料体験授業を開催

区内外から総勢40名弱の方にご参加頂き、
高い満足度と、多くの期待が寄せられた。

> 過去に行った事業モデルのトライアル
> の様子をビジュアルで伝えると、より
> リアリティが増す

事例編・ソーシャル

☐ Check Point

　NPOや一般社団法人は、株式会社とは異なり利潤を追求することが目的ではなく、社会問題を解決したり、人の役に立つための活動をすることが目的となります。こうした事業目的は、多くの人の賛同を得やすい反面、収益化が難しく、事業継続が困難になって廃業に追い込まれてしまうケースも少なくありません。

　公共性の高い事業において大切なことは、まず地に足のついた活動を行うこと、そしてその活動の中から事業運営に必要な資金をきちんと獲得できるビジネスモデルを有していることでしょう。資金を獲得するためには、多くの賛同者が必要不可欠であり、そのために、行政や有力企業、有名人などの支援者の存在がとても大切になります。大きなコストをかける前の段階で、ボランティアなどの活用も含め、少ないコストでいかに協力者の幅を広げていくか、あらかじめ考えておくようにしましょう。

Column

「ソーシャルビジネス」で新たな事業を目指す方へ

　ソーシャルビジネスとは、社会問題の解決を目的として、収益事業に取り組む事業体のことで、近年は社会起業家などが注目されるようになっています。

　ボランティア団体やNPO団体は、同じように社会問題の解決を図るために設立されていますが、事業を継続するための資金のほとんどを募金に頼るケースが多く、素晴らしい事業目的を掲げていても、資金不足などによって、事業規模が縮小したり、事業継続が困難になるケースが少なくありません。

　こうした公益性の高い事業にとっての重要なポイントは「継続性」です。社会にとってよい「活動総量」をいかに増やすかということは、どれだけその「活動密度」を濃くし、その「活動期間」を長くできるかということに他なりません。

　ソーシャルビジネスで大切なこと、それは事業を継続できるしっかりとした「ビジネスモデル」を構築することです。

　収益性を確保することは悪いことだと勘違いしている方がまれにいらっしゃいますが、そうではありません。きちんとした価値を生み出し、その価値を顧客に提供し、そしてその価値に見合った代金をいただき、顧客に大きな満足感を提供する、その活動の流れがまさに「ビジネスモデル」なのです。収益性を確保できないモデルというのは、どこかで価値提供の流れが滞っていたり、顧客が期待するだけの価値を提供できていないなどの不具合があるはずです。

　社会起業家を目指す方は、みなさん素晴らしい想いから事業を始めようとされています。だからこそ、その影響力を最大限発揮していただきたいのです。

　よい想いに強力なビジネスモデルが加わることによって、必ず社会のためになる事業が生まれるはずです。ぜひそのことを信じて、一つでも多くのソーシャルビジネスをこの世の中にデビューさせていただきたいと思います。頑張ってください。

事例編 8

BtoBのITサービス
の事業計画書

author

平松 二三生（ひらまつ・ふみお）ドリームゲートアドバイザー

起業家、コンサルタント（IT・WEB集客・人事・創業）
心理カウンセラー、モテ脳研究家
3年間のサラリーマン生活から、バブル崩壊後に当時最年少の22歳で独立して、まだ世間では認知されていなかった「フリーのシステムエンジニア」になる。28歳でエンジニア開発の会社を起業し、売上3億円まで伸ばすが、39歳で突如エンジニアを引退し、新規創業して異業種に参入。貸会議室業や高級食材の通販サイト、WEBコンサルティングなど、複数のビジネスを創業する。
36歳から心理学、NLP（脳科学）なども学び、成功するための「ビジネス脳」を探究。また、「モテ脳」という分野をつくり、テレビやラジオなどで、ナインティナインや雨上がり決死隊、アンジャッシュ渡部氏などとも共演した。
最近では創業支援や事業再生なども手がけ、WEBやITのみならず、ビジネス全般でのコンサルティングを行っている。
起業・経営相談はこちら：http://profile.dreamgate.gr.jp/consul/pro/hira_r3c

BtoB 1 ニッチな業界に向けたパッケージシステム販売の事業計画書

事業プラン名

公益法人向け会計システム販売事業

事業の背景

　公益法人などの団体は、特殊な法律により運営されており、とくに会計分野においては、一般企業とは異なる手法によって管理されています。そのため「特殊な会計を管理するためのシステム」が必要になりますが、市場がニッチであることや、特殊な業界であることから、このニーズに対応できる事業者は少なく、結果として、競合のZ社（トップシェア）とY社にて販売している会計パッケージと、私たちの製品のみとなっています。

事業内容

1. 公益法人・公社向け会計パッケージシステムである「スタンダード」の販売をメインとする
2. 毎年の制度改正の際のシステム改定が収益モデルの主軸となる。利用者のシェアを増やすことにより安定した収益を確保する
3. 公益法人向けであることから、受注時期が予算編成期である年末か3月末に集中してしまう。それ以外の閑散期にカスタマイズによるアップグレード開発受注や新規システムの受託、ITソリューションに関わるOA機器販売などを行い、閑散期をなくしていく

事業計画書のキモ

➡ ここでは、「競合企業との関係と資金計画」がキモ

- トップシェアであることの理由分析をしておく
- どのようにすればシェアを獲得できるかを明確にしておく
- 債権回収の時期も考慮に入れた資金計画をつくっておく

◎ ➡ 📁 事例編 ➡ 📁 BtoB ➡ 📄 BtoB-01

3．市場環境

- ターゲット市場の規模・特徴

  公益法人等の市場規模は以下のとおり。

特例民法法人	19,860 件
一般法人	33,029 件
公益法人	8,243 件
特定非営利活動法人	47,771 件
社会福祉法人	19,498 件
計	128,401 件

- ターゲット市場における競合状況

  競合企業としてはトップシェアのZ社、および規模が小さいY社の2社が存在する。

  ただし、Z社は価格帯がかなり高く、かつサービスの面でそれほどクオリティが高くないため、アプローチだけを間違えなければ、私たちのサービスへのリプレイスを希望されるクライアントは多いはずである。

> 公に発表されたデータに基づいてターゲット市場の規模を記載

3．市場環境

- ターゲット市場の今後の展望

  政府方針を受け、公益法人の数はゆるやかに削減されていくと思われるため、当該のマーケットは拡大していく市場ということはない。

  しかし、特殊な会計を課されているマーケットであることは明確であるため、この業界に向けた会計パッケージがなくなることはない。

  現在トップシェアであるZ社は、サービスの基盤を開発したA社と同じく、さまざまなパッケージを開発しており、公益法人向けの会計パッケージはその一つに過ぎないため、同パッケージの販売に経営資源を集中しているとは言い難い。

  そのためか、価格帯やサービスレベルを考える限り、Z社がトップシェアを維持している理由は、単にこれまでの競合に脅威となるような動向が見られなかったからに過ぎず、市場にマッチした緻密な販売戦略を取り、適切なアプローチをすれば、十分にシェアを確保できると見込む。

> ターゲット市場を取り巻く競合企業の動向や状況を把握しておき、どのような対処を予定しているのか明示する

5. ビジネスモデル

- ビジネスモデルの説明

公益法人・公社向け会計パッケージの利益の元は毎年行われる法改正（制度改正）にある。
パッケージを導入した公益法人などは、システムの改定をしなければならないため、毎年のように受注が発生する。

しかし、その制度改正への対応は各法人ごとにまったく異なるものではないため、一度システムに改正を取り込んでしまえば、あとはそれを当てはめるだけで実現でき、ほとんどコストがかからない。

つまり、利益率が高く安定した収益を上げることが可能となる。

これを実現するためには、新会社のサービスである「スタンダード」をご利用いただく法人を増やす・・・シェア拡大が収益の最大のポイントとなる。

> ビジネスモデルは「利益を生み出す仕組み」がはっきりと示されていることが必要

10. 資金計画

単位：万円

	第一期	第二期	第三期	第四期	第五期
自己資金	1,000	747	1,272	2,150	3,152
借入資金	1,000				
調達資金計	2,000	747	1,272	2,150	3,152
売上金	1,065	5,300	6,000	6,100	6,000
CASH増	3,065	6,047	7,272	8,250	9,152
原価支出	158	483	660	526	526
経費支出	2,117	4,072	4,161	4,270	4,270
返済金		200	200	200	200
法人税等	43	20	101	102	102
CASH減	2,318	4,775	5,122	5,098	5,098
資金残高	747	1,272	2,150	3,152	4,054

> 資金計画はあくまでもキャッシュベースで記載する。BtoBの場合、売上債権回収まで日数がかかることがあるという点を織り込んでおく

ⓘ OnePoint

企業間取引（BtoB）の場合、資金計画において一番重要になるのが「債権の回収時期」です。あくまでもキャッシュベースで資金計画を立てないと、黒字倒産してしまうことになりかねないため、キャッシュフローは明確にしておくこと。

参考資料）その他事業における受注見込み一覧

	名　称	金　額（円）	備　考
	納品予定XX年3月末まで		
1	財団法人〇〇県〇〇公社	900,000	新規システム
2	社団法人日本〇〇会	660,500	OA機器
3	〇〇市〇〇公社	1,480,500	
4	社団法人〇〇公社	5,967,150	
5	財団法人〇〇県〇〇協会	1,200,000	販社：〇〇社より紹介
	納品予定XX年4月以降		
1	〇〇商工団体	3,500,000	
2	その他4商工団体	15,000,000	
3	財団法人〇〇県〇〇連合会	700,000	OA機器
4	財団法人〇〇市〇〇財団	7,500,000	
5	財団法人〇〇市〇〇振興財団	3,000,000	
6	〇〇市〇〇公社	924,000	販社：〇〇社より紹介
7	財団法人〇〇市〇〇公社	407,400	販社：〇〇社より紹介
8	〇〇県〇〇公社	4,600,000	販社：〇〇社より紹介

> 参考資料などで、「受注見込み」として確実に売上が見込める状況であるということを明示しておくのは効果的

☐ Check Point

　企業間取引（BtoB）の場合、販売してから代金の入金をしてもらえるまでに、通常は30日程度、期間が長いと60日から90日、場合によっては180日なんてこともあり得ます。いまでこそ少なくなりましたが、決済が手形という場合には、さらに入金が遅くなります。

　この事業計画書の「収支計画」では、初年度の売上として約「2300万円」を見越しています（紙面には「収支計画」のシートを掲載していません。付録CD-ROMを参照してください）。一方で「資金計画」としては、債権回収可能な「1065万円」のみを計上しています。

　売上と実際の売上債権回収の時期のズレにより、資金調達を余儀なくされることは、企業間取引でよくあることですので、金融機関からの借入も含め、十分に考えておく必要があります。

BtoB 2　成功モデルを元にした ASPサービス展開の事業計画書

事業プラン名

業務特化型予約決済管理ASPサービス事業

事業の背景

「貸会議室ビジネス」は、運営する母体が不動産業など、IT化に乗り遅れている会社が経営していることも少なくありません。それに対してITを前面に出した○○社のビジネスモデルは業界にとって革新的で、成功の大きな要素となりました。このノウハウを多くの事業者にASP（Application Service Provider）サービスとして提供することができれば、「貸会議室ビジネス」に新たなビジネスチャンスを生み出すことができると見込んでいます。

事業内容

1. 貸会議室ビジネスで必要となる「集客」「予約受付・管理」「決済・滞納管理」「売上管理」などの機能をASPサービスとして事業運営者に提供する
2. 利用料金は売上ベースの成功報酬型であるため、事業運営者にとってもリスクが少なく、かつASPサービスのため比較的安価（売上の25％）での提供が可能
3. 初期費用が少ないという点で営業活動がしやすいサービスであり、ストック型であることから代理店制度なども導入しやすく、拡販の実現性が高い

事業計画書のキモ

➡ ここでは、「これまでの実績と販売のしやすさ」がキモ

- すでに実績を上げているモデルである
- マーケットが明確である
- 明確な差別化がされており、初期費用が少なくローリスクなため、営業コストを抑えられる

事例編・BtoB ➡ BtoB ➡ BtoB-02

3．市場環境

- ターゲット市場の規模・特徴

  「貸会議室ビジネス」の市場規模としては、明確な数字が公表されていないものの、200億円規模（※）と推定される。本サービスは、3年以内にその1％程度の市場の獲得を目指す。
  （※ 全国の会議室の施設数「約1万件」を元に推測）

- ターゲット市場における競合状況

  「貸会議室ビジネス」において、集客を促すポータルサイトや予約管理ＡＳＰを展開する事業者はいるが、本サービスのような「貸会議室ビジネス」における総合サービスを展開する事業者は現時点では存在しない。
  また、今後の新規参入についても、とくにＩＴ分野での参入障壁が高いと考える。

- ターゲット市場の今後の展望

  「貸会議室ビジネス」は、不動産物件さえあれば他のビジネスに比べて初期投資も少ないことから、ここ数年、とくにオフィスの空き賃貸物件対策の意味で会議室は増え続けてきた（3年で10％程度の増加率）。

  その一方で、利用者の規模が増えているわけではなく、会議室の需給バランスは崩れ始めており、今後、各事業者においては、他社との差別化などで苦心を迫られる状況になると考えられる。

  これらの状況は、本サービスをアピールする格好の材料であると考える。

> ターゲット市場の規模や今後の展望などは、データや数値を交えて明確に記載する

4．競合優位性

- 当社の優位性について

  ① ○○社において培われてきた**貸会議室運営のノウハウ**
  - ＳＥＯ対策を中心とした「ＷＥＢ集客」
  - 利用者のクリック導線を考えた「ＨＰ構成」と、わかりやすい操作で24時間365日受付を行える「ＷＥＢ予約システム」
  - 利用者の利便性を向上させた「クレジットカード決済機能」
  - 支払状況や滞納の管理も行える「自動決済機能」
  - 管理機能を強化し、より少ない人件費で拠点管理を実現できる「管理者機能」
  - その他、固定費削減のノウハウ

  ② **実績のあるプロトタイプシステムの存在**
  ○○社が実際に貸会議室を運営することで改善してきた上記機能搭載の稼働実績のあるシステムが存在する。
  これをプロトタイプとして今回のＡＳＰサービス開発に応用することが可能。

  ③ **ＡＳＰサービスの提供のみで、在庫などを抱える必要がない**
  本サービスは「貸会議室ビジネス」をサポートするものであって、実際に貸会議室を運営するものではない。ＡＳＰサービスのみであるため、まったく在庫を抱えることがない。
  売上原価としても、仕入はサーバー管理費や保守・メンテナンス料のみである。

  ④ **○○社の全面バックアップ**
  ○○社の経営者でもあり、貸会議室システムの設計および管理、運営を行ってきた△△氏を出資者に迎え、全面的なサポートのうえでサービスを提供できる。
  これにより、さらなるサービス向上も視野に入れられる。

> 他社に対する優位性や差別化はビジネスモデルにとってとても重要なファクター。しっかりと記載したい

5. ビジネスモデル

- ビジネスモデルの説明

  貸会議室業を営むお客さまにとってみれば、「成果報酬型」のサービスであるため導入リスクが小さい。よって、営業のハードルが低く、成約率はかなり高く維持できる。
  実際に会議室を提供する会議室ビジネスとは異なり、在庫（会議室）をもつ必要がないため在庫リスクもなく、人件費以外の固定費があまりない。
  「成果報酬型」の場合に弊害となる「売上債権回収」についても、決済先はすべて当社側になるため回収リスクはまったくない。
  また、ストック型ビジネスという側面があり代理店導入もしやすい。

  つまり、売上の面では取引先を見つけやすく、経費の面では固定費が少なく、債権回収リスクもないというのがこのビジネスモデルのメリットとなる。

- ビジネスモデルの実現可能性について

  すでに〇〇社にて同様のビジネスモデルが成立をしており、それを発展させるのが本ビジネスモデルであることから、ASPシステムが完成すれば、実現性についてはまったく問題にならない。
  また、ASPシステムについては、すでにある〇〇社の会議室専用・予約決済システムをベースに開発ができるため、開発リスクもゼロに近いものになると考えている。

> 顧客にとってのメリットを明確に示すほか、拡販のための取り組みなども記載されているとベター

10. 資金計画

単位：万円

	第一期	第二期	第三期	第四期	第五期
自己資金	700	589	946	1,581	3,452
借入資金	1,000				
調達資金計	1,700	589	946	1,581	3,452
売上金	4,000	9,000	20,000	35,000	45,000
CASH増	5,700	9,589	20,946	36,581	48,452
原価支出	3,000	6,750	15,000	26,250	33,750
経費支出	1,900	1,600	3,650	5,270	5,520
返済金	204	204	204	204	204
法人税等	7	89	511	1,405	2,350
CASH減	5,111	8,643	19,365	33,129	41,824
資金残高	589	946	1,581	3,452	6,628

> 借入を考えるのであれば資金計画の位置づけはとても重要になる。どの時期にどのくらいの資金が必要なのかを明確にしておく

ⓘ OnePoint

金融機関からの借入を考えるのであれば、きちんとリスクが把握されていて、それに対する対応策が想定できていることを明示しておきたい。この事業計画書では参考資料としてSWOT分析を添付しています。

参考資料）SWOT分析

		外部環境分析	
		③機会（Opportunity） ・貸会議室ビジネスはここ3年で10%程度の増加率を示している ・WEBからのオンライン予約・決済を実現している業者は極端に少ない	④脅威（Threat） ・会議室業大手資本による参入 ・同業他社（リアル営業）によるシェア取り崩し ・解約率の上昇
自社分析	①強み（Strength） ・「貸会議室業」という業種に特化したシステムとしては唯一無二であるシステムである ・基本機能はすでに〇〇社で導入され、多くの実績を上げている ・オンライン予約決済の大きなメリットをマーケットは認識していない ・本サービスのプロトタイプシステムはすでに完成している ・ASPサービスであるため、在庫はまったく抱えない	積極的攻勢 （自社の強みで取り込める事業機会の創出） ・〇〇社での実績をベースにした営業戦略を打ち出す ・「オンラインで予約・決済が完結すること」のメリットや優位性をアピールする ・「固定費削減」を前面に打ち出す ・「ストック型営業」であることを活かし、代理店も積極的に導入し、一気にマーケットシェアを獲得していく	差別化戦略 （自社の強みで脅威を回避、または事業機会の創出） ・大手資本をサービス提供先ととらえ、営業を行う ・リアル営業の同業他社に対して手数料の安さや成約スピードをアピールする
	②弱み（Weakness） ・本サービスには、〇〇社がもつシステムやノウハウが不可欠である ・新規のマーケットである	段階的施策 （自社の弱みで事業機会を取りこぼさないための対策） ・初期段階でのコストはかかるが、営業社員による積極的なリアル営業を展開する ・当面は「初期費用無料」「手数料ディスカウント」などのキャンペーンでマーケットシェアを取っていく	専守防衛または撤退 （自社の弱みと脅威で最悪の事態を招かない対策） ・〇〇社および代表の△△氏に資本参加してもらうことで、法的拘束力のある契約を締結し、ナレッジの流出を防ぐ ・大手資本との業務提携、資本提携も視野に入れておく

借入を予定している場合には、SWOT分析（クロス分析）でビジネスモデルの強みや弱みを押さえて、それに対してどこまで戦略や施策を想定できているか明確にしておきたい

☐ Check Point

金融機関にとってのリスクは、貸し出しをしている会社の「赤字が大きく」なったり、「売上見込みを下回る」ことだけではありません。自分たちにとって「予測できていないこと」はすべてリスクになり得ます。

資金を借り入れる際には、この点を十分に把握していることを示す必要があります。そのため、「自分の事業のウィークポイント」や「今後の市場動向」などをできるだけ客観的な視点で把握し、どのような対応策を打つべきか、きちんと明示しておくことが重要です。

その際にSWOT分析などの戦略フレームワークを用いることはとても有効です。こういったフレームワークを通して自らのビジネスを分析することで、自分では気がつけなかったリスクや事業を進めるうえでの課題などが発見できるかもしれません。このことは資金借入という面だけでなく、ビジネスを成功させるというもっと大きな視点から考えても、とても重要なことであるといえるでしょう。

BtoB 3　業務提携によって海外展開を図るための事業計画書

事業プラン名

海外マーケット向けAndroidアプリ配信サービス事業

▶事業の背景

　現在の韓国では、モバイル・スマートフォンマーケット、とくにAndroid端末の普及が進んでおり、アプリマーケットは爆発的な勢いで拡大しています。それに呼応して韓国国内のアプリ開発会社は市場への供給を進めていますが、まったく需要に追いついておらず、アプリ不足が続いており、多くのビジネスチャンスを逸しています。日本企業が開発したアプリは韓国で熱望されているという背景があり、韓国アプリマーケットでシェアNo.1のK社と自社J社との間でアプリ配信ビジネスの業務提携を行います。

▶事業内容

　現在の韓国マーケットでは、韓国の国内メーカーがAndroidをインフラとしたスマホを展開しており、Androidのシェアはおよそ90％にも達しています。Android端末が爆発的に増えており、韓国国内だけのアプリ供給ではとても間に合わず、枯渇状態にあります。日本のAndroidアプリをハングル語にローカライズするとともに動作確認を行って、韓国のアプリ市場に配信する代行業務を行います。

▶事業計画書のキモ

➡ここでは、「自社の優位性とマーケット」がキモ
- K社との業務提携によって自社の優位性を高め、参入障壁をつくる
- なぜAndroidマーケットを選んだのかを明確にしておくことも重要
- ターゲット市場を見誤らないこと

💿 → 📁 事例編 → 📁 BtoB → 📄 **BtoB-03**

1．事業の背景と目的

- 事業の背景

  現在の韓国では、モバイル・スマートフォンマーケット、とくにAndroid端末の普及が進んでいる（※）。それに伴い、スマホ利用の中核となる「アプリ」のニーズが非常に高まっており、アプリマーケットは爆発的な勢いで拡大している。
  （※ 韓国のスマホマーケットにおけるAndroidのシェアはおよそ90％（世界的に見ても特異））

  それに呼応して韓国国内のアプリ開発会社は市場への供給を進めているが、まったく需要に追いついておらず、アプリ不足が続いており、多くのビジネスチャンスを逸している。

  日本企業が開発したアプリは韓国マーケットで熱望されているという背景があり、韓国アプリマーケットにおいてシェアNo.1のK社と当社J社との間でアプリ配信ビジネスにおける業務提携が決定した。

- 事業の使命・理念・目的

  Made in Japan のアプリを世界へ。

  日本国内のアプリコンテンツを世界に配信していく。
  その第一弾として、韓国マーケットへの進出を実現させる。

> ビジネスモデルを考えつくうえで契機となったことや、事業の立ち上げを決断するに至った背景を明らかにする

2．事業の内容

- 商品・サービスの説明

  韓国アプリマーケット配信代行サービス

  ・サービス内容
  　(1)　Androidアプリのハングルローカライズ（翻訳）
  　(2)　アプリ稼働確認
  　(3)　「ゲーム物等級委員会」事前審査代行
  　(4)　配信申請代行

  ・課金システム
  　(1) 有償ダウンロード版
  　　① 初期費用（ローカライズ、稼働確認、各種申請代行）
  　　② ダウンロードごとの課金システム（別添の参考資料参照）

  　(2) 無償ダウンロード版
  　　① 初期費用（ローカライズ、稼働確認、各種申請代行）

- ターゲット顧客の説明

  対象市場としては韓国アプリマーケットだが、本事業における
  ターゲットは、日本国内のアプリ開発会社および個人の開発者となる。

> ターゲット市場を見誤らないこと。ビジネスモデルによっては消費者ではなくメーカーがターゲットになることも当然あり得る

事例編・BtoB

175

5. ビジネスモデル

- ビジネスモデルの説明

  日本国内で開発されたAndroidアプリを韓国マーケットに配信する。
  配信代行の手数料とダウンロード課金による収益モデルで、以下のとおりとなる。

  ・初期費用
  一括支払い：以下の費用を含む
  （1）Androidアプリのハングルローカライズ（翻訳）費用
  （2）アプリ稼働確認費用
  （3）「ゲーム物等級委員会」事前審査代行手数料（申請費用も含む）
  （4）配信申請代行手数料

  ・ダウンロード課金
  有償ダウンロード版のみ：ダウンロード1件ごとに課金
  （※ 課金モデルについては別添の参考資料参照）

> 収益を上げていくルートが複数ある場合、漏れがないかを十分に確認したうえで記載する

6. マーケティング・販売計画

- マーケティングプラン

  小資本にて効率的に、スピーディに多くのAndroid開発会社との取引を確保するため、ターゲットを絞って段階的にアプローチを行う。

- 販売計画

  日本のAndroidマーケットですでに人気のあるアプリのうち、韓国市場で人気が得られそうなアプリを選別する。

  第1段階
  ・ビジネスツールやSNSなどのソーシャルメディアに関連したコミュニケーションツール
  　理由：ローカライズ部分が少なく、有償版でもダウンロードしやすい

  第2段階
  ・パズルなどのゲーム（無償⇒有償アップグレード版）
  　理由：ゲームの中では比較的ローカライズ部分が少ない

  第3段階
  ・カテゴリーを問わず人気のアプリ（有償版）

  なお、第2段階途中までは、実績を上げるために、初期費用を無償とするなどのキャンペーンを行い、アプリ配信数を伸ばすことに注力する。

  また、無償ダウンロードアプリについては、収益が初期費用のみであるため、トータルなコストパフォーマンスの面から、当面は優良な提携先からのオファーのみとする。

> ここでは販売計画上の優先順位について理由を明確にしたうえで記載している

❶ OnePoint

ビジネスモデルの説明は難解になりがちですから、できるだけビジュアルに配慮して読みやすさを追求したほうがよいでしょう。事業計画書は第三者にも見てもらうものですから、わかりやすさがとても大切です。

事例編・BtoB

参考資料) 有償ダウンロード版の課金システムについて

マーケットが配信手数料を課金する場合（T storeなど）

※アプリ価格を300円とした場合

アプリ価格	税		
¥300	¥27	9.1%	
	(税抜き価格)	開発者	
	¥273	¥136	50.0%
		Tstore/olleh マーケット手数料	
		¥82	30.0%
		代行手数料	K社
			¥28 50.0%
		¥55 20.0%	J社
			¥27 50.0%

マーケットが配信手数料を課金しない場合

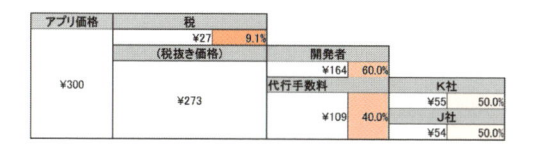

アプリ価格	税		
¥300	¥27	9.1%	
	(税抜き価格)	開発者	
	¥273	¥164	60.0%
		代行手数料	K社
			¥55 50.0%
		¥109 40.0%	J社
			¥54 50.0%

→ 難解になりがちな個所については、読み手の理解を促すための図や表を適宜盛り込めるとベター

◻ Check Point

　事業計画書は「プレゼンテーション資料」であることを忘れてはいけません。事業のストロングポイントはより強調することが必要ですし、成功に向けた将来の道しるべを示すことも求められます。現在の市況や市場の動向などが、そのビジネスモデルにどんな影響をもたらすのか、ポジティブな予測をするならいかに説得力をもってアプローチできるかがカギとなります。そのために、客観的なデータとしての「数値」をうまく使っていくことはとても重要です。

　また、複雑に絡み合った事実、前後関係があるもの、時系列で説明しなければわかりにくいものなど、第三者からすると理解するのが難しい事柄については、「図や表」などを適切に用い、できるだけ読み手がすんなり理解できるような工夫をしていったほうがよいでしょう。

　本来、ドキュメントというものは、時期をズラしてあとから読み返しても、きちんと理解できるようになっていなければその目的は達成されません。この点に配慮することも重要です。

BtoB 4 ソーシャルに特化したコンサルティングの事業計画書

事業プラン名

ソーシャルメディアコンサル事業

■ 事業の背景

　インターネットにおける口コミの中心となっているソーシャルメディア。ソーシャルメディアをうまく活用することは、今後のビジネスで重要なファクターになるとの共通認識がありますが、現段階でこれを実現できている企業は多くありません。ソーシャルメディアに関するコンサルティングを求める企業のニーズは今後増加していく可能性があります。

■ 事業内容

　ソーシャルメディアにおいて口コミを広めるのに最も適しているFacebook。Facebookを中心に広告モデルのコンサルティングを行うとともに、Facebookページや広告の制作も請け負います。その他、顧客からの要望があれば、WEBでの集客に関し、コンバージョン率を高めるホームページの制作やランディングページの適正化など幅広く対応していきます。

■ 事業計画書のキモ

➡ ここでは、「顧客獲得と販売戦略」がキモ

- コンサルティングに原価はないので、いかに価格＝満足につなげるか
- 他の商品やサービスに比べて顧客獲得コストが多く必要
- ダウンセルやクロスセルの仕組みなど販売戦略が重要になる

🔘 ➡ 📁 事例編 ➡ 📁 BtoB ➡ 📄 BtoB-04

2．事業の内容

- 事業概要

  ソーシャルメディアにおいて口コミを広めるのに最も適しているFacebookを中心に広告モデルのコンサルティングを行うとともに、広告制作なども請け負う。

  その他クライアントからの要望に応じて、ホームページやランディングページの制作、広告運用など、WEBでの集客全般に関して幅広く対応していく。

- 商品・サービスの説明

  ・ソーシャルメディアコンサル（法人・個人）
  ・Facebookページ制作・運営
  ・Facebook広告制作・運営
  ・Twitter情報配信運営
  ・ランディングページ適正化（LPO）
  ・コンバージョン率を高めるためのホームページ適正化

- ターゲット顧客の説明

  インターネットにおいて直販を考えているメーカーや小売店。
  当面は中小零細企業がメインターゲットとなる。

> コンサルティングという形のないサービスである以上、売り物は明確に記載する

3．市場環境

- ターゲット市場の規模・特徴

  現在のインターネットビジネスにおける商取引規模は、平成23年度の調査において企業間取引（BtoB）では「258兆円」、本事業にとってのターゲットとなる消費者向け取引（BtoC）でも「8.5兆円」となっている。

- ターゲット市場における競合状況

  ソーシャルメディアにおけるコンサルティングをビジネスとする企業・個人は相当数にのぼるため競合はかなり多く存在していると考えられる。

  しかし、それらは広告におけるノウハウやテクニックをメインにしたものや、WEB制作を中心としているものが多く、ソーシャルメディアにおいて最も重要な「データ連携」や「システム連動」といったシステムに関するナレッジが乏しい業者が多い。そのため、それらとの差別化は十分に図れるものと思われる。

- ターゲット市場の今後の展望

  平成18年度調査での消費者向け取引の市場規模「4.4兆円」に比べ、現在は前述のとおり「8.5兆円」と取引額は約2倍に拡大しており、今後も市場規模は膨らんでいくものと考えられる。
  これは、大手企業だけでなく、中小零細企業の参入も著しい結果であり、本事業のターゲットとなる企業は今後も増えていくものと思われる。

> ターゲット市場の展望については、より説得力をもたせるには何が必要かという視点から記述したい

4．競合優位性

- 当社の優位性について

ソーシャルメディアにおいて最も重要であるのは、「データ連携」や「システム連動」といったシステムに関するナレッジ。

当社は、システム開発やITコンサルをメインとする企業であり、システムにおける知識や経験には一日の長がある。

また、すでに当社の取引企業に対して展開している消費者向けサービスにおいても、少額のコストでFacebookページなどで多くの「いいね！」を獲得していたり、金額面でもネット上の取引で4000万円以上の成約実績を上げている。

これらの実績を上げるに至ったノウハウには、システムに関する知識が必須であり、同時に、これまで蓄積してきたマーケティング手法などのナレッジもあり、他社に対して確固たるアドバンテージを構築している。

> ビジネスモデルにおいて優位性や差別化は外せない要素。これまでに残してきた実績なども含め、より客観的な情報を記載したい

5．ビジネスモデル

- ビジネスモデルの説明

1．販売戦略（＝顧客獲得）

コンサルティングビジネスにおいて一番重要なファクターとなる「顧客獲得」。
この部分についてもコストパフォーマンスが期待できるソーシャルメディア、およびWEB集客を活用する。

- SEO対策やPPC・Facebook広告、ソーシャルメディア戦略によるWEB集客
- ランディングページや無料動画セミナーなどの仕組みにより集客した顧客のリストを作成
- 有料セミナーへの誘導

また、以上のことは、マーケティングにおける自社の実績アピールに活用するという狙いもある。

2．商品開発（＝商材設定）

最終的なエンド商材はソーシャルメディアコンサルティングになるが、売上の取りこぼしを避けるため、ダウンセルやクロスセルを行うための次のような商材も合わせて準備しておく。

- SEO対策ソフト
- ホームページ／ランディングページ／Facebookページ制作
- ブログ集客ツール

> 顧客獲得までのコストが大きい場合には、販売戦略上、顧客を逃さないためのダウンセルプランや客単価を上げるためのクロスセルプランを用意しておいたほうがベター

ⓘ OnePoint

コンサルティング業は顧客獲得コストがかさみます。それはIT分野のコンサルティングも例外ではなく、顧客獲得コストに見合う売上を生み出せなければ成立することはできません。

事例編・BtoB

6. マーケティング・販売計画

- **マーケティングプラン**

  基本的な戦略は「WEB集客＋リアルプレゼンテーション」であり、いかに多くの人に本事業のサービスを認知・理解してもらえる機会を増やせるかにかかっている。

- **販売計画**

  コンサルティングという特性上、成約までには、いくつかのステップを重ねる必要がある。

  1. 見込み客リスト作成
  - ソーシャルメディアや広告、SEO対策などで集客するための仕組みを構築
  - 「無料動画セミナー」「無料メルマガ」などで見込み客リストを作成

  2. 顧客化への対応
  - セミナー、個別セッションなどの導入により直接プレゼンテーションを実施できる場を設ける
  - アップセルを行い、顧客化を加速させる仕組みをつくる

  3. 成約までのプロセス（顧客化）
  - 必ずしもコンサルティングにはこだわらずに成約を目指す
    （ダウンセルなどによる成約をメインとする。まずは顧客化することが重要なため）

  また、サービスに関しては、地域性に左右されないため地方都市へのマーケティングも積極的に行う。ただし、当面はコストパフォーマンスの観点から東京近郊のみの活動とする。

> ビジネスモデルの特性を踏まえて、販売計画として具体的にどのようなプランを想定しているのかを明確にしておく

☐ Check Point

　コンサルティング業は、仕入や在庫が不要で、初期費用やランニングコストも一部を除いてほとんど必要ありません。この部分だけを取ると、物流業、小売業、製造業などからすれば夢のような商売だと感じるかもしれません。

　しかし、確実に初期費用やランニングコストはかかります。それは「顧客を獲得するための広告費や営業などのコスト」です。

　コンサルティング業は、事前に多くの「顧客獲得コスト」が必要になります。これは、地代家賃や仕入などとは違って必須な費用ではありませんが、多くの売上（＝利益）を生み出すためには確実に必要となる費用です。

　この費用に見合う売上を立てるという視点から、顧客を逃さないため、あるいは顧客単価を増やすためのダウンセル・クロスセルを行える商品を準備しておくことはコンサルティング業にとってとても重要なファクターになります。

Column

「BtoBのITサービス」で新たな事業を目指す方へ

　この分野で起業しようとすると、多くの場合、他社からシステムを仕入れるASPやパッケージソフトの代理店販売、もしくはコンサルティングのような事業内容になるのではないかと思います。

　起業したからには、「独自のサービスを」と考えるのは自然です。

　しかし、「独自のITサービス」を構築しようとするなら、最低でも数千万円単位の予算が必要となり、ましてや企業向けともなれば、セキュリティや法務などのリスクをはじめとしてさまざまな考慮が求められ、予算はとてつもない規模になってしまうでしょう。

　子会社としてスピンオフでもしない限り、これらの資金を自己資本や創業時の融資などで実現するのは、かなりハードルが高いでしょう。

　独自のITサービスを生み出す……これこそが一番の課題であり、最大の難関であると思います。

　「自分はエンジニアだから、自ら開発すればコストを抑えられる」。そういう方もいるでしょうが、ここには注意が必要です。私自身もそうでしたが、エンジニアはどうも「システム構築」に満足感を覚え、「ニーズやマーケット」に鈍感になってしまうきらいがあるようです。

　私はエンジニア引退後にあるサービスを企画し、数百万円規模の予算を組んでシステム構築をしましたが、結果として「売上がまったくゼロ」という経験をしました（私はエンジニア仲間の間では「商売人」といわれていたのですが）。

　原因は、「マーケット」を把握していなかったことにあります。実は、そのサービスはいまでは数社が手がけて、きちんとマネタイズされていたりします。リリースする時期が早すぎたのでしょうね。

　きちんとマーケットを見極めること、そして市場をにらみながら初期投資を抑えてスタートすること。この二点はとても重要だと思います。

　よく経営者が「これは先行投資だ」と口にしますが、実はこれが一番後悔することが多いパターンです。よくよく気をつけてください。これまでに後悔がたくさんある先輩起業者からのささやかな助言です。

事例編 9

BtoCの
インターネットサービス
の事業計画書

author

大槻 貴志（おおつき・たかし）ドリームゲートアドバイザー

企画経営アカデミー株式会社 代表。
中学のときから新規事業づくりの妄想にふけるようになり、28歳で実際に起業してからは、常に新規事業に挑戦し続けている。日本ではじめて空間演出専門の動画ダウンロード販売サイトを立ち上げたほか、多数のインターネットサービス事業の立ち上げに関わる。
心理学と成功起業家のエッセンスを掛け合わせた独自の新規事業創出のメソッドを開発。体験学習スタイルのワークショップを通して、多くのベンチャー起業家の輩出に成功。卒業生は10億円以上の事業売却に成功した者や、500万ダウンロードのアプリ開発に成功した者、日本だけでなく、北京、シンガポール、タイ、ベトナム、ニューヨークなど、世界各国で起業し活躍中。年間300人以上の起業志望者と直接会い、人間性中心の新規事業立ち上げ支援を行っている。

起業・経営相談はこちら：
http://profile.dreamgate.gr.jp/consul/pro/kikaku_keiei

BtoC 1 風呂好きに新しい価値を届けるための事業計画書

事業プラン名

日帰り入浴施設口コミポータルサイト運営事業

▶ 事業の背景

1. 2009年に1万5000人を対象に行われたアンケート調査では、6割の人が年に1回はスーパー銭湯などの入浴施設に通い、さらにその中の4割の人は年に数回、1割は月に数回以上通うなど、お風呂好きの人が多い
2. 温泉や入浴施設の検索サイトは複数存在するが、お風呂好きが入浴自慢を披露できるようなサイトはない
3. 自分（事業の代表者）の周りで大勢のお風呂好きがコミュニケーションできるようなサイトもない

▶ 事業内容

　銭湯ファン、温泉ファンが自分の入浴した施設の感想などを投稿できるポータルサイトを制作します。風呂好きの風呂好きによる風呂好きのためのWEBサービス。マネタイズは広告モデルを想定しており、入浴施設を訪れた顧客を周辺の飲食店に誘導し、飲食店から広告費をもらう形で売上を上げます。

▶ 事業計画書のキモ

➡ ここでは、「参入障壁（他社に対しての強み）」がキモ

- 代表者が温浴施設愛好家のコミュニティに入っている
- Facebookおよびmixiと連動できるシステムを開発済み
- 全国温浴施設のデータを自社サービスに取り込むことができ、すぐにでも施設一覧をつくることができる

💿 ➡ 📁 事例編 ➡ 📁 BtoC ➡ 📄 BtoC-01

温浴施設の入場者数

■温浴施設の数と傾向

- 厚生労働省の調べによると、公衆浴場の施設数は全国約25,000箇所
- 平成23年度のデータによると、温泉を使った公衆浴場は7,902軒（宿泊施設型を除く）
- 一般公衆浴場の銭湯は減少傾向にある
- 2009年にマイボイスコムが15,000人近くに行ったアンケートでは、6割の人が年に1回はスーパー銭湯などの入浴施設に通い、4割の人は年に数回、月に数回以上通う方も実に1割近くいた
  利用している施設は「スーパー銭湯」が55%でトップ、次位は「温泉」で53%〈複数回答〉

■月間キーワード検索数（Google AdWordsのみ）

「銭湯」	450,000
「スーパー銭湯」	9,900
「入浴施設」	3,600
「温泉」	6,120,000
「日帰り温泉」	18,100

> 立ち上げようとしているビジネスに関して、すでに他社が参考になるリサーチをしていることがある。お金と時間を使わずに顧客の動向を知ることができるので、こういった情報は積極的に探していく

ビジネスモデル（マネタイズ）

■ビジネスモデル

（図：スーパー銭湯株式会社、ユーザー、温浴施設周辺の飲食店の関係図）
- スーパー銭湯株式会社 → ユーザー：・入湯自慢投稿機能／・温浴施設の検索機能
- ユーザー → スーパー銭湯株式会社：温浴施設入湯レポート
- スーパー銭湯株式会社 → 温浴施設周辺の飲食店：顧客の誘導
- 温浴施設周辺の飲食店 → スーパー銭湯株式会社：マーケティング費
- ユーザー → 温浴施設周辺の飲食店：飲食代
- 温浴施設周辺の飲食店 → ユーザー：風呂上がりのおいしい食事とお酒

本ビジネスは、温浴施設周辺の飲食店をクライアントとする、広告型のビジネスモデルを考えている。
温浴施設愛好家による口コミをメインコンテンツとし、公平な見せ方をするために温浴施設側からの広告は一切受けつけない。
一方で、ユーザーが温浴施設を検索したときには、その周辺で食べられる飲食店を紹介し、風呂上がりに立ち寄るように誘導する。
飲食店側からは、月額契約のスペース広告費またはクーポン販売などによる広告収入を得る。

> ビジネスモデルを考えるとき、サービスに直接関係しないターゲットが収益を生む可能性がある。温浴施設そのものではなく、周辺の飲食店をターゲットにすることにより、他社のビジネスモデルと差別化できることを明らかにしている

❗ OnePoint

すでに似たようなサービスがあるBtoC向けのビジネスでは、他のサービスとは違う価値を消費者にどのように提供するつもりなのか、データとともに明示する必要があります。

参入障壁（他社に対しての強み）

- 代表がすでに500人近いメンバーが所属している温浴施設愛好家のコミュニティに入っており、サービス立ち上げ後すぐに投稿してくれる人を集められる
- Facebookおよびmixiのグループと連動できるシステムを開発済みで、すでにある温浴施設愛好サークルを、こちらのサービスに呼び込める
- 全国温浴施設のデータを自社サービスに取り込む方法にメドが立っており、すぐにでも施設一覧をつくることができる
- 温浴施設愛好家30人に本企画へのヒアリングを実施したところ、その反応がよく、ほぼ6割の人からサービスを使ってレビュー記事を書いてみたいという反応が得られた

> 代表者がそのビジネスのターゲットとつながりをもっていることは大きな強み。自分はビジネスのターゲットとどのような関係をもっているのか、あらかじめ考えておくとよい

サービス立ち上げに必要な費用

項目		必要金額	内容	※備考
①開発費用 WEBサービス開発のための必要な初期費用	サーバー設定費	30万円	WEBサービスを稼働させるためのサーバー設計、環境構築費	レンタルサーバーの場合は初期費用込み
	システム開発費	300万円	WEBサービスの構築にかかるプログラミングに関する費用	
	デザイン費	50万円	WEBサービスのデザインに関する費用	
	コンサルティング費	100万円	システム全体のコンサルティングに関する費用	外部に依頼しない可能性あり
②ランニングコスト サービスの維持に必要な月額の費用	サーバー代	5万円/月	レンタルサーバーなどのサーバーに関わる費用	
	サーバー管理費	20万円/月	サーバーを管理してくれるエンジニアへの費用	
	システム管理費	20万円/月	システムを管理してくれるエンジニアへの費用	
	コンテンツ管理費	30万円/月	コンテンツを管理するための人件費など	外部に依頼しない可能性あり
③マーケティング費 サイトの広告宣伝、営業に関する費用	広告費	50万円/月	リスティング広告、ディスプレイ広告、SNS、ブログなどへの広告費用	
	SEO対策費	20万円/月	特定キーワードに対する検索順位対策費用	
	広報費用	3万円/月	プレスリリース配信など、メディア掲載のためにかかる費用	
	営業費用	50万円/月	営業代理店獲得のための必要経費	

> マーケティングに関する費用が考えられていないケースを目にすることがある。どのようにお金をかけて顧客を獲得するつもりなのか試算しておく

> インターネットサービスの事業計画で大事なのは収益予測よりも費用の見積もり。システム開発は予想していなかったところで費用がかさみ、予想以上のスピードでキャッシュが悪化する可能性があるため。できるだけ細かく予算の見積もりを出しておくこと

事例編・BtoC

事業転換のポイント

①サイトアクセス数がまったく伸びない
→SEO対策の仕方を再検証し、ライバルのサイトよりも上位に食い込むために予算を追加するかどうか検討する。さらに口コミ効果でのアクセスアップができないか、キャンペーンなども考える

②思ったよりもユーザー投稿数が伸びない
→サイトアクセスがあるにもかかわらずレビュー数が増えない場合には、ユーザーにとってレビュー記事を書くことに価値があるのか、ヒアリングし直す

③飲食店側がなかなか出稿してくれない
→飲食店側にとっては、そのサイトに広告出稿の価値があるのか見極めるのに時間がかかる場合がある。場合によっては、出稿以外の収入源を検討し、別のマネタイズプランも検討する

④飲食店側への営業単価が高すぎる
→当初見積もっていた以上に1店舗あたりの成約コストがかかってしまう場合には、その費用が将来回収できるのか計算し直す。また、効率的に飲食店側に営業できる企業がないか検討する

> インターネットサービスは計画どおり物事が運ばないことがほとんど。リスクが起きてから慌てるのではなく、事前にリスクを予想しておき、対処方法まで考えておく。事業計画書に記載することによって、見る方も安心して関わることができる

☐ Check Point

　BtoCのインターネットサービスで広告型モデルのビジネスモデルを考える場合、アクセス数が収益に直結してきますので、どれだけより多くのアクセス数が見込めるのか、アクセス獲得のためのプランニングが大事になってきます。また、広告を出稿してくれるクライアントを獲得するための費用もポイントです。ネットビジネスだから営業しなくても大丈夫、というのは間違いで、営業人件費、もしくは営業代行会社への支払手数料が大きくなってしまうケースもありますので、事前に見積もっておくことが必要です。

　さらに、BtoCのインターネットサービスは、サービスがうまく立ち上がり、世間的な知名度が上がると、似たようなサービスで新規参入してくる企業が続出することがあります。過当競争に巻き込まれないための参入障壁は何か、あらかじめ考えておかなければなりません。

BtoC 2　ニッチなネットオークションの事業計画書

事業プラン名
不用品買取専門オークションサイト運営事業

事業の背景
1. インターネットオークションの市場規模は2012年には8000億円を突破、まだ年々伸びている
2. オークション販売代行サービス業者、リサイクル業者は販売するためのモノの仕入に苦労しており、売り物を効率的に集められていない
3. ネットオークションで不用品を処分することはできるが、手間がかかるのと、売れ筋しか売れないため、もっと手軽に処分する方法はないかと考えた

事業内容
　リサイクル業者、廃品回収業者、オークション代行業者などの企業が目当ての不用品を手に入れられるサイトを制作。出品者は自宅にある、売れなさそうな不用品を出品することができ、処分費用を抑えることができます。マネタイズは、不用品を買い取りたい事業者からのサイト使用料と出品者からのオークション手数料を徴収するモデルを想定しています。

事業計画書のキモ
➡ ここでは、「参入障壁（他社に対しての強み）」がキモ
- 買取業者とのネットワークから、彼らがどういった不用品をほしがっているのか情報をもっている
- 業者のみが入札できるため、他のオークションサイトではクレームになりそうな品物でも取り扱うことができる
- 高く売りたい人ではなく、処分することを第一目的としている人をメインターゲットとし、他のオークションサイトとすみ分ける

◎ ➡ 📁 事例編 ➡ 📁 BtoC ➡ 📄 BtoC-02

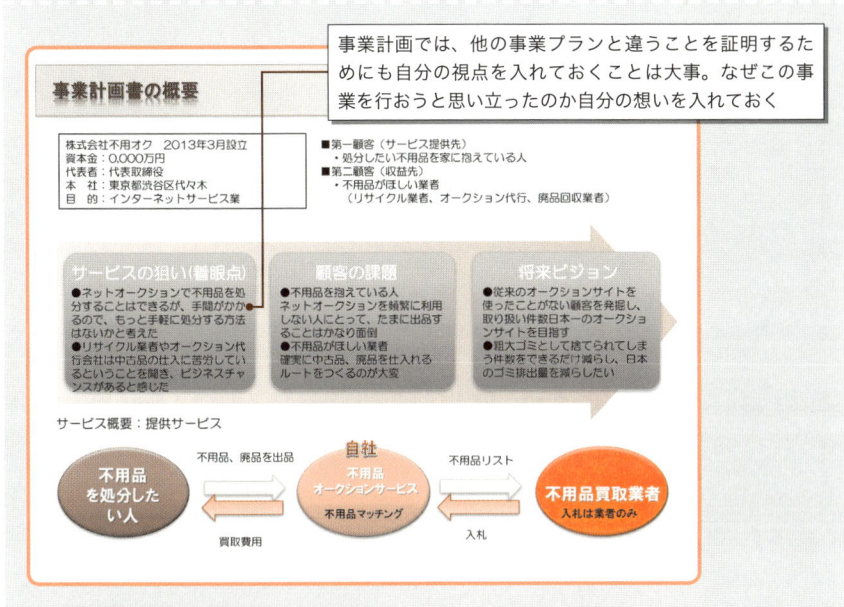

事業計画書の概要

株式会社不用オク　2013年3月設立
資本金：0,000万円
代表者：代表取締役
本　社：東京都渋谷区代々木
目　的：インターネットサービス業

- 第一顧客（サービス提供先）
  - 処分したい不用品を家に抱えている人
- 第二顧客（収益先）
  - 不用品がほしい業者
    （リサイクル業者、オークション代行、廃品回収業者）

> 事業計画では、他の事業プランと違うことを証明するためにも自分の視点を入れておくことは大事。なぜこの事業を行おうと思い立ったのか自分の想いを入れておく

サービスの狙い（着眼点）
- ネットオークションで不用品を処分することはできるが、手間がかかるので、もっと手軽に処分する方法はないかと考えた
- リサイクル業者やオークション代行会社は中古品の仕入れに苦労しているということを聞き、ビジネスチャンスがあると感じた

顧客の課題
- 不用品を抱えている人
  ネットオークションを頻繁に利用しない人にとって、たまに出品することはかなりの面倒
- 不用品がほしい業者
  確実に中古品、廃品を仕入れるルートをつくるのが大変

将来ビジョン
- 従来のオークションサイトを使ったことがない顧客を発掘し、取り扱い件数日本一のオークションサイトを目指す
- 粗大ゴミとして捨てられてしまう件数をできるだけ減らし、日本のゴミ排出量を減らしたい

サービス概要：提供サービス

不用品を処分したい人 ⇄ 自社 不用品オークションサービス 不用品マッチング ⇄ 不用品買取業者　入札は業者のみ

不用品、廃品を出品　／　買取費用　／　不用品リスト　／　入札

リサイクル、不用品市場

■リサイクル業界規模
- 市場規模　1,926億円（平成23年度）
- 古物商許可件数（警察庁発表）
  古物商許可数、古物市場主許可数合わせて、713,064件（平成23年末）
  前年比14,395件の増加

■インターネットオークション市場

8,259億円（野村総合研究所　2012年度予測）
- Yahoo!オークション　　会員数約700万人
- ビッダーズ（モバオク）　会員数約650万人
- 楽天オークション　　　非公開

> 参入しようとしている市場の大きさをはっきり示すことで、この先の事業の成長性を明らかにする

■月間キーワード検索数（Google AdWordsのみ）

「不用品　買取」	2,230
「不用品　回収」	21,160
「買取　リサイクル」	8,230
「古着　買取」	18,700
「出張　買取」	3,000
「オークション　代行」	5,830
「楽天　オークション」	467,880
「ネットオークション」	11,550

ⓘ OnePoint

ありそうでなかったようなビジネスモデルを考えた場合によくあるのが、自分の中では使いたいサービスだと思っても、消費者が振り向いてくれないということ。自分の視点だけで終わらずに、しっかりとした事業の事前検証が必要です。

参入障壁（他社に対しての強み）

■ 自社がもつ強み
- 事業メンバーに大手オークションサイトで働いていた人間がおり、オークションに関する運営ノウハウが社内にある
- 買取業者とのネットワークから、彼らがどういった不用品をほしがっているのか、その傾向に関する情報をもっている

■ 他社との差別化
- このサービスでオークションに参加できるのは業者のみである。そのため、他のオークションサイトではクレームになりそうな品物でも取り扱うことができる
- このサービスでは、他のオークションサイトのように高く不用品を売りたい人ではなく、処分することを第一目的としている人をメインターゲットとする
- 入札側が買取業者であるため、出品物の綺麗な写真やしっかりした説明文がなくても、スペックや外観、最低限の必要事項さえあれば取引が成立する仕組みをつくる

> 既存のサービスが参入したくても参入できない理由を参入障壁として記載している

収益構造と今後の目標

■ 収益構造

ユーザー　落札手数料 5％　　　サービス使用料 月/5,000円
　　　　　　　　　　　　　　　　ゴールド会員（優先入札権利）月/20,000円〜　　買取業者

ユーザー登録　投稿数　　　　　目標契約数
　　　　　　　　　　　　　　　古物商許可取得業者のうち1万業者が最初の目標

> どういったオプションによってさらなる収益を上げるつもりなのか考えておく必要がある

■ 今後の目標

【1年後】
- ユーザー数： 50,000人
- 出品数： 1万点
- 業者数： 100社
- 売上： 5,190千円
- 利益： 0千円

【3年後】
- ユーザー数： 500,000人
- 出品数： 80万点
- 業者数： 2,000社
- 売上： 800,000千円
- 利益： 80,000千円

【5年後】
- ユーザー数： 2,000,000人
- 出品数： 400万点
- 業者数： 10,000社
- 売上： 2,000,000千円
- 利益： 500,000千円

> 収益構造を考える際には売上目標達成の目安となる顧客獲得数を入れておく

事業転換のポイント

①利益が出る前にキャッシュが尽きそう

→サービス利用者数が想定以上に増えて、収益以上にシステム維持費がかかってしまう場合には、先に出資など新たな資金調達の道を見つけ、サーバー増強などのコスト出費に備える

②アクセスに対して思ったよりも出品数が伸びない

→サイトアクセスに対して出品数が伸びない場合には、何が出品側の心理的障壁になっているかリサーチし、ユーザーインターフェースの見直しを図る

③思ったよりも落札金額が少なく利益が出づらい

→落札金額に対する手数料の見直しをするか、落札手数料を柱とするビジネスモデルを改め、買取業者からの手数料を上乗せできるか見直す

> 消費者向けインターネットサービス事業では、人気が出るとサーバー代や通信費などの費用で利益が出なくなることがある。人気倒産とならないように、これらサービスに関する維持費をどうやって捻出していくのかあらかじめ計画を立てておく

■ Check Point

インターネットサービスは、提供する機能が同じでも、ターゲットとする顧客を他社と変えるだけで、他社のサービスと差別化することができます。自分が考えた事業アイデアの顧客は誰か、必ず意識するようにしましょう。

また、オークションなど、多数のユーザーが参加し、同時に多くのデータを扱うようなシステムは、ユーザー数が増えれば増えるほど、サーバーへの負荷が高まります。せっかくユーザー数が増えても思った以上にサービスの維持費がかかってしまい、当初予定していた利益がまったく上がらないケースがあります。このような大規模なサービスを運営する場合には、実力のあるエンジニアを事業パートナーとして迎えるなど、運営面のコスト管理をできるかが一つのキーになります。

BtoC 3 バンド活動、音楽スタジオ活性化の事業計画書

事業プラン名

バンド活動支援サービス運営事業

▶ 事業の背景

1. 国内の楽器市場は年々縮小しているが、社会人バンド活動など、中高年でバンド活動を再開する人たちが増えている
2. 音楽スタジオはどこも稼働率の低さに悩まされ、また経営が零細化している。昔お世話になった音楽スタジオの経営を助けたい
3. バンドメンバー募集サイトは数多くあるが、バンド活動を支援するサイトはほとんどない。バンド活動家向けのグループウェアを提供すれば取り込める可能性があると考えた

▶ 事業内容

　バンド活動家、音楽スタジオのための、バンド活動支援サービス。バンド活動支援機能としてバンドメンバー用のグループウェア機能を提供し、音楽スタジオにはスタジオ予約管理システムを提供します。マネタイズは、スタジオ予約管理ASPサービスを音楽スタジオに提供することによる売上と、クーポン販売の手数料ビジネスから成ります。

▶ 事業計画書のキモ

➡ ここでは、「初期開発費を下げること」がキモ

- できるだけオープンソースを使い、一からの開発としない
- あまりつくり込まず、最小限の機能でリリースする
- WEBの最新技術を使い、一度の開発でPC向けとスマートフォン向け両方を同時に開発する

→ 事例編 → BtoC → BtoC-03

事例編・BtoC

競合他社の状況

■すでに運営されている他のサービスについて

サイトイメージ	サイト名 サイトURL	運営企業/ 提供サービス	コンセプト	ビジネスモデル	特徴
サービスの スクリーン キャプチャ	○○ASP http://www.aaaaaaaaaa	A社 音楽スタジオ情報	全国の音楽演奏ができる場所をあまねく紹介	・アフィリエイト ・ディスプレイ広告	音楽スタジオだけでなく、ライブハウスまで、全国のあらゆる楽器演奏ができる場所を紹介している
サービスの スクリーン キャプチャ	○○スタジオ http://www.bbbbbbbbbb	B社 音楽スタジオ情報	楽器からレッスン情報まで、楽器演奏者を支援	・ディスプレイ広告 ・紹介手数料	楽器店の情報や音楽教室の情報が充実しており、どちらかというと、音楽スタジオの紹介は付随的なサービスとして提供している
サービスの スクリーン キャプチャ	○○? http://www.cccccccccc	C社 バンドメンバー募集 バンド活動報告	バンドメンバー募集 ソーシャルメディア	・アフィリエイト ・広告出稿モデル	メンバー募集をしているグループの検索や、ライブ活動の報告などができる。ただ、投稿にスパムが多く、サイト管理がされているか不明

> インターネットサービスは似たような既存サービスがあることがほとんど。ここでは数社の競合サービスしか記載していないが、調査したサービスはできる限り記載しておくことが計画書の信頼性につながる

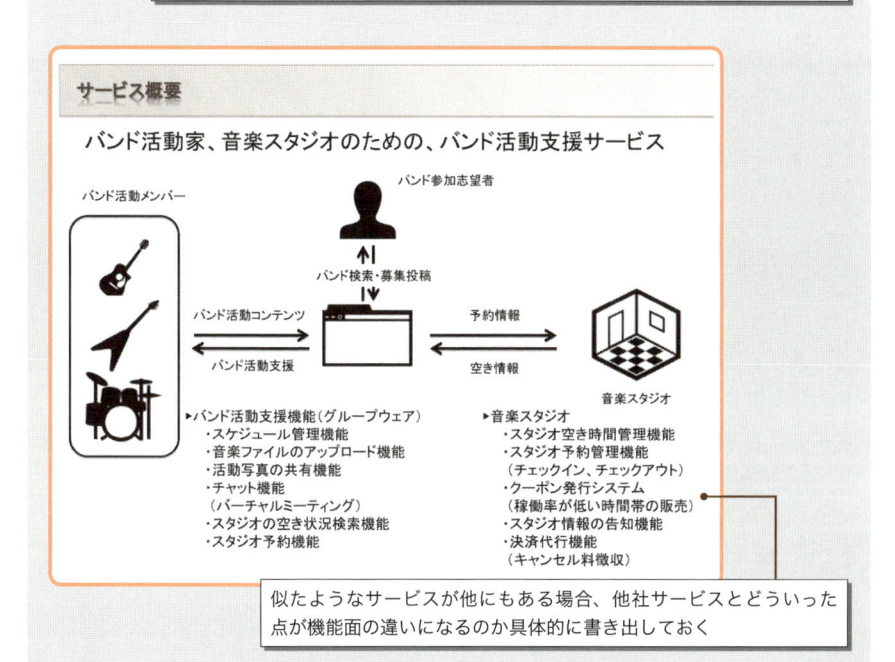

サービス概要

バンド活動家、音楽スタジオのための、バンド活動支援サービス

バンド活動メンバー　　バンド参加志望者　　　　　　　　　　音楽スタジオ

バンド検索・募集投稿
バンド活動コンテンツ　　　　　　　　　予約情報
バンド活動支援　　　　　　　　　　　　空き情報

▶バンド活動支援機能(グループウェア)
・スケジュール管理機能
・音楽ファイルのアップロード機能
・活動写真の共有機能
・チャット機能
　(バーチャルミーティング)
・スタジオの空き状況検索機能
・スタジオ予約機能

▶音楽スタジオ
・スタジオ空き時間管理機能
・スタジオ予約管理機能
　(チェックイン、チェックアウト)
・クーポン発行システム
　(稼働率が低い時間帯の販売)
・スタジオ情報の告知機能
・決済代行機能
　(キャンセル料徴収)

> 似たようなサービスが他にもある場合、他社サービスとどういった点が機能面の違いになるのか具体的に書き出しておく

193

既存サービスとの差別化ポイント

- 他社の音楽スタジオ検索サイトのほとんどが、検索できることを価値としており、場所の紹介程度の価値しか提供していない。そのため、借りようとするスタジオの空き状況を確かめるにはいちいち問い合わせなくてはいけない
  → 本サービスでは、候補スタジオの予約までサイトでできるようにし、バンドメンバーがすぐに練習場所を決められるようにする

- バンドメンバー募集サイトのほとんどが、零細経営のせいか、広告表示が多く、目的の情報が見つけづらい状態になっている
  → 音楽スタジオからのマネタイズをメインとするため、できるだけ関係のない広告表示を減らし、バンド活動支援に特化したサイトにする

- ソーシャル機能のあるバンドメンバー募集サイトはあるが、掲示板機能程度のものしかなく、バンド活動に必要な情報共有までできるところはない
  → バンド活動に特化したグループウェア機能を提供し、バンド活動をするうえで必要なスケジュール管理、音楽データ管理などを簡単にできるサービスを提供する

> 他のサービスでは何が起きているのか、企画者が気づいた現状と問題点をはっきり示す

初期開発費を下げるためのポイント

市場規模が小さく、またITリテラシーが低い音楽スタジオ業界において、このシステムが広く導入されるかわからないため、初期の開発費をできるだけ圧縮することを考えておく

- ▶ オープンソースをできるだけ使い、一から開発をしない
  → グループウェアや予約管理機能など、できるだけ既存の使えるソースを探し、開発期間の短縮とコストの低減を図るようにする

- ▶ 最小限の機能でリリースする
  → 最低限ユーザーが使える段階になった時点で一般公開し、運営しながら徐々に開発をしていくスタイルをとっていく

- ▶ HTML5を使い、PCとスマートフォン両方に対応できるようにしておく
  → スマートフォンの専用アプリをつくらなくても、PCとスマートフォン両方でシステムを使えるようにしておき、スマートフォンのために開発費を別途かけるようなことはしないようにする

> システム開発では、一からコストをかけて開発しなくても既存のシステムを流用できるケースが多々ある。事業計画の段階で、流用できるシステムがないか調べておくことはコスト削減につながる

> IT系の事業では最低限の機能をもった商品（MVP）をまずつくり、そこからテストを繰り返していくことがよくある

❶ OnePoint

ASPをベースとしたビジネスモデルの場合、システムに価値があっても、対価を支払う企業がなかなか新規のシステムを導入してくれないことがあります。導入障壁をどう取り払うかがカギになります。

事業転換のポイント

①音楽スタジオ側がシステムをなかなか導入してくれない

→何が導入にあたっての障壁かよくヒアリングを行い、システム導入によって運営コストの低減と顧客獲得率がUPする資料などを用意する。さらにお試し期間などを設けて、導入しやすくする

②バンドメンバーのグループウェア利用が伸びない

→データの移行などが面倒で、代替サービスからの乗り換えが進んでいない可能性がある。その場合には、データ移行をラクにするツールなどを提供し、簡単に乗り換えができることをPRしていく

③ライバルが似たようなサービスを提供してきた

→ライバルが自社のサービスに追いつけないように、技術者を新たに雇い入れ、開発スピードをUPする方法を考える。開発スピードUPによってコストがかさむようであれば、資本増強をして対抗することも検討する

> インターネットサービスでは、企画者が便利だと思っても、導入にあたっての心理的障壁によりユーザーが導入してくれないことがよくある。リスクへの備えを準備しておきたい

☐ Check Point

　ユーザーにとってより便利になるから、という理由でシステムへの機能追加をいたずらに行っていくと、システム開発費はどんどん膨らんでいきますし、機能が多すぎて逆に使いづらいという状態が起こることもあります。多くのユーザーに使ってもらうシステムは、開発の終わりが明確にあるわけではありません。つくろうと思えばいくらでもお金をかけて、どこまでもつくり込むことができます。開発を進めていくうえでのコスト管理はシビアすぎる、ということはありません。

　また、BtoCのインターネットサービスでは、期待していたよりも顧客の反応が薄く、サービスを使ってくれないことはつきものです。少しずつ開発し、完成版を提供する前にβ版として顧客に繰り返しテストをお願いしていくことも大事です。

BtoC 4 フリーミアムなサービスの事業計画書

事業プラン名

ゴルフ オンラインコーチサービス運営事業

事業の背景

1. ゴルフ人口は年々減少しているものの、2007年を底に持ち直してきており、練習場での練習人口は920万人にのぼる
2. ゴルフは他のスポーツと比べて練習に対するニーズが高い
3. ゴルフ人口が減る一方で、レッスンプロの人数は増えているため、レッスンプロは顧客を探すのに苦労している

事業内容

　ゴルフ初心者が安価にゴルフ上達のためのサポートを受けられるサービス。スマートフォン、タブレットで練習方法に関する解説動画を見ることができ、もっと上達したい場合にはスイングの動画を投稿して、ゴルフコーチから直接スイングチェックの指導を受けられます。フリーミアムモデルで、基本使用料は無料。ある程度ステップが進むにつれて課金される仕組みを取ります。

事業計画書のキモ

➡ **ここでは、「顧客化のための動線づくり」がキモ**

- 有名レッスンプロ参加の体験練習イベントを通してメディアへの露出を図り、ハウスリストを集める
- ハウスリストに無料アプリを配布し、顧客化への動線をつける
- ゲーミフィケーション導入によりリピート率を向上させ、顧客生涯価値を高める

◯ → 📁 事例編 → 📁 BtoC → 📄 **BtoC-04**

ゴルフ市場の動向

■ゴルフ人口の数と傾向

3つの要因によりゴルフ人口が減少
- 1995年以降ゴルフ離れ進展
- 人口減少
- 若年層のゴルフ離れ

ただし、バブル以降、減少を続けてきたゴルフ人口が2007年を底に持ち直してきている

平成23年度
- コースに出て一度でもプレイした人口は約800万人
- 練習場で練習した人口は約920万人

■ゴルフ業界の市場規模（平成22年度）

2,465億円

■月間キーワード検索数（Google AdWordsのみ）

「ゴルフ　場」	65,380
「ゴルフ　予約」	49,640
「ゴルフ練習」	1,900
「ゴルフスイング動画」	8,100
「ゴルフレッスン動画」	2,400
「ゴルフレッスン」	10,680
「ゴルフスクール」	5,490

> マーケットが縮小している現状の中でプラスになる情報をつけ加えている

> 対象とすべき市場の人数が明確な場合には必ず数字を盛り込むようにする

ゴルフ練習に関するコンテンツ

■DVDコンテンツ
- ツアープロコーチ　〇〇〇〇のゴルフレッスン理論
  DVD2枚組　15,800円
- 〇〇〇〇のSingle Method
  DVD5枚組　17,800円
- 〇〇〇〇のゴルフ上達法
  DVD2枚組　12,800円

■オンライン動画
- ゴルフダイジェスト・オンライン
  GDO TV　完全無料
  http://www.golfdigest.co.jp/
  ゴルフ情報に関する総合ポータルサイト。競技情報を中心に総合的にサポート
  広告を中心としたビジネスモデル
- YouTube
  無料のゴルフレッスン動画が多数UP

■スマートフォンアプリ
- Rhythm Golf（無料）
  スイングのタイミングをプレイヤーに教えてくれるアプリ
- 内藤 雄士の必ず上手くなるゴルフ練習法（600円）
  パーゴルフ、レッスン書籍のアプリ版でレッスン動画付き
- Golf Swing Analysis and Video Feedback
  自分のフォームを録画し、フォームの改善ができるアプリ

> インターネットサービスでは、無料で代替価値を提供するサービスが存在していることがほとんど。それら無料のサービスを意識したうえで事業計画を立てていることを知ってもらうためにも、無料サービスに関してのリサーチ結果を記載しておく

サービス概要

ゴルフ初心者が安価にゴルフ上達のためのサポートを受けられるサービス

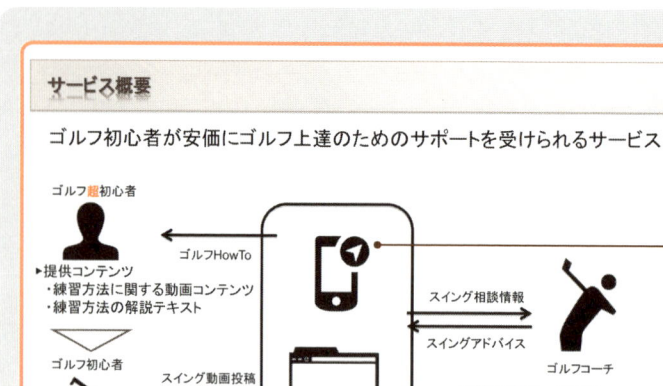

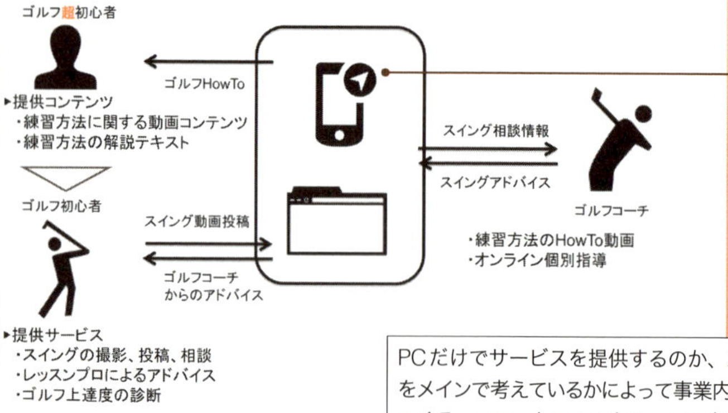

ゴルフ超初心者

ゴルフHowTo

▶提供コンテンツ
・練習方法に関する動画コンテンツ
・練習方法の解説テキスト

ゴルフ初心者

スイング動画投稿

ゴルフコーチ
からのアドバイス

スイング相談情報

スイングアドバイス

ゴルフコーチ
・練習方法のHowTo動画
・オンライン個別指導

▶提供サービス
・スイングの撮影、投稿、相談
・レッスンプロによるアドバイス
・ゴルフ上達度の診断

> PCだけでサービスを提供するのか、スマートフォンをメインで考えているかによって事業内容は大きく違ってくる。スマートフォンをベースに考えているのであれば、一見してそれがわかるように表現を工夫する

顧客化のためのポイント

ゴルフレッスンに関しては、競合他社が多い市場なだけに、新規顧客獲得に関する費用がどうしても高くなる傾向がある。顧客生涯価値を見極め、どのルートが一番顧客獲得に適しているのか戦略を練る

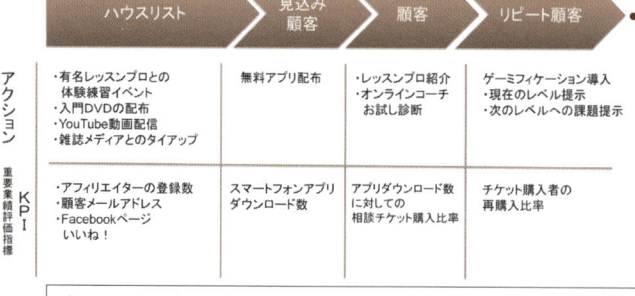

	ハウスリスト	見込み顧客	顧客	リピート顧客
アクション	・有名レッスンプロとの体験練習イベント ・入門DVDの配布 ・YouTube動画配信 ・雑誌メディアとのタイアップ	・無料アプリ配布	・レッスンプロ紹介 ・オンラインコーチお試し診断	・ゲーミフィケーション導入 ・現在のレベル提示 ・次のレベルへの課題提示
重要業績評価指標 KPI	・アフィリエイターの登録数 ・顧客メールアドレス ・Facebookページいいね！	スマートフォンアプリダウンロード数	アプリダウンロード数に対しての相談チケット購入比率	チケット購入者の再購入比率

> どのように顧客になる人を探し、顧客化への段階を進めていくのか、マーケティングステップを図示している。それぞれのステップごとにモノサシとなる重要指標を示すことによって成否の判断のポイントを明らかにしている

ⓘ OnePoint

フリーミアムのビジネスモデルは、課金ラインを見誤ると、まったく利益が出なくなってしまうケースがあります。どのようなラインで課金をしていくのか、事前にシミュレーションを繰り返し、緻密な計算をしておく必要があります。

事業転換のポイント

①ターゲットをゴルフ初心者に絞っているが、十分な顧客を得ることができない可能性がある

→初心者だけでは思ったように顧客が伸びない場合には、ゴルフ中級者に向けたマーケティングも検討する

②見込み顧客から顧客へのコンバージョン率が低い

→無料顧客ばかりで、マネタイズがうまくいかない場合には、見込み顧客への別サービスの提供による収益UPを検討する

③新規顧客獲得に費用がかかりすぎ、顧客生涯価値と比較して利益が出ないことがわかった

→オプションサービスによって顧客生涯価値を上げることを考えるか、広告費を抑えるなどして、新規顧客獲得費を下げることを考える

> マーケティング費をかけすぎて、顧客獲得ができたにもかかわらず利益が上がらないことは創業段階ではよくある。一人の顧客を獲得するのにいくら必要なのか、一人の顧客から先々どの程度の売上を上げられるのか事前に見積もっておく

◻ Check Point

　似たようなサービスが乱立する業界に参入する場合、マーケティング戦略が何よりも重要になってきます。どこに、いくら費用をかけると効果的なのか、実地で何回も広告を出してシミュレーションをしていきます。広告が機能しないことも当然ありますが、うまくいかないことを恐れてしまうと、まったくサービスが成り立たなくなってしまうこともありますので、トライ＆エラーをひたすら繰り返す覚悟でマーケティング費を見積もっておくことが大事です。

　ネットマーケティングは、感覚的に広告を打つのではなく、データに基づいて最適な広告プランをつくることが求められます。顧客獲得以前に、「データを得るために広告費がかかる」ことを頭に入れておく必要があります。

Column
「BtoCのインターネットサービス」で新たな事業を目指す方へ

　BtoCのインターネットサービス事業は、FacebookやLINE、Twitter、それにGoogleと身近なネットサービスがたくさんあるせいか、多くの方がチャレンジしようとされます。一方で、最も成功確率の低い分野でもあります。

　正直いいますと、10の事業プランのうち一つが成功すればそれはかなりの幸運。事業計画を立てても、まったく役に立ちません。開発において予測外のことが起きたり、アテにしていた売上がまったく上がらなかったり、逆に人気が出すぎてシステム側がパンクしてサービス停止に追い込まれたり、始めてみないとわからないのが消費者向けのインターネットサービス事業です。

　では、何のために事業計画書が必要なのか。それは、ご自身がやりたいビジネスに自分以外の人間を巻き込むために必要なのです。事業パートナーであったり、銀行であったり、投資家であったり、開発をしてくれる技術者であったり、自分一人ではできない個所を補う人が必要です。あなた以外のメンバーは、なぜ、あなたを助けなくてはいけないのか、その理由がわかれば協力してくれますし、わからなければ、ただ話を聞いてその場を立ち去るだけです。

　とくにインターネットサービスは、いままでにない新しいことにチャレンジしようとしますので、やろうとすることの想像がつきません。口から夢を語っても、何の話をしているのか相手は理解してくれません。だからこそ文書に落とし、見える化して相手の共感を得る必要があるのです。

　最初に書いたように、消費者向けのインターネットサービス事業で収益を上げ、持続的にサービスを提供し続けられる確率は非常に低いです。それでも、消費者にサービスを提供できたときの喜びがものすごく大きいのもこの分野です。

　この本を読まれた方の中から、いままでにないインターネットサービス事業をつくる方が現れることを願っています。

事例編 10

ネットショップ
の事業計画書

author

長山 衛（ながやま・まもる）

茨城県出身、株式会社ネットショップ総研 創業者。
過去12年で商品ページデザインつくり込みを5000ページ以上経験、そのページから累計100億円以上の売上。デザインの模倣を含めれば貢献売上は500億円を超えるECデザイナーとして、撮影からデザイン制作までを前線で行う。楽天市場等で数多くの優秀賞を受賞。ECおせち販促師として各種メディアに取り上げられ、著書に『食品ネットショップ「10倍」売るための教科書』（日本実業出版社）、日本ネット経済新聞にてコラム『売れるデザイン演出テクニック』を連載（2012年5月〜）。
EC運営者のスキル認定資格「ネットショップマスター資格認定講座」のカリキュラム監修担当。一般社団法人ジャパンEコマースコンサルタント協会 JECCICA 理事。またアーティストとして、国内初の8弦ギタリスト兼マスタリングエンジニアとして居酒屋さくら水産のテーマソングを作詞作曲しカラオケ化した。

ネットショップ 1 オンリーワン高級食品ネットショップの事業計画書

事業プラン名

仕入高級食品ネットショップ事業

事業の背景

　ネットショップユーザーが「グルメ購入」に至る背景はいくつかありますが、日用食では得られない「特別感」を求める傾向は間違いなくあります。現市場環境では「高級食品専門」を掲げた有力なショップは存在しておらず、仕入高級食品ネットショップは有望なショップに育つ可能性があります。

事業内容

　ネットスーパーの台頭には目覚ましいものがありますが、日用食に関しては当面リアル店舗での購買が想定されます。ここでは高級食品のみを仕入れ、初期投資の少ないネットショップで販売します。仕入ではありますが、高級食であることから利幅を確保できます。卸元が他社にも卸している可能性を踏まえ、サイトでの視覚的表現で優位性をつけ、価格勝負をしない戦略を取ります。

事業計画書のキモ

➡ ここでは、「サイトのデザイン性に裏づけられたポジショニング」がキモ

- デザイン制作を代表者が自身でできることによる運転資金の削減
- 参入障壁の低いデザインにおいて他社を圧倒するデザイン力による優位性
- 他のショップにはないサイトデザインによるポジショニング

◉ ➡ 🗂 事例編 ➡ 🗂 ネットショップ ➡ 📄 **ネットショップ-01**

事例編・ネットショップ

「仕入高級食品ネットショップ事業」要約サマリー

タイトル	仕入高級食品ネットショップ事業
背　景	・ネットショップユーザーがネットショップでグルメ商材を購入する背景には、日用食ではなく「特別感」を求めるという要素がある ・ギフト用として高級食品をネットショップで購入するユーザーが増えている ・「高級食品専門」というショップはいまだ存在しない
ソリューション	自己消費のみならずギフト利用しやすい高級感、特別体験を提供する。

事業理念	食の「非日常体験」で、すべての人を幸せに
事業目標	2期目　年商7600万円
組織体制 人員計画	代表：MD・デザイン・プロモーション サブ：受発注オペレーション

事業の概要
高級食品に絞って仕入を行い、初期投資の少ないネットショップで販売する。

対象市場・ターゲット顧客・競合など
ターゲット
・富裕層に憧れるアッパーミドル

競合
・「高級食品」に特化したネットショップは存在していない
・高級食品メーカーは多数あるが、自前のネットショップに力を入れているメーカーは存在しない

ビジネスモデル（収益を上げる仕組み）
・仕入は5割掛け以内に抑える
　（たとえば1万円の商品なら5000円以内の仕入で抑える）
・他のネットショップで同じ商品が当ショップより安く販売されていても値下げは行わず、サイトデザインの視覚的表現による訴求力と安心感で勝負する

実施計画（予算とスケジュール）
・3カ月後にショップを立ち上げる
・主な費用はプロバイダー費用、カートASP費用、代表とサブの人件費

> ビジネスモデルを端的に伝えるのに有効なサマリーシート。ビジネスモデルの勝算が読み取れるように記述されているとベター

1．会社概要・経歴

社　名　　株式会社卍固め
住　所　　東京都葛飾区新小岩三丁目25番1号（旧葛飾区立松南小学校跡地）
資本金　　300万円
事業内容　食品ネットショップ運営販売

代　表　　代表取締役社長　猪木敬司
経　歴　　新日本デザイナー専門学校卒
　　　　　全日本食品株式会社WEB事業部勤務
　　　　　株式会社みちのくフードEC事業部長
　　　　　独立後、株式会社卍固めを設立

【自己PR】
WEBデザイン専門学校を卒業し、さまざまなECサイトのデザインを経験。
中でも高級商品のサイトデザインを得意とし、過去にはデザイン賞を受賞。

一方で、実家は果物屋を営んでおり、食ビジネスのアウトラインを把握していた経緯があり、高級食品専門のネットショップ立ち上げを構想。

自身のスキルと知識を活かすべく、ネットショップでの初期投資を抑えたビジネスのスタートに向けてまい進中。

> 会社概要や経歴は計画書の末尾に記載することが多いが、前半部分にもってくる方法もある。ここでは「自己PR」欄を設けて、高級食品にマッチしたデザイン性の高いショップを構築できるという強みをアピールしている

203

2．事業の内容

- **事業概要**

  とくに富裕層に憧れるアッパーミドルに対し、高級食品に特化したネットショップを展開。自己消費はもとより、プレゼントなどの目的でも利用していただけるよう、ギフトサービスも合わせて展開する。

- **商品・サービスの説明**
  - 高級感のある食品のみを取り扱う
  - 海産物、農産物、加工食品などジャンルはとくに絞らない

- **ターゲット顧客の説明**
  - 年齢は38歳前後、一人〜二人の子どもがいる世帯主
  - 主なターゲットは男性。とくに第二次ベビーブーム層
  - 所得は高めで、勤務先でのキャリアも一定以上の方

  ※上記ターゲット層は、日ごろ家庭に費やす時間が少ない。
  　だからこそ、記念日など特別な日には普段は購入しない高級商品の消費に積極的。

  > ターゲットはできるだけ明確に。ここでは「人格」をイメージできる深さで記載している

3．市場環境

- **ターゲット市場の規模**
  - 国内35〜44歳男性の人口数は約1000万人
  - そのうちターゲットとなる高所得層は30%
  - 上記年代のインターネット利用割合は90%といわれていることから、270万人をターゲット数と想定

- **ターゲット市場における競合状況**

  現時点では同コンセプトの競合ショップは存在しない。
  ※高級食材を取り扱っている店舗が展開するネットショップは数多く存在するが、ジャンル問わず、まとめて高級食材を取り扱うネットショップは存在しない。

4．競合優位性

- 一定の知名度がある高級食品のみを仕入れて取り扱う
- ECサイトデザイン賞の受賞経験を活かし、高いデザイン性のあるサイトを構築
- 仕入・デザイン・プロモーションを一貫して代表が担当することが可能
- 現状では競合するネットショップが存在しない
- 圧倒的な仕入力（仕入ネットワーク）を保有。すでに市場の仲介業者との連携を構築済み

> 何に特化するか、何を取捨選択するのか、マーケットにおけるポジショニングを明確にして、その優位性・勝算を記載する

❗OnePoint

参入障壁の低いネットショップビジネス。サイトデザインを戦術とする場合の大事な視点が「参入の封殺」です。後発の脅威をかわす優位性をどのように見出し、かつ現市場環境で勝算をどのように見出すのかを事業計画書に落とし込みましょう。

参考）事業戦略のまとめ

ターゲット市場、ターゲット顧客

- ターゲット市場と市場規模
  国内35歳～44歳人口は約2000万人。
  男性ターゲットは約1000万人。
  ターゲットとなる高所得層を30%として300万人。
  この層のインターネット利用割合は90%といわれていることから270万人をターゲット数と想定。

- ターゲット顧客
  38歳前後、一人～二人の子どもがいる世帯主。主に男性。第二次ベビーブーム層。
  所得は高めで勤務先でのキャリアも一定以上。家庭に向けられる時間が少なく、そのため記念日など特別な日に高めの消費行動を起こす層。

事業戦略のまとめ

- 事業成功のカギ
  サイトデザインのデザイン性と、目標とするポジションに到達するまでのスピード。

- 優先順位づけと経営資源配分
  一期目は高速PDCAによるサイト改善の優先順位が高くなる。よって主に人件費に経営資源が配分される。

分析

- 強み
  ①MDに注力し、一定の知名度があり、高い商品力をもつ商品のみを厳選。

  ②受賞歴のある高いデザインスキルを保有。高額食品の販売に有利。

  ③一般的にMDとデザインとプロモーションは別人員による運営を行うが、当事業ではそれらを代表者がワンストップで行える。コスト圧縮はもとより、仕入から販売まで一貫性をもって行うことができる。

  ④競合がいないことから、立ち上げ後にメディアの引き合いが期待でき、プロモーションコストを圧縮できる。

競合他社の動向

- 全体としての競争状況
  明らかな競合ショップはない。

- 参入障壁
  参入障壁は低い。しかしデザイン優位性とスタートアップ期のスピードによって障壁を築くことを想定。

スケジュール

- 現在の状況
  体制を固めたところまで進捗。

- 今後の計画
  3カ月以内にショップサイトを構築する。

事業戦略のまとめシート。ターゲットから競合の動向、自社の状況、スケジュールまで俯瞰の視点で一覧できる

☐ Check Point

　市場規模の調査を綿密に行うことは当たり前ですが、それと同時にペルソナ設定を行い、ターゲットがどのような商品、デザインを好むのかを明確化します。

　ここでは比較的所得の高い層をターゲットとするので高級路線を崩さず、同時に後発ショップに対して優位性を築きます。価格勝負はせず「高級食マーケット」で地位を築くということをしっかりと打ち出しています。

　この事業計画の場合、優位性はまとめると3点あります。①少人数によるローコストオペレーション、②競合がいないことによるプロモーションコスト圧縮、③商品力とデザイン性の実績。これらを体系化して事業計画書に記載しています。

ネットショップ 2　「訳あり」に一石を投じるネットショップの事業計画書

事業プラン名
訳あり厳選食品ネットショップ事業

▶ 事業の背景
　訳あり食品を扱うショップは「低価格」の訴求を第一として、折込チラシ的なチープ感を前面に押し出したサイトがほとんどです。この事業では訳ありながらも厳選した商品群のみを取りそろえ、それをハイクオリティデザインによって訴求します。商品の供給元となるベンダーのブランドを下げることなく、訳ありの概念を変えるショップとなることを目指します。

▶ 事業内容
　訳あり商品は「見栄えはよくないけれど味は同じ」という食品が多く、一様に低価格です。販売訴求上もチープ感が否めないことがほとんどで、ユーザーはお試し的に購入するものの、大半がリピートにつながらず、かつ安売り訴求することからベンダーサイドもブランド価値の低下を危惧するケースが少なくありません。この事業では「高級デザイン訴求」として、一定のブランドを保有するベンダーの訳あり食品を販売。ベンダー側にとっては在庫ロスを商品として定期的に供給できるインフラとなります。ユーザーには購入体験にエンターテイメント性を感じてもらい、リピートを誘発します。

▶ 事業計画書のキモ
➡ ここでは、「従来の訳ありとは逆を行くデザインマッチング」がキモ
- コアコンピタンスをつくるデザイナーの確保とコスト圧縮の目論見
- ハイクオリティデザインを好むターゲットの絞り込み
- 事業がもつ使命や理念、社会貢献性の訴求

事例編・ネットショップ

事例編 → ネットショップ → ネットショップ-02

1. 会社概要・経歴

社　名	株式会社キャメルクラッチ
住　所	東京都葛飾区新小岩三丁目25番1号(旧葛飾区立松南小学校跡地)
資本金	1000万円
事業内容	食品ネットショップ運営販売
代　表	代表取締役社長　カール武藤
経　歴	新日本デザイナー専門学校卒 全日本食品株式会社WEB事業部勤務 株式会社四の字固めEC事業部長 独立後、株式会社キャメルクラッチを設立

【自己PR】
小売店で販売員とMDを兼任していたことがあり、消費者が「よりおいしく、より安く」へ遷移していることを肌で感じていました。
「よりおいしく、より安く、より楽しく」を標榜し、買い物はエンターテイメントであるという持論をもっています。そして、エンターテイメント性のある買い物は、「選ぶ時点からエンターテイメント」と考えております。
世にある訳あり商品サイトは、安さに頼りきりで、折込チラシ的なデザインがほとんどで、ユーザーにとって選ぶエンターテイメント性はありません。
ここに事業の発展性を感じました。

> 「訳ありビジネス」はすでに存在している。なぜその事業計画に至ったのかという点をしっかりと記載したい

2. 事業の内容

- **事業概要**

  「訳あり」は"低価格"という考えが一般的のため、訳あり商品を取り扱うネットショップのほとんどが、安売りの折込チラシのようなサイトデザインになってしまっている。ユーザーの多くはお試し感覚で商品を購入するため、その後のリピートにつながらないという課題を抱えているネットショップが非常に多い。
  当社は訳あり商品を単に低価格で販売するのではなく、サイトイメージで高級感を演出するとともに、一定のブランドを保有するベンダーの訳あり商品に絞って取り扱う。
  お試し感覚で購入するユーザーをターゲットにしたショップとは線引きして、リピーターを獲得できるネットショップを構築する。

- **商品・サービスの説明**

  一定のネームバリューをもつベンダーの訳あり商品のみを取り扱う。

  ※夕張メロン、タラバガニ、神戸牛など、商品のジャンルは絞らずに、ブランド力のある海産物、農産物、加工食品等を取り扱い「高級感」をアピールする。

- **ターゲット顧客の説明**

  中流家庭以上の30～40代の主婦。
  価格に敏感ながらも、一定の「ごほうび」を欲する層。
  この層は日ごろからネームバリューのある食品を購入する習慣があるので、単に安売りを前面に出しても響かない層でもある。
  サイトデザインで高級感を演出することにより、通常価格より安くネームバリューのある商品を購入できるおトクなサイトというポジションを狙っていく。

> 「訳あり厳選食品ネットショップ」として、どこから仕入れてどんな位置づけの商品として販売するのか簡潔にまとめる

3．市場環境

- **ターゲット市場の規模**

  ・中流家庭以上の30〜40代の主婦
  ・一人〜二人の子どもがいて、こだわり商品・食材に敏感

  国内35歳〜44歳人口は約2000万人。女性ターゲットとして約1000万人。
  ターゲットとなる所得層を50%として500万人。
  この層のインターネット利用割合は90%といわれていることから450万人をターゲット数と想定。

- **ターゲット市場における競合状況**

  訳あり商品を専門に扱うショップはあるが、高級路線の訳あり食品ネットショップは存在しない。

  ※リサーチ結果によると、ネットショップで商品を購入したことのある主婦の7割が訳あり商品を購入、訳ありショップの成長率は前年比122％。ただし、リピート率は1％以下で、ユーザーのほとんどがお試しで購入している。

4．競合優位性

・一定ブランドを保有するベンダーの訳あり商品のみを取り扱う
・サイトデザインで高級感・安心感をアピールし、リピート誘発につなげる
・ベンダー側にとっては在庫ロスを定期的に供給できるインフラとなる
・デザイン専門学校の卒業生を雇用、人件費の圧縮を図り早期収益化が期待できる
・現状では競合が存在しないため、立ち上げ後にメディアの引き合いが期待でき、プロモーションコストを圧縮できる
・過去のMD経験より仕入先を確保できている。訳あり商品を安定的に仕入れることが可能

> 市場規模や競合の状況などに関して独自のリサーチを行ったという事実は事業計画の説得力を高める

7．事業目標

- **短期的な事業目標（スタートアップ期・0カ月〜12カ月）**

  最終月商500万円が目標。
  この期間に数多くMD活動を行い、商品ラインナップをそろえる。
  リピート収益であることからこの期（第一期）の単年収支はマイナスを計上。

- **中期的な事業目標（12カ月〜24カ月・調整期or拡張期）**

  最終月商1000万円が目標。
  スタートアップ期で目測できる流通数から物流会社に対してコストの単価交渉を行う。

- **長期的な事業目標（24カ月〜36カ月先・安定拡張期）**

  前期の内部留保分をプロモーションとMD人員強化に充て、商品数拡大を行う。

> ここでは3段階に分けて事業目標をまとめている。時間区切りを明確にしたうえで各フェーズでの目標や取り組むべき施策について記載する

ⓘ OnePoint

この事業では商材の性格やサイトのデザイン性からリピート購入を想定しており、ストック式に売上を見込めるため、比較的事業計画の起こしやすさがあります。そういったビジネスモデルの優位性も念頭に置いて計画書をつくるとよいでしょう。

9．想定リスクと対応策

想定されるリスク	当社の対応策
<リスク①> 売上と人員増のバランス	<対応策①> 人員増直前に工数負荷が高まり単月収支が採算割れになる。一方で人員増の際にはインターンを活用し、よい人材のみを採用する。
<リスク②> 広告宣伝費を抑えての売上推移	<対応策②> スタートアップ期はプレスリリースなどのメディア戦略に注力する。 広告はPPCやアフィリエイトなど費用対効果の高いものに絞って実施する。

想定されるリスクとその対応策を記載する。とくにネットショップ事業は環境変動の影響を受けやすいため、事業の撤退ラインまで記載することが必要となることもある

事例編・ネットショップ

☐ Check Point

　属人性が高いデザインを事業のコンピタンスとする場合は、どのようにデザイナーを確保し、かつどうやってコストの上昇を抑えるかを記載したほうが事業計画書として説得力が出ます。同時にそのデザイン上のノウハウを社内で補完するための計画が準備されていて、それが事業計画書にまとめられているとなおベストです。

　ここでは、「ベンダーが卸しやすく、消費者がリピートしたくなるデザイン」となりますが、デザインによる差別化はコアコンピタンスが表面上に出ているため模倣されやすい面もあります。だからこそパイオニアたるポジションを確立するために、スタートアップからユーザーに認知してもらうまでのプロセスの高速化が必要です。事業計画書に時間軸の重要性を表すシートを含めてみるのもよいでしょう。

ネットショップ 3 自前で開発した商品を販売するネットショップの事業計画書

事業プラン名

健康サプリネットショップ事業

▶事業の背景

　いまや現代人の食生活の一部ともなりつつある健康食品。7000億円の健康食品市場は今後も安定した規模を維持すると予想されます。現代人の免疫力を高めるためにキャリア15年の漢方医が開発した漢方サプリを、ネットショップを販路として提供します。

▶事業内容

　現在の健康食品業界は新しい商品が続々と登場し、市場は急成長と思われがちですが実際のところは微増にとどまっています。新商品登場の裏にはそれ以上の撤退した商品が数多くあるということです。何より食品として口に入れるものですから、消費者は安心・安全に対して非常にシビアに判断します。健康食品となればなおさらです。そこに新規参入するには、消費者を納得させられるだけの商品であることが必要不可欠。「漢方医が開発した！」という切り口で市場認知を広げ、売上獲得を狙います。

▶事業計画書のキモ

➡ここでは、「**商品の信頼性とリピート販売の訴求**」がキモ

- 他社が参入しにくい商品開発で明確な差別化を図る
- 健康を強く意識し始める40歳前後に購入ターゲットを絞る
- リピーターにつながるファンづくりを徹底した顧客管理戦略

💿 ➡ 📁 事例編 ➡ 📁 ネットショップ ➡ 📄 ネットショップ-03

1. 会社概要・経歴

社　名	株式会社漢方サプリメント
住　所	東京都葛飾区新小岩三丁目25番1号（旧葛飾区立松南小学校跡地）
資本金	300万円
事業内容	漢方サプリネットショップ運営販売
代　表	代表取締役社長　紅とんぼ
経　歴	サプリで健康大学　医学部卒 とんぼ漢方　漢方医 書籍『漢方に学ぶ人間の力』を出版

【自己PR】
漢方医として15年間活動しています。
漢方は、人間が本来もっている免疫力を高める働きをしてくれるものです。
私自身も漢方を服用することで、15年間カゼ一つひかずに働くことができています。
漢方は医師に処方してもらって服用するようになったという方が一般的ですが、日ごろの体づくりにおいても漢方は非常に重要な役割を担ってくれます。
一人でも多くの方の健康な体づくりに貢献できるよう、ネットショップというインフラを活用し、漢方サプリを普及させていきたいと考えました。

> 「漢方サプリ事業」が必要と考えるに至った背景についてエピソードを交えながら記載

2. 事業の内容

- 事業概要

  健康な体づくりのために、漢方医が開発した安心・安全な「漢方サプリ」をネットショップにて販売。

- 商品・サービスの説明

  「健康を維持したい」「栄養が偏っている」「野菜をあまり食べない」「毎日スッキリ過ごしたい」などの問題を解決し、栄養を補ってくれる「漢方サプリ」。
  15年間のキャリアをもつ漢方医が、こだわり抜いた素材のみを使用して独自に開発する。

- ターゲット顧客の説明

  ・40歳前後の男女
  ・体重の増加や不健康な生活を自覚している方
  ・人生の折り返しを迎えて、これからの健康を本気で考えている（考え始めた）方
  ・健康のためにある程度のお金を充ててもよいと考える方

  ※上記ターゲットの親世代は健康食品のメインのターゲット層になるため、より上の年代の囲い込みも想定

> 通常のサプリより高額となるが、それに見合うだけの価値があることをアピール

3．市場環境

- ターゲット市場の規模・特徴

  健康食品市場は7000億円規模（2012年、矢野経済研究所）で、EC化率は2013年で約3%。
  7000億円×3％＝210億円をECにおける健康食品の市場規模とする。
  40歳前後のサプリ利用割合は60～70％と高く、50歳以上になると割合はさらに高まる。
  全年代で見ても利用割合は50％となるため、二人に一人はサプリを利用した経験があるといえる。

- ターゲット市場における競合状況

  漢方サプリは、通常のサプリと比較して高額になるため一般的な購入割合は低くなる。
  だが、丁寧な説明というステップを踏めば購入につながるパターンがあり、購入割合が低いのは情報不足が原因と考えられる。
  説得力が薄い商材が多い中、漢方医発の情報を多分に含めて差別化を図る。
  大手企業が参入するには費用対効果が芳しくないため中小企業の独壇がキモになる。

- ターゲット市場の今後の展望

  健康食品市場は今後も熾烈な戦いが続くと想定される。
  安価な商品群で他を圧倒する大手企業に対して、中小企業は単品勝負が基本になる。
  単品で勝てる商材開発ができれば今後のEC化率を鑑みても将来性は明るい。

4．競合優位性

- 現役漢方医が開発した漢方サプリ
- 漢方医の無料相談付き
- 原材料を安価に仕入可能（利益率が高い）
- 競合が手を出しづらい条件（販売者が漢方医の資格をもつ。委託ではないため信頼性が高い）
- 資本に余裕がある（第一期は代表の人件費が不要）

> 健康食品販売事業は競合が多いため優位性が最重要となる。要点を漏らさずに列挙する

参考）ファンをつくるCRM（顧客管理）戦略

一度でも購入した顧客を離さない。2回目も当ショップで買いたくなる仕組みを構築。

メールマガジン配信

初回購入時に、競合と比較して圧倒的なクオリティ（わかりやすさ、情報量）があれば、
何らかの機会があったときにまた当ショップを選ぶはず。
こちらから、あらゆる戦略で仕掛けられる唯一のツールがメルマガ。
2回目の購入を促進するメール配信や、有益な情報配信を通じて、
顧客とのコンタクトポイントをもち続けるメルマガを配信する。

> 会員数が増えてきたらセグメント配信を行うことでメルマガ効果を高める

▼配信内容
基本的に「買ってください」の案内はしない。
必要と感じた人に売れていく仕組みをつくり上げる。
①漢方医の考える健康体づくり（読み物）
②漢方医が答えるお悩み相談
③お客さまの声
このコンテンツは抜粋してSNSにも掲載していく。
「もっと知りたい人はメルマガ登録へ」と促す。

> 顧客にとって必要な情報を提供。商品訴求は最低限にする。

> リピートしてもらうための仕組みの一つであるメールマガジン。メルマガの配信コンセプトを記載している

⚠ OnePoint

競合が非常に多いジャンルです。他との差別化を明確にしたうえで訴求することはもちろん、早い段階でお客さまの体験談を収集する必要があります。購入者が一見さんで終わらず、定期的に購入してもらえる仕組みをつくれるかどうかが成否を分けます。

事例編・ネットショップ

参考）ファンをつくるCRM（顧客管理）戦略

一度でも購入した顧客を離さない。2回目も当ショップで買いたくなる仕組みを構築。

優良顧客化へ

既存顧客の優良顧客化に向けて各施策を展開する。
① ポイント発行
② メールマガジン読者限定セール
③ クーポン発行
④ プレゼント企画
⑤ 商品への同梱物　etc...

> 当ショップで購入するメリット、インセンティブを施策に盛り込む

リピートのためには、購入後のフォローが重要となる。
お客さまとの最終接触となる商品到着時に期待値を上回ることが必要。
フォローメールもルール化して、必ず送信するようにする。

メール配信数に対する、定期商品への転換率調査

▼検証
商品購入後、1週間に1回、計5回フォローメールを自動配信
（そのフォローメールには、とくに定期商品への引き上げのオファーはない）。
▼結果
定期商品への転換率：6.4%
（1,400人のうち90人が定期商品を購入）
1万円の商品でもメールの自動送信を設定しておくだけで、6%以上の成約率が得られた。
▼補足
しばらく商品を購入していない休眠顧客30,000人へメールで告知したところ、転換率は0.1%にとどまった。

- メルマガ以外のリピートにつながる施策を記載
- 商品購入後のフォローメールの有効性について検証数値を引きながら強調している

☐ Check Point

　顧客管理戦略が重要ということは、言い換えれば事前準備が重要ということです。商品同梱物のつくり込みなどのほか、商品の正しい飲み方、効能を感じるまでの期間など、お客さまが知りたい情報を洗い出し、すべての回答を準備する必要があります。お客さまの声が新たなお客さまを呼び込む大きな要素となるため、定期的なアンケートや自社モニター企画などで積極的に顧客とのコミュニケーションを図ることも必要です。

　また、購入者に付与するクーポンやポイントのことを考えると、当初の商品価格も利益率から計算して設定しておく必要があります。あとから商品価格を値上げすることは購入者に納得いただける理由がない限り難しいため、販促費を含めた全体売上計画をしっかり立案するようにします。

　信頼性によって購入が大きく左右される商材ですから、事業計画と合わせて顧客対応マニュアルなども準備しておくとよいでしょう。

ネットショップ 4　リソースを活かしたネットショップ参入の事業計画書

事業プラン名

自社タオル工場ネットショップ事業

▶事業の背景

　今治タオルがブランド認知され、質のよいタオルは高価格帯でも購入される基盤ができつつあります。仕入販売ではかなわない個別対応が可能という自社タオル工場のメリットを活かして、ネットショップを窓口に自家消費とギフト需要のお客さまが求めるタオルを提供します。

▶事業内容

　タオル市場全体としては落ち込み傾向ですが、インターネットでの販売は逆に増加傾向にあります。タオルは自家消費ではまとめ買いが基本で、かさばる商品なので通販向きです。ギフト需要では老若男女に喜ばれるオリジナリティを訴求することがカギになります。今治タオルを購入する層を富裕層、地元のホームセンターなどで購入する層を一般層とするなら、この事業で狙うのはその中間層。一般層から手の届く範囲での高級感、贅沢感をアピールします。富裕層から見ても、他を圧倒する「ふわふわタオル」という付加価値は魅力的です。

▶事業計画書のキモ

➡ここでは、「オリジナル商材の強みを活かした集客対策」がキモ
- 自社製造工場での商品開発という優位性を活用
- 一度購入したら口コミしたくなる話題づくりとSNSによる情報拡散
- 商品ニーズ調査に基づく、潜在顧客層にも届く集客対策

◎ ➡ 📁 事例編 ➡ 📁 ネットショップ ➡ 📄 ネットショップ-04

2. 事業の内容

- 事業概要

  自社タオル工場にて「ふわふわタオル」を製造し、インターネットショップで販売。

- 商品・サービスの説明

  ・オリジナル「ふわふわタオル」を10パターン製造
  ・ショップサイト内の動画コンテンツによって顧客は事前に「ふわふわタオル」の感触を確認することができ、肌ざわりを判断したうえで購入できるのが特徴

  ※市場リサーチをしたところ、タオルに求められるものは圧倒的に「さわったときの感触」であることがわかった。10パターンの「ふわふわタオル」によって自分に合ったタオルを選ぶことができる

- ターゲット顧客の説明

  ・28歳前後の女性
  ・子どもがいる世帯
  ・家庭を支える主婦

  所得は平均的ながら安心・安全を意識する層。ママ友だちの口コミチャネルでの拡散を想定。女性以外に育メン(子育て男性)も同じ理由でターゲットに含める。

> 口コミを狙ってインターネットと親和性の高いF1層をターゲットの中心に据えている

> 自社のリソースをぞんぶんに活かした、他社では対応困難な商品であることを訴求

3. 市場環境

- ターゲット市場の規模

  タオル製品市場は1435億円規模(2011年、矢野経済研究所)で、EC化率は2013年で約3%。
  1435億円×3%=43億円をECにおけるタオル製品の市場規模とする。

  ターゲットであるF1、M1層のネットショップ利用割合は60%近くにのぼっており、
  F1、M1層の人口2300万人のうち約1400万人が潜在的なターゲットになりうると考えられる。

- ターゲット市場における競合状況

  タオルを販売しているネットショップは多数存在するが、自社工場で生産を行っていて、
  かつ個別対応が可能なショップは存在しない。
  ※利益率の観点からも新規参入を狙うのはリスクが高い市場

---

4. 競合優位性

- 自社タオル工場での商品開発
- 古くからパートナーシップを結んでいる協力工場が多くあり、生産数の問題がまったくない(いつでも量産が可能)
- 代表者がIT業界、広告業界勤務時に築いたコミュニティを活かせる(集客、メディア展開)
- デザインも代表者が対応可能
- 第二期までは自社社屋を利用。家賃を抑えられる

> 競合が多い商品分野の中での優位性。自社工場というリソースはもちろん、過去に築いてきた人脈も武器になりうるとアピールしている

6．マーケティング・販売計画

- マーケティングプラン

  ・話題づくりを目的に、ターゲット層向けの雑誌に広告を掲載
  ・掲載実績を元にプレスリリースを発行、同時にFacebook広告を出稿
  　（「いいね！」の獲得と雑誌掲載の実績を拡散）
  ・潜在層へのアプローチを目的としてディスプレイ広告を実施
  ・トータルでの顧客獲得単価は3000円を想定

- 販売計画

  メインの販売はネットショップで行う。
  小売業者から申し出があった場合、実店舗での卸売りも検討するが、
  ネットショップ限定商品の卸売りは行わない。

> 「10パターンのふわふわタオル」という商品がもつ話題性から口コミ拡散を狙う。そのためのメディア活用プランを記載

参考）集客対策

集客に足る情報をそろえる

集客に必要な情報は大別すると次のとおり。
①商材の顧客ニーズ（欲求）
②商材の話題性（情報）
「ふわふわタオル」はこの視点を押さえて商材開発している。
商材ニーズは、「タオル購入に求めるものは？」という市場リサーチの結果1位となった「さわり心地」。
話題性は、「さわり心地」を選択できるという業界初の試みで、「あなただけのタオル」を選べること。
この二点を主軸として、各種プロモーションへ反映する。
接客（ランディングページ）については売れる要素AIDMAに基づいて作成。

集客法

●WEB集客とリアル集客に大別。
①WEB集客
SEO対策/リスティング広告/アフィリエイト広告/SNS広告/ディスプレイ広告/DSP
顕在顧客と潜在顧客へ訴求。
流れとしては、SEO → SNS広告 → リスティング広告/アフィリエイト広告 → ディスプレイ広告
②リアル集客
メインは雑誌広告。目的はメジャーな雑誌での掲載実績づくり。
雑誌掲載の実績をソーシャルメディアやショップサイトを活用して拡散。
話題性が高まるとテレビ局への提案も通りやすくなり良サイクルへ。

> WEB集客とリアル集客の両面について記載。ネットショップだからといってWEB集客一辺倒でよい、というわけではない

❗OnePoint

オリジナル商材は、初期段階で認知の広がりを得られるかどうかが事業の成否を分けます。そのため、この事業計画では認知の拡散と集客について厚めに記述しています。

参考）集客対策

Googleトレンドで検索需要を確認。ここでのキーワードは「タオル　通販」。
おおむね年を追うごとに検索需要は高まっていると考えられる。
関連ワード「タオルハンカチ」が想定していたよりも上位にあり、今後の検討材料としたい。

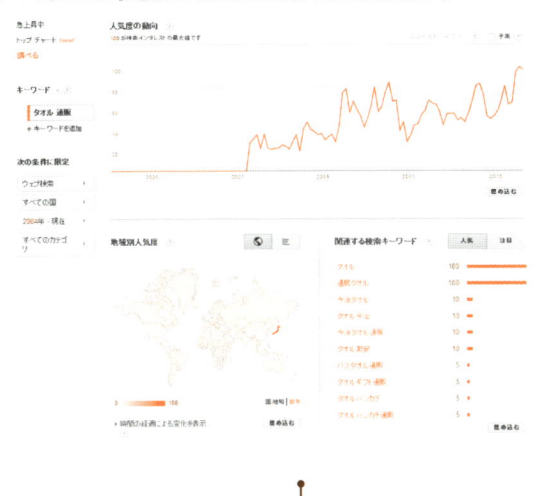

> 検索ニーズ調査。Googleトレンドなど無料で使えるツールは多い。集客に直結する情報なので計画書に含めるのもアリ

☐ CheckPoint

　商品力が高い商材は、集客が見込めれば事業成功の確度は高まります。ターゲットの設定においても、インターネット上での情報拡散力が高い層は必ず意識するとよいでしょう。ここでは、従来から需要の大きかったF2層、F3層に加えて、F1層の取り込みを狙っています。具体的には、28歳前後の女性で、子どもがいて、家庭を支える主婦をターゲットにしています。ママ友だちの口コミチャネルでの拡散を想定しています。

　また、広告販促は初期段階で一点集中することで、結果として費用対効果もよくなりますので、各種分析をしたうえで大胆な判断も必要となります。インターネット上には無料で調査できるツールも多くあり、計画書にも事前ニーズ調査を盛り込んでいます。

　なお、タオルのような商材にはシーズンモチベーションがありますから、サイトの立ち上げから公開まで、それを逸しないスケジュール管理も重要になります。

Column

「ネットショップ」で新たな事業を目指す方へ

　ネット通販市場の現状は、BtoCに限った市場規模は約9.5兆円（平成24年度。出所は経済産業省。以下、楽天の公表数字以外はすべて同様）。大手ネットショッピングモールの楽天全体の売上高はこの約1割に当たる1兆円と公表されています。楽天が公表している出店数は4万店なので、単純に計算すると、ネット通販市場全体の店舗数は約40万店と推測されます。なお、楽天内での食品の売上高は全体の売上高の約35％を占めているとのことです。

　市場の伸び率は、これもBtoCに限ると全商品で前年比112％、食品だけでは129％と大きな伸びを示しています。しかし、小売全体の市場規模に対するネット通販市場の規模は、全商品で3％にすぎません。

　まだまだ伸びしろ十分なように映ります。とはいえ、ネットショップ市場は簡単ではありません。多くのショップが淘汰されるとともに「出せば売れる」という時代はとうに終焉を迎えました。2013年末よりよく耳にするようになった「オムニチャネル」は、実店舗とネットショップというチャネルを意識させずに購入してもらう新しい買い物スタイルを指しており、商売の原点を見つめ直すよい機会となっています。実店舗とネットショップ、どちらが欠けても今後の商売は厳しくなるでしょう。基本的なマーケティングの考え方として「常に顧客視点で思考する」ことが重要になります。「ネットショップは画面を通じた接客販売業であり、すべては人によって完結する」という根源的な概念をあらためて見直して事業を立案してください。

　成熟期と呼ばれるネット通販業界ですが、私は大局的に見れば、EC業界はまだ黎明期だと考えています。ネット通販の大きな利点は、豊富な情報で突っ込んで商品をプレゼンテーションできること。そして、実践した施策の成果を正確なデータによって検証できることです。場はまだまだ変化していくことでしょう。ぜひ、ご自身のショップの発展のために尽力してください。

　余談ですが、私は一般社団法人ジャパンEコマースコンサルタント協会JECCICA（ジェシカ）の理事を務めています。中立的な立場で、優秀なEコマースコンサルタントを養成・認定し、日本のEコマースの発展を目的としています。私も常に挑戦者のつもりで臨み、みなさんと切磋琢磨していきたいと考えています。

ブラッシュアップ編

融資を呼び込む事業計画書

ブラッシュアップ編 1 必ずお世話になる資金の出し手

① 資金不足で活動を止めてしまう会社が多い

　新規事業に乗り出すとき、はじめから潤沢な自己資金があるという方はほとんどいないでしょう。また仮に十分な自己資金をもっていたとしても、事業開始後に必要となる新たな資金ニーズをあらかじめ考えておく必要があります。

　ドリームゲートの調査によれば、事業開始後2年目に資金不足による事業停止に陥る会社が非常に多いという結果が出ています。まさに企業にとっての「死の谷」がそこにあります。自分の事業に必要となる資金がいくらであるのか先回りして考えて、その必要となる十分な資金についてメドをつけておくことは、会社を存続させるうえでの生命線であり、経営のトップに位置する人にとって一番大切な仕事でもあります。

② 代表的な資金調達方法

　自己資金が不足している場合、その不足分を外部から資金調達という形で補う必要があります。具体的にどのような資金調達方法があるのか見ていきましょう。

　代表的な手段としては、次の3つが考えられます。

1. 金融機関（政府系や民間など）から融資を受ける
2. 助成金や補助金などの支援制度を利用する
3. 投資家やベンチャー・キャピタルから出資を募る

3 融資の窓口

　融資と一口にいってもさまざまなものがあります。日本政策金融公庫に代表される政府系金融機関、自治体による支援が得られる制度融資、都市銀行や地方銀行といった民間金融機関など、窓口はいろいろあります。それぞれの特徴は次のとおりです。

● 日本政策金融公庫

　日本政策金融公庫は、100％政府出資の政府系金融機関です。起業者がよく利用する融資制度に「新創業融資制度」があります。この制度の特徴は無担保・無保証人の条件で申し込みができ、かつ決算を迎えていない会社でも申し込みができるという点にあります。

　事業開始前、または事業開始後で税務申告を終えていない場合は、原則創業に必要となる資金の10分の1以上は自分で用意する必要があります。融資額は最大3000万円（うち運転資金1500万円）となっています。これから起業する方にとってはとても使い勝手がよい制度ですので、ぜひご活用いただきたいと思います。

● 自治体による制度融資

　これは自治体が融資を直接行うものではなく、自治体が一定の資金を預託したうえで中小企業への融資の条件を有利にするものです。自治体の窓口に出向いて審査を通過すると紹介状が得られますので、その紹介状をもって指定金融機関（民間）の窓口で融資の申し込みを行います。金融機関から信用保証協会に保証の申し込みがなされて、保証協会による面談が実施されたあとで金融機関から融資が実行されるという流れです。

　自治体の支援によって金利が減免されるなど、さまざまなメリットを受けることができるようになっています。自治体によって条件が異なりますので、まずは自分の会社の本店所在地の各役所でどのような制度融資が実施されているのか確認してみましょう。

制度融資の仕組み

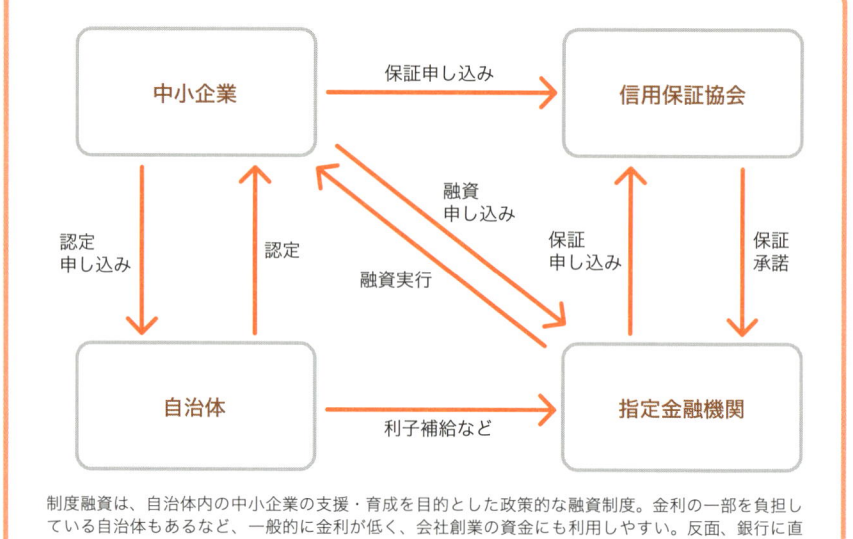

```
中小企業 ──保証申し込み──→ 信用保証協会
  │  ↑          ↑        │
認定 認定    融資申し込み  保証    保証
申し  │    ←融資実行─  申し込み  承諾
込み  │                   │        │
  ↓  │                   │        ↓
自治体 ──利子補給など──→ 指定金融機関
```

制度融資は、自治体内の中小企業の支援・育成を目的とした政策的な融資制度。金利の一部を負担している自治体もあるなど、一般的に金利が低く、会社創業の資金にも利用しやすい。反面、銀行に直接融資を申し込む場合と比べると、複数の審査を経なければならないため、資金が振り込まれるまでのスパンは長くなることが多い。

● 民間金融機関

　都市銀行や地方銀行などから信用金庫や信用組合に至るまで民間金融機関にもさまざまなものがあります。都市銀行は融資時の金利が有利な反面、審査が厳しいという側面があります。地方銀行は、都市銀行に比べると地元の中小企業に対して親身に対応をしてくれるケースが多いようです。

　また、信用金庫や信用組合は、地域に根ざした支援を行っていますので、地方銀行よりもさらに地元の中小企業に対して面倒見のよい対応をしてくれますが、資金力が都市銀行や地方銀行と比べると弱いので、大きな資金を調達するケースには向かないなどのデメリットがあります。

4 助成金や補助金の魅力

　助成金や補助金は、政府や地方自治体、民間企業などが特定の事業を支援するために設けた支援制度です。融資とは異なり支給を受けた資金の返済義

務はありませんが、支給されるタイミングには注意が必要です。通常は申請をすませて、申請内容に記載された事業が実施されたあと、その確認を受けてから支払いが行われますので、あらかじめ事業遂行に必要な資金は自前で用意しておく必要があります。

　助成金は、基本的に基準を満たせば受給できるもので、主な財源が雇用保険料であることから、人の雇用や労働環境の改善などを行った際に支給されるものです。雇用がメインであるため、会社が雇用保険や労災保険に加入していないと申請ができないという制限があります。

　補助金は、誰でも受給できるものではなく、公募によって支給先が決められることが一般的です。募集内容が告知され、一定期間内に応募をすると審査が行われ、支援目的に合致している事業から順番に支給可否が決定されていきます。もちろん、応募すれば100％支給されるといった保証はありません。

　助成金や補助金は、返済が不要という点でたいへん大きなメリットのある資金調達方法です。これから始める事業で申請できるものはないか、助成金や補助金の情報をまとめているホームページなどで確認してみることをおすすめします。

5 スポンサーを募る出資

　出資とは、自分の事業に共感いただいた個人や法人に対して株式を発行し、事業資金を得る方法です。融資と比較して①返済義務がない、②利息の支払いがない、などのメリットがある反面、出資者は株主として名を連ねることになりますので、経営者は株主総会を開催し、株主に事業の状況について説明する必要があります。利益が出ていれば配当の形で株主に利益還元しなければならなかったり、議決結果によっては自分の意に反した決議に従わなければならないケースも生じます。

　また株式公開という手段によって、多くの一般投資家から広く資金を募ることも可能ですが、その一方で社会的責任は非上場企業とは比較にならないほど大きくなります。

さまざまな資金調達方法がある中で、これから起業を志す方が考えなければならないこと、それは資金をご提供いただく金融機関や投資家の方に自分の事業のことをご理解いただき、その事業計画を信用していただくことです。そのためには、信頼に足る事業計画書を作成することがカギになります。

　資金調達を可能にしてくれる事業計画書はどのように作成していけばよいのか。そのポイントを次のページから見ていきましょう。

> **資金調達におけるNG集**
>
> **NG 事業計画上で営業利益がなかなか黒字化しない**
> 　通常、決算が2期連続赤字の場合、金融機関は融資を控える傾向にあります。最初からコストを多くかけるのではなく、小さな規模で、できる範囲で進めながら1円でもよいので黒字化することを心がけましょう。
>
> **NG　納税の概念がない**
> 　キャッシュフロー表に納税のことを記載している経営者とそうでない経営者では、事業に対する認識に大きな開きがあります。利益が出たらきちんと納税し、納税後の純利益から十分に返済できるような計画をつくるようにしましょう。
>
> **NG　事業計画上で債務超過となっている期間が長い**
> 　債務超過となっている企業には、金融機関は投資をしません。計画の段階であっても債務超過となるような事業計画は立案しないように注意しましょう。
>
> **NG　数字のことをきちんと説明できない**
> 　事業計画を外部のコンサルタントなどに作成してもらった場合であっても、自分の言葉で説明できるまで理解し、読み込んでおくことが大切です。数字のことをきちんと説明できない経営者にお金を出す金融機関や投資家はいません。

ブラッシュアップ編 2 融資の視点からの「○」と「×」

① 事業計画書のBefore・After

　ここからは、サンプルとなる事業計画を使って、融資を受ける際の事業計画書で押さえておいてほしいところを説明していきます。各ページには訂正前（Before）と訂正後（After）のイメージを掲載し、それぞれの違いがどこにあるのかについて解説を加えていますので、BeforeとAfterを見比べつつ、そのポイントが何であるのかを理解しながら読み進めていただければと思います。

　なお、今回用意したサンプル事業計画は、「老後を海外で過ごす」という生活スタイルを広く世の中に提案する新規事業について記したものです。シニアマーケットには、さまざまなビジネスチャンスが眠っていますが、介護や健康関連の商品ばかり注目されがちで、アクティブシニアと呼ばれる元気な方々に対する画期的な商品やサービスの開拓はあまり進んでいない現状があります。

　さらにこのマーケットにはいまだブランド企業が存在しておらず、ベンチャー企業が参入し新たなトップブランド商品やサービスを確立できるチャンスが残っています。市場の潜在成長力から考えても、これから日本のシニアマーケットが拡大することに異を唱える方はいないでしょう。今後十分な成長が見込める潜在市場の中で、多様化する顧客ニーズをどのようにとらえ、ビジネスとして組み上げていくのか、そのロジックにもぜひ注目していただきたいと思います。

Before

1. 事業の背景と目的

　　◆ 事業構想の背景と目的

　　　　これからの時代、シニアマーケットが急成長します。
　　　　その急成長するシニア市場にいるシニア層に対して
　　　　当社は新たな「生きがい」を提案します。

> 急成長する市場であることは誰でも知っています。具体性に乏しく、どのくらい事業のことを深堀りして考えているのか不鮮明です

> スローガンや理念は大きな概念の言葉を使って表現してもよいのですが、その場合は必ず背景にあるストーリーを説明することが必要です

After

1. 事業の背景と目的

　　◆ 事業構想の背景と目的

　　　日本人の平均寿命が伸びる中で、いわゆる「アクティブシニア」と呼ばれる層が急速に拡大しています。これまでシニア層向けのビジネスというと「介護」や「健康」にフォーカスするものが多かったのですが、医療が必要なシニア層は全体の1割であり、残りの9割の層について大きなマーケットがあるにもかかわらず、きちんとしたサービスが確立しておらず、大きなビジネスチャンスが眠っています。

　　　50代以上の方、100名にインタビューをした結果、判明したニーズは「生きがい」の多様化でした。仕事を終えて、第二の人生を歩むときに、自分の生き方やライフスタイルを一度見直すという方がこれから急速に増えてくることが予想されます。そうした生き方の多様化の流れにおいて、余生を海外で過ごすというニーズも昨今の日本の状況を鑑みると急速に増加する可能性が高いものと考えます。以上のことを鑑み、

　　　「日本人の豊かなリタイアメント・ライフスタイルの確立」 を当事業の目的としました。

　　　海外への移住・永住を考える日本人のマーケットにつきましては、まだまだ黎明期にあるといえますが、下記グラフに示しましたように日本人の海外永住者数は年々増加しております。
　　　また、日本における金融業界の先行き不透明感が、資産家の投資先を海外に向けさせているという事実も、海外に長期滞在して資産運用したいというニーズを生み出し、さらに当市場を拡大させる要因となると考えております。

海外永住者数推移

⊙ → 📁 ブラッシュアップ編 → 📄 ブラッシュアップ→スライド2

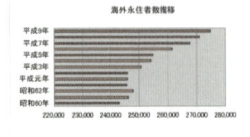

❷ まず融資担当者のハートをガッチリとつかむ

　事業の背景と目的のページでは、この事業をなぜ始めようと考えたのか、そのきっかけを説明することが求められます。Beforeに示したような漠然としたスローガンを掲げている事業計画書も多いのですが、融資担当者がこの計画書をはじめて見る場合には、スローガンの言葉に込められた背景や意味について語られていなければ何のことかよくわからないまま説明を聞かされることになってしまいます。

　スローガンなどを掲げるのであれば、そのスローガンを掲げるに至った理由や背景をまずはこの場所できちんと説明するようにしましょう。その事業を思いついたきっかけや動機、転機となった出来事などについて、その話を聞いた融資担当者の「心が動かされる」状態をつくり出すことがとても大切です。そこには個人的な強い想いがあってもいいですし、Afterに示したような魅力的なビジネス環境の存在や、大きなビジネスチャンスの存在などを訴えてもいいでしょう。その事業を行うことの社会的な意義や、社会貢献したいという強い志を示してもよいでしょう。

　このページで融資担当者の共感が得られるかどうかによってその先に興味をもっていただけるかどうかが決まります。ここは、事業計画書の一番はじめにあるページで、まさに「ツカミ」の部分です。融資担当者の注目が集まる個所でもありますから、訴求力の高いメッセージをぜひ盛り込んでください。

　また、説明の際には、とくにここで熱意を伝えるように心がけましょう。最初の印象がそのままあなたの印象となりますので、その点にも十分気をつけるようにしてください。

　なお、付録CD-ROMにはここで取り上げた事業計画書の完成版を収録しています。その完成版では、事業の背景と目的に示した内容を裏づける市場環境の説明を3ページにわたって記載しています。ご覧いただき、その内容を確認していただければと思います。

ブラッシュアップ編

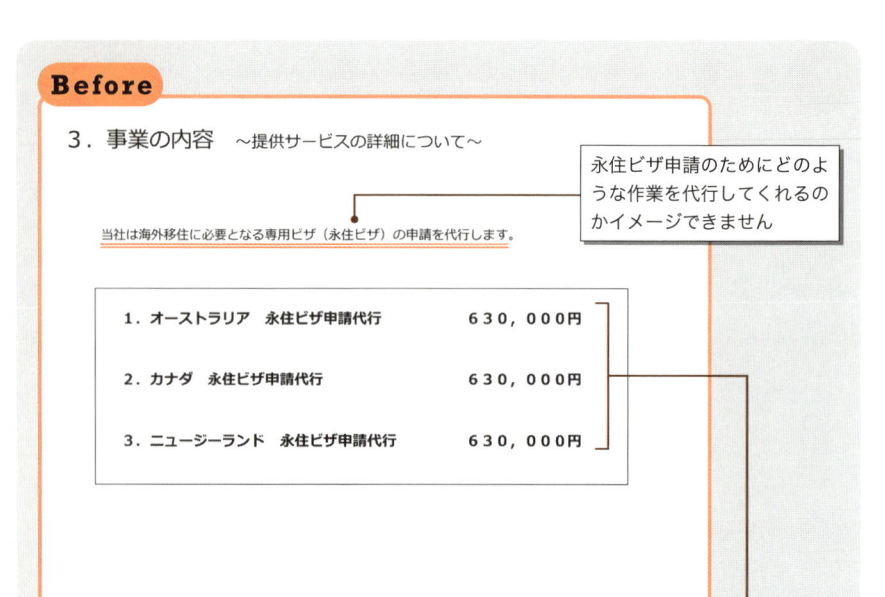

Before

3．事業の内容　～提供サービスの詳細について～

当社は海外移住に必要となる専用ビザ（永住ビザ）の申請を代行します。

1．オーストラリア　永住ビザ申請代行	630,000円
2．カナダ　永住ビザ申請代行	630,000円
3．ニュージーランド　永住ビザ申請代行	630,000円

> 永住ビザ申請のためにどのような作業を代行してくれるのかイメージできません

> 高額商品であるにもかかわらず、どんなサービスが提供されるのか不明なため価格の妥当性も判断できません

After

3．事業の内容　～提供サービスの詳細について～

当社は公益法人XXXXX財団の認定を受けた正規コンサルティング企業（賛助会員）必要となる専用ビザの手配を含む海外生活の準備から現地生活支援までトータルサポートします。
（オーストラリア・カナダ・ニュージーランド）

◆ **初心者から上級者まで皆さまの海外生活を総合的にサポートします**
- 東京XX区にある海外生活サロンにてさまざまな海外生活情報を入手することができます
- 海外生活経験者とともに渡航国、滞在方法等予算を計画に応じて選定することができます
- 渡航までの綿密な計画準備、現地生活中のサポート、海外生活の不安を解消することができます
- 携帯電話手配、銀行口座開設、医療相談、語学留学、ホームステイ等あらゆる手続きをお手伝いします
- 国内・海外の各オフィスにてインターネットを無料で利用することができます
- 国内・海外の各オフィスにて現地情報誌やガイドブック、書籍等を無料でレンタルすることができます

◆ **いつでも疑問を感じたときに各国各種ビザ相談が受けられます**
- 大使館や海外の専門家の回答を待つことなく、あらゆるビザの情報をご入手いただけます

◆ **日本と各国のさまざまな制度（年金、税制、医療など）の情報が得られます**
- 年金コンサルタントにより、取りもれている年金を探し、これまでの年金受給額が増える可能性があります
- ファイナンシャルプランナーや税理士の調査により、渡航までまたは帰国後の資産運用計画を立てることができます
- 日本にて人間ドックや英語診断書等の書類を特別割引にてご利用することができます
- 現地にて語学を学んだり、新たに資格を取得するための学校の情報を得ることができ、代行手配します
- 下見ツアーなしで海外暮らしを可能にするための基礎知識を学べます

◆ **海外オフィスによる24時間安心日本語サポートをご利用いただけます**
- 視察ツアーやセミナーを割引価格にてご紹介いたします
- 為替レートは特別料金にて両替することができます
- 格安航空券の手配ができます
- 海外引越し業者を特別料金にて利用することができます
- 留学宅管理や留守宅を賃貸物件として利用できます
- 日本の商品を現地にて個人輸入できます
- 海外宅配業者を特別料金にて利用することができます
- 外貨を直接現地にて受け取ることができます

<料金体系>
ロングステイサポート　315,000円
海外移住サポート　　　630,000円

◎ → 📁 ブラッシュアップ編 → 📄 ブラッシュアップ→スライド7

③ 融資担当者に「これはいい」と感じていただく

　これから始める事業の商品やサービスを説明するページです。融資担当者は商品やサービスをまだ知らない見込み客と同じような状態にあるわけですから、その中身の提示については事業のイメージがわくような工夫が必要になります。Beforeは単純にサービスの羅列で金額も一様になっていますので、これだけを見ても「何をしてくれるのか」不明です。一般の方は永住ビザを取るのに何が必要なのかわかりませんので、一言で「永住ビザ申請代行」と書かれても、具体的に何をしてもらえるのかイメージすることができません。こうした専門性の高いサービスの場合には、その享受方法を時系列に分解して、過程をわかりやすく説明するのがよいでしょう。

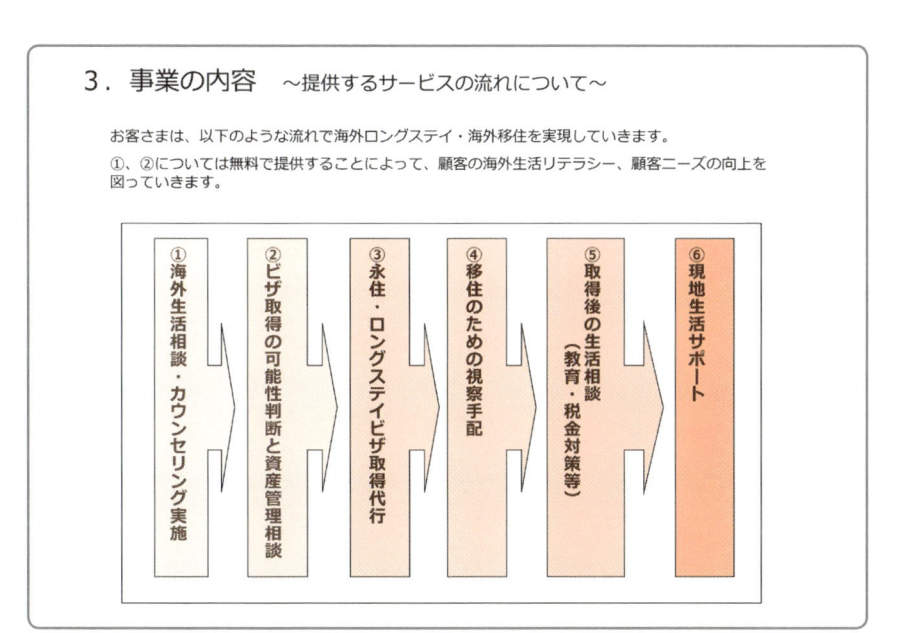

```
3．事業の内容　～提供するサービスの流れについて～

お客さまは、以下のような流れで海外ロングステイ・海外移住を実現していきます。
①、②については無料で提供することによって、顧客の海外生活リテラシー、顧客ニーズの向上を図っていきます。

①海外生活相談・カウンセリング実施 → ②ビザ取得の可能性判断と資産管理相談 → ③永住・ロングステイビザ取得代行 → ④移住のための視察手配 → ⑤取得後の生活相談（教育・税金対策等） → ⑥現地生活サポート
```

　Afterでは、海外生活を始めるにあたって、どれだけ手厚いサポートを受けられるのかつかめるように各サービスの内容を詳細に記載しました。専門性の高いビザのことを細かく説明するよりも、顧客の不安を解消する具体的な手段を伝えることのほうがイメージがわきやすいからです。「融資担当者を自社商品のファンにする」くらいの気持ちで臨むとよいでしょう。

Before

4．競合優位性

海外に長期滞在する方を支援する企業はいくつか存在していますが、
対象顧客の属性が異なっていたり、滞在期間が短かったりすることで
<u>直接的な競合企業は現在存在していません。</u>

> 直接的な競合企業がなければ、類似企業がどのようなサービスを提供しているのか示します。「競合がいない」という記載だけでは信頼性に欠けます

<u>競合他社が存在していないため、頑張れば市場を独占できる</u>
大きなチャンスが存在しています！

> 何を頑張るのか、大手の参入などは本当にないのか、将来に対して備えることは何かなど具体的に記載することが必要です

After

4．競合優位性

海外に長期滞在する方を支援する企業はいくつか存在していますが、対象顧客の属性が若かったり、滞在期間が短かったりしていて、直接的な競合企業は現在存在していないと考えられます。

会社名	当社	A社	B社	C社
主要取扱商品	ロングステイサポートサービス 海外移住サポートサービス	留学全般 書籍	語学留学 旅行	海外旅行中心
営業展開	海外移住・ロングステイ専門 ほかにこうした専門企業は存在しない	専門誌を発行する老舗 海外生活に関する専門知識、取引学校数では優位に立つ	留学専門の旅行会社 芸能人を広告に利用し短期語学留学を主催旅行で販売	旅行代理店大手 窓口から集客 大手ブランドからくる安心感が売り
最近の動向	海外に長期滞在する方を支援するマーケットへ新規参入	取扱人数が減少しており、社員、店舗等のリストラを実施	大学生協での販売シェアが拡大している模様	とくに新たな動きはない
専門性の高さ	高	中	中	低
会社所在地	東京都	東京都	大阪府	東京都
対象顧客	アクティブシニア中心	大学生・20代社会人	大学生	全年齢層 法人

専門性の高いコンサルティングサービスを提供することで、他社の参入を防ぎつつ、ニッチな市場内で圧倒的なブランドを築くことが可能であると考えます。

◉ → 📁 ブラッシュアップ編 → 📄 **ブラッシュアップ→スライド９**

④ 具体的なライバル、具体的な論拠を示す

　競合優位性のページでは、これから始める事業がライバル会社と比較してどれだけ優れているかをアピールします。明確な競合他社が存在している場合は、それぞれの会社をリサーチして、その特徴をわかりやすく表などにまとめてみるとよいでしょう。一覧の中で自社が優位になっている点にコメントをつけたり、色を変えて強調したりと、そこにフォーカスした説明を行うのがわかりやすくするコツだと思います。

　一方、サンプルの事業計画のように明確な競合が存在していない場合は、類似企業を探してみましょう。類似企業の特徴を記載したうえで、その市場においてこれから始める事業がどれだけユニークでかつ成長するチャンスがあるのか、その部分をアピールしましょう。
　競合がいないことをただ記載して、だからビジネスチャンスがあるとうたっても、あまり説得力がありません。ここでは、どれだけ自分がこの事業について調べ、考えをめぐらせているか、そのプロセスをアピールすることが大切なのです。通常は競合他社がいないということは、他社が参加するだけの魅力に乏しい市場ともとらえることもできるからです。なぜ競合が存在していないかをきちんと説明できることは、逆に説得力をUPする材料にもなります。
　とくに新規性が高い事業の場合は競合他社を探し出すのが難しいこともあります。そのような場合でも、①顧客属性が近い、②集客方法、営業方法が似ている、③サービスの提供方法に類似性がある、などの観点から比較対象となる事業を見つけ出し、まとめておくようにしましょう。実際こうした分析は、経営者であるあなたの知見を広げてくれますし、また将来訪れるさまざまなリスクに対するよいシミュレーション機会になります。時間をかけても分析しておく価値はあります。

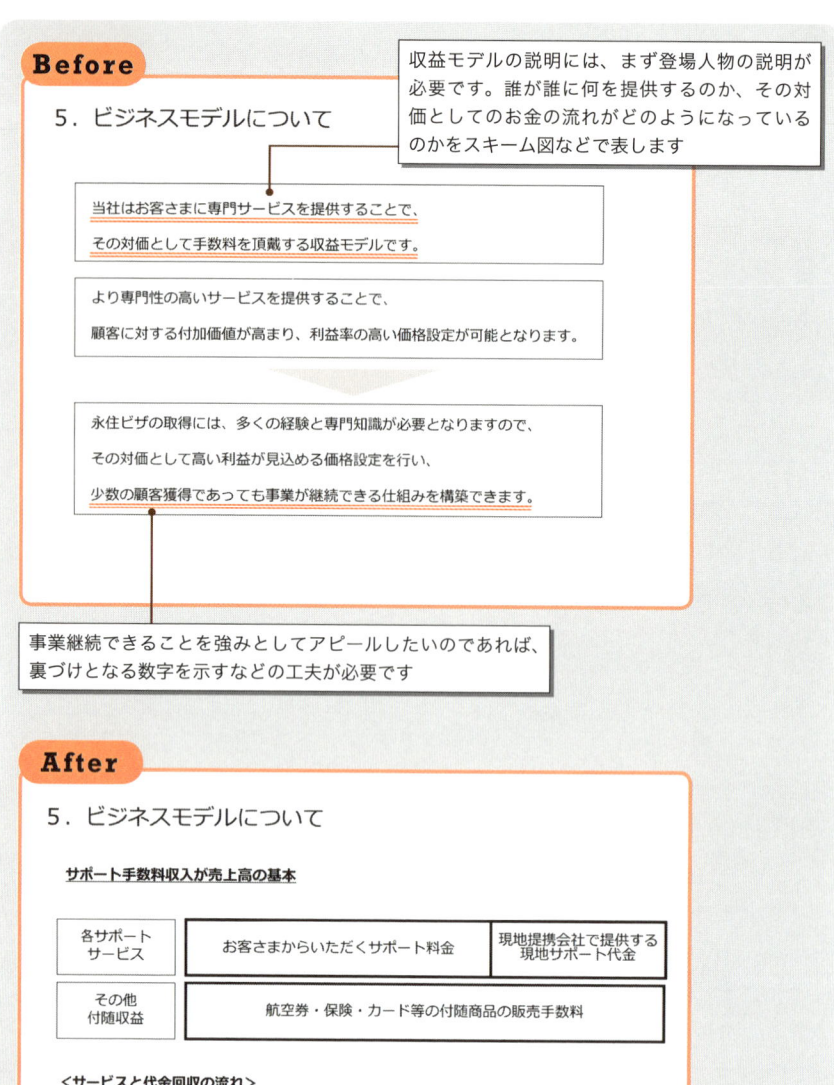

Before

5．ビジネスモデルについて

> 収益モデルの説明には、まず登場人物の説明が必要です。誰が誰に何を提供するのか、その対価としてのお金の流れがどのようになっているのかをスキーム図などで表します

- 当社はお客さまに専門サービスを提供することで、
- その対価として手数料を頂戴する収益モデルです。

- より専門性の高いサービスを提供することで、
- 顧客に対する付加価値が高まり、利益率の高い価格設定が可能となります。

▼

- 永住ビザの取得には、多くの経験と専門知識が必要となりますので、
- その対価として高い利益が見込める価格設定を行い、
- 少数の顧客獲得であっても事業が継続できる仕組みを構築できます。

> 事業継続できることを強みとしてアピールしたいのであれば、裏づけとなる数字を示すなどの工夫が必要です

After

5．ビジネスモデルについて

サポート手数料収入が売上高の基本

各サポートサービス	お客さまからいただくサポート料金	現地提携会社で提供する現地サポート代金
その他付随収益	航空券・保険・カード等の付随商品の販売手数料	

＜サービスと代金回収の流れ＞

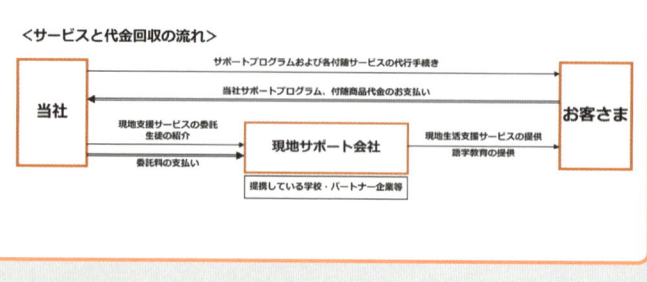

当社 →[サポートプログラムおよび各付随サービスの代行手続き]→ お客さま
当社 ←[当社サポートプログラム、付随商品代金のお支払い]← お客さま

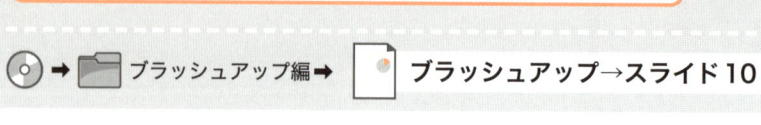

当社 →[現地支援サービスの委託／生徒の紹介]→ 現地サポート会社
当社 ←[委託料の支払い]→ 現地サポート会社

現地サポート会社 →[現地生活支援サービスの提供／語学教育の提供]→ お客さま

提携している学校・パートナー企業等

💿 → 📁 ブラッシュアップ編 → 📄 ブラッシュアップ→スライド10

5　ビジネスモデルは「お金の流れ」をわかりやすく示す

　ビジネスモデルを説明するページです。ビジネスモデルとは、端的にいえばお金を稼ぐ仕組みであり、そのビジネスにおける「お金の流れ」そのものです。お金が流れるということは、当然その対価となる商品やサービスの流れも記載する必要がありますし、またそれを扱う登場人物、すなわち「事業者」「顧客」「取引先」なども関わってくることになります。

　Beforeでは、何を提供して売上を上げていくのか簡単に説明がされていますが、誰がこのビジネスに関わっていて、どのようにお金が流れていくのかイメージがあまりできません。図解にしないといけないというわけではなく文章で書いてもかまわないのですが、その場合は、各登場人物の「誰が」「何を」「どうする」のかがはっきりわかるように記載しましょう。

　Afterの下段に示したような図を「ビジネススキーム図」と呼びます。このシート1枚で、ビジネス全体に関わる「人」「モノ（サービス）」「お金」「情報」などの流れがわかるようになっています。ビジネススキーム図は、はじめにビジネスの登場人物を書いたあと、それぞれの取引を「→」で表現し、そこに何が流れているのかを表記していくと比較的簡単に作成することができます。複雑な取引になると矢印だらけで何がなんだかわからなくなってしまうことがありますが、そのような場合は主要取引（全体の中で大きな売上を構成する取引）に限定してスキーム図に記載し、他の取引は別添資料で説明するのがよいでしょう。

　ここでも大切なことはわかりやすさです。近年ビジネスが複雑化するに伴って、スキームがわかりにくくなっている傾向があります。このビジネスにおける経営資源の存在がどのようになっているのか、それぞれの経営資源によってどのようなお金の流れが生み出されているのか、融資担当者が一目でわかるように工夫してみてください。他社のホームページの事業説明などで使われている図を参考にしてみるのもいいでしょう。

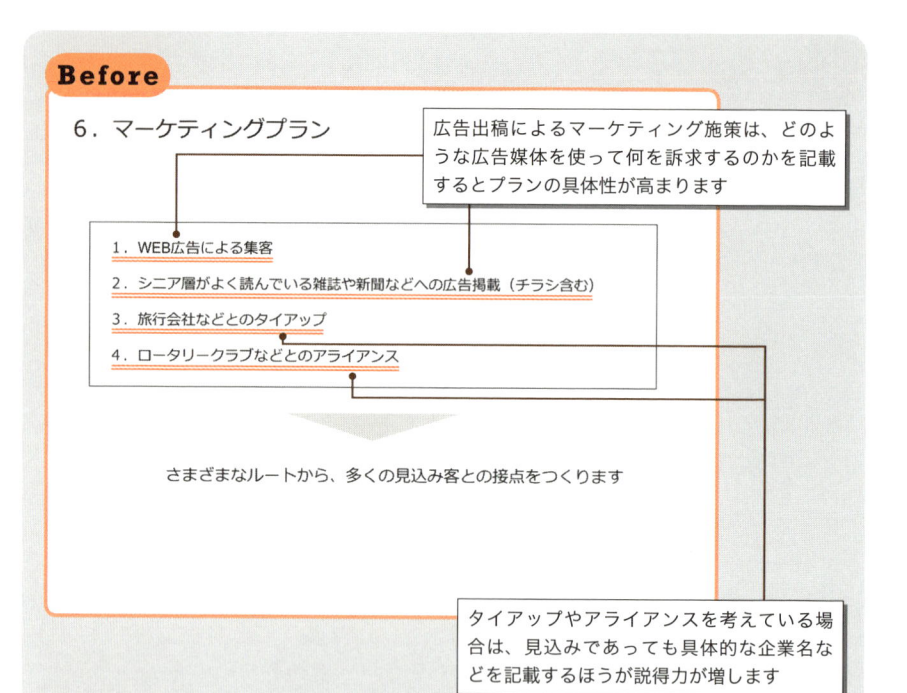

Before

6．マーケティングプラン

1．WEB広告による集客
2．シニア層がよく読んでいる雑誌や新聞などへの広告掲載（チラシ含む）
3．旅行会社などとのタイアップ
4．ロータリークラブなどとのアライアンス

> 広告出稿によるマーケティング施策は、どのような広告媒体を使って何を訴求するのかを記載するとプランの具体性が高まります

さまざまなルートから、多くの見込み客との接点をつくります

> タイアップやアライアンスを考えている場合は、見込みであっても具体的な企業名などを記載するほうが説得力が増します

After

6．マーケティングプラン

来店までの集客はネットによるマーケティング⇒海外移住＆ロングステイセミナーへ誘導します。
セミナー時に来店予約を獲得し、その後ご来店して専門性の高いカウンセリングを提供いたします。
将来的には専門書籍の販売や雑誌への特集掲載などで集客力を向上させます。

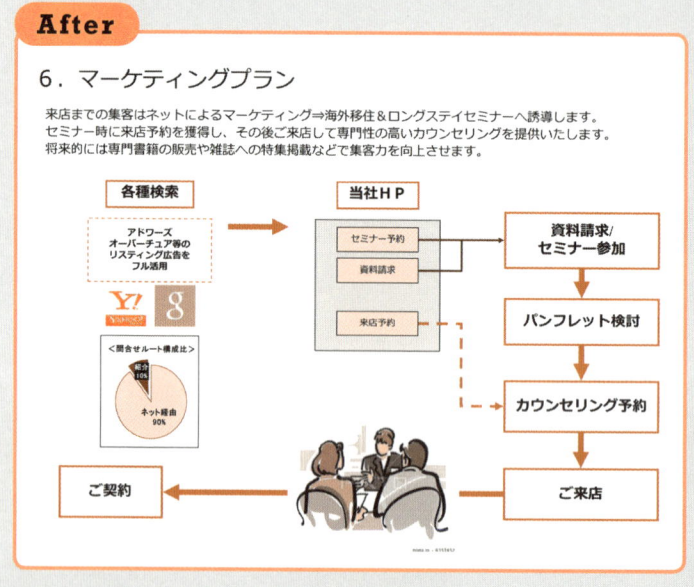

各種検索
アドワーズ・オーバーチュア等のリスティング広告をフル活用
Yahoo! / Google

＜問合せルート構成比＞
紹介 10％
ネット経由 90％

当社HP
セミナー予約
資料請求
来店予約

資料請求/セミナー参加
↓
パンフレット検討
↓
カウンセリング予約
↓
ご来店
↓
ご契約

→ ブラッシュアップ編 → ブラッシュアップ→スライド11

6 顧客獲得までの動線を示す

マーケティングプランのページです。これから事業を始める方にとってマーケティングプランはまさにビジネスの「命」です。どんな事業であっても顧客が存在しなければ、その事業は成り立ちません。自分の事業を世の中に知らしめて、顧客の興味をひきつけ、商品やサービスをご購入いただくための手段を説明する、それがこのページの役割になります。このページの内容が薄いと、事業計画書のリアリティが大きく損なわれることになりますので、とくに注意するようにしましょう。

Beforeで示した内容は、よくありがちな表現なのですが、具体性に乏しく本当にこれだけで集客できるのか不安を拭えません。ホームページを作成して集客するというのは、現在のビジネスでは王道ですが、ホームページをWEB上に公開しても、それは広大な砂漠に商店を開くのと同じですから、どのように自分のお店＝ビジネスを潜在顧客に知っていただくのか、その筋道がわかるように説明することが必要でしょう。

Afterでは、GoogleやYahoo!のリスティング広告によって、その認知度を高める方法が記載されていますが、より丁寧さを追求するのであれば、具体的なキーワードと、想定されるアクセス数やクリック率、クリック単価などまで調べたうえでこのページに記載すると、よりリアリティが増すことでしょう。もし、すでにホームページのデザインなども考えているのであれば、そうしたデザインまで含めたページ案を持参するか、もしくはモック版を作成してその場でタブレットなどでプレゼンするというのもインパクトがあっていいと思います。

また、ネット以外の手段を記載する場合は、すでに話を通しているような取引先やアライアンス先があるのであれば、その具体的な名前を挙げるのが効果的です。すでにそうしたマーケティング活動を開始しているという大きなアピールポイントになりますし、その企業が誰でも知っているようなブランド企業であれば、なおのこと事業計画の実現可能性に対する信頼度が増すでしょう。

Before

7．ビジネスモデル＆マーケティングの検証

> ビジネスモデルの検証にはよりリアリティが求められます。記事や調査からの引用だけでなく、自ら検証手段を考えて実行し、その結果を表現します

- 20xx年日本人海外旅行者 50歳以上のシニア数
  約580万人
  全体数に占める割合
  約34％
  （週刊ダイヤモンド記事より）

- 老後を海外で過ごしたい「団塊の世代」
  29％・200万人
  （人口統計・日経新聞記事より）

シニア層の海外生活に対する憧れは年々増加している　⇒　潜在ニーズが高まってきている
日本の高齢化はこれからも進行する　⇒　市場規模が年々拡大している

マーケットの「質（ニーズの高さ）」と「量（規模）」が拡大しているので
きちんとサービスの告知を行い、認知度を高めれば顧客は自然に集まってくる

> この結論は単なる仮説にすぎません。実際にビジネスニーズがあるかどうか身近なところで検証することが必要です

After

7．ビジネスモデル＆マーケティングの検証（2）

【外部環境】
当社のビジネスフィールドである「海外生活市場」は、日本における「国際化の進展」（ビジネスにおける語学力の重要性増大、学校教育における英会話義務化等）、「価値観の多様化」（日本式雇用の変化・少子化時代の到来に伴って子どもの進学先として海外を選択するケースの増加、老後を海外で暮らすというニーズの高まり等）、および「パラダイムの転換」（自分探しを海外に求める若者の増加、就職率の低下、いったん就職したものの、日々の生活に飽き足らない若者の増加等）などにより、海外渡航希望者の裾野は拡大傾向にあり、かつこのような裾野の拡大は、渡航目的の決定時・渡航手続き実施時・現地到着直後等の各フェーズにおいて何らかの手助けを必要とするケースの増加につながっているものと考えられます。

①インターネット上でのアンケート調査

ネット上で、50歳以上の方に海外移住・ロングステイに関するアンケート調査を実施。
回答総数238件、有効回答197件の結果は次のとおり。

①老後を海外で暮らしたいか否か？
　老後を海外で暮らしたい　38.3％

②そのために必要なことは何か？
　1．必要資金の確保
　　　将来資金プランの計画立案
　2．海外で生活できる語学力の習得
　3．専門知識の習得
　4．海外で一緒に生活する友人、コミュニティの確保

②海外生活セミナーのテスト開催

平成25年10月xx日、渋谷○○会議室にて、海外生活セミナーをテスト開催した。
その概要は以下のとおり。

募集方法：WEBページを使って募集
参加料金：2万円
タイトル：海外移住・永住勉強会

＜結果＞

①HPアクセスユニークユーザー数
　1週間の告知にも関わらず、**約5000名**の方がアクセス

②当セミナー予約数、実参加数
　セミナー予約数155名　実参加数93名

③帰任サービスへの関心度
　A．サービスがあればぜひ参加したい　38名
　B．前向きに検討してみたい　　　　　45名
　C．興味なし・その他　　　　　　　　10名

💿 → 📁 ブラッシュアップ編 ➡ 📄 ブラッシュアップ→スライド13

7 リアルな実験結果でビジネスプランを実証する

　ここでは、これまで記載してきたビジネスモデルやマーケティングプランがどれだけ真実味があるのかを説明します。Beforeでは、第三者によるデータから仮説を立てて、その仮説に基づいて事業の実現可能性の高さを説明していますが、これだけでは十分とはいえません。

　大切なことは、自分の考えているアイデアや商品が、本当に市場に受け入れられるのかどうかについて、自ら実験して確かめるというそのプロセスです。予算も時間も限られているはずですから、大企業が実施するような大規模な市場リサーチを行う必要はありません。自分の身の回りのツテやインターネットを使ったアンケートなど、どうすれば自分の事業について市場の生の声を集められるかその手段を考えて、できる範囲で実際に行ってみましょう。

　この段階で、これから顧客になりうるであろう潜在顧客の「心の声」を集めることには大きな意味があります。顧客が何を求めているのか、顧客の本音は何であるのか生の声を聞くことによって、これまで頭の中でつくられてきた事業計画が本当に市場に受け入れられるのかどうかリアリティをもってわかってきます。自分では素晴らしいと思っていたアイデアが実は市場ではあまり評価されなかったり、逆にあまり自信がなかったプランが、テストを実施したことで大きなニーズがあることがわかって自信をもてるようになることもあります。

　事業を始める前にリアルなテストを重ねていくことは、将来のリスクヘッジにもつながります。このプロセスにはビジネスのタネやヒントがたくさん隠されていることも多いので、時間が許す限り徹底的に取り組むようにしましょう。事業には多くの仮説が含まれているので、その仮説ごとに検証するポイントを設定していくと、後々ビジネスモデルを整理するのに役立ちます。やみくもにテストするのではなく、何が事業にとって大切なことかきちんと考察を進めたうえで、限られた時間とお金を有効に使うようにしましょう。

ブラッシュアップ編

Before

9．収支計画（売上・利益計画）

初年度売上・利益

　　①売上高　　　　1,626万円
　　②粗利益　　　　1,566万円
　　③営業利益　　　▲476万円

2年目売上・利益

　　①売上高　　　　7,776万円
　　②粗利益　　　　6,336万円
　　③営業利益　　　639万円

3年目売上・利益

　　①売上高　　　　1億6,677万円
　　②粗利益　　　　1億3,377万円
　　③営業利益　　　4,694万円

> 概要を示すのであれば事業計画のポイントになる数字だけ表記するのも可ですが、収支計画ではどのような与件を設定して、どのように数字を積み上げたのかを具体的に示す必要があります

After

9．収支計画（売上・利益計画）

当社の売上および利益計画は下記のとおりです。

	第一期	第二期	前期比	第三期	前期比	第四期	前期比	第五期	前期比
売上高	¥16,260,000	¥77,760,000	478%	¥166,770,000	214%	¥310,980,000	186%	¥427,740,000	138%
ロングステイサポート事業	¥8,190,000	¥28,980,000	354%	¥59,850,000	207%	¥107,100,000	179%	¥144,900,000	135%
海外移住サポート事業	¥5,670,000	¥35,280,000	622%	¥78,120,000	221%	¥148,680,000	190%	¥206,640,000	139%
その他サポート収益	¥2,400,000	¥13,500,000	563%	¥28,800,000	213%	¥55,200,000	192%	¥76,200,000	138%
売上原価	¥600,000	¥14,400,000	2400%	¥33,000,000	229%	¥67,800,000	205%	¥99,600,000	147%
売上総利益	¥15,660,000	¥63,360,000	405%	¥133,770,000	211%	¥243,180,000	182%	¥328,140,000	135%
粗利益率	96.3%	81.5%		80.2%		78.2%		76.7%	
販売費及び一般管理費	¥20,423,600	¥56,964,000	279%	¥86,824,200	152%	¥117,074,40	135%	¥166,702,80	142%
営業利益	¥-4,763,600	¥6,396,000	-134%	¥46,945,800	734%	¥126,105,60	269%	¥161,437,20	128%
営業利益率	-29.30%	8.23%		28.15%		40.55%		37.74%	

💿 → 📁 ブラッシュアップ編 → 📄 ブラッシュアップ→スライド15

8 数字は積み上げることで重みが増す

事業計画書の大きな核となる部分です。数字がなければ事業計画はただの「企画書」になってしまいます。いま構想しているビジネスが具体的にどのような数字を生み出すのか、その詳細を記載するのがこのページになります。

Beforeのように単なる数字だけを記載してもあまり意味がありません（これは収支計画ではなく事業目標です）。

どのような与件を設定して、どのように数字を積み上げたのか、その過程をきちんと説明できることが求められますので、できれば月次ベースで、損益計算書のイメージで計画をつくるようにしましょう。

9．収支計画（売上・利益計画）初年度月次

	1期4月	1期5月	1期6月	1期7月	1期8月	1期9月	1期10月	1期11月	1期12月	年計
売上高	105,000	420,000	735,000	1,465,000	1,775,000	2,085,000	2,705,000	3,225,000	3,745,000	16,260,000
ロングステイサポート事業	105,000	210,000	315,000	735,000	945,000	1,155,000	1,575,000	1,575,000	1,575,000	8,190,000
海外永住サポート事業	0	210,000	420,000	630,000	630,000	630,000	630,000	1,050,000	1,470,000	5,670,000
その他サポート収益	0	0	0	100,000	200,000	300,000	500,000	600,000	700,000	2,400,000
売上原価	0	0	0	0	0	0	100,000	200,000	300,000	600,000
売上総利益	105,000	420,000	735,000	1,465,000	1,775,000	2,085,000	2,605,000	3,025,000	3,445,000	15,660,000
役員報酬	300,000	300,000	300,000	600,000	600,000	600,000	600,000	600,000	600,000	5,400,000
給与手当	0	0	0	300,000	300,000	300,000	600,000	600,000	600,000	2,700,000
雑給	100,000	100,000	100,000	200,000	200,000	200,000	200,000	200,000	200,000	1,800,000
賞与	0	0	0	0	0	0	0	0	0	0
法定福利費	52,800	52,800	52,800	145,200	145,200	145,200	184,800	184,800	184,800	1,306,800
福利厚生費	24,000	24,000	24,000	66,000	66,000	66,000	84,000	84,000	84,000	594,000
業務委託費	0	0	0	0	0	0	0	0	0	0
通勤交通費	50,000	50,000	50,000	125,000	125,000	125,000	150,000	150,000	150,000	1,125,000
消耗品費	30,000	30,000	30,000	30,000	30,000	30,000	30,000	30,000	30,000	360,000
地代家賃	250,000	250,000	250,000	250,000	250,000	250,000	250,000	250,000	250,000	3,000,000
賃借料	0	0	0	0	0	0	0	0	0	0
新聞図書費	10,000	10,000	10,000	10,000	10,000	10,000	10,000	10,000	10,000	120,000
租税公課	10,000	10,000	10,000	10,000	10,000	10,000	10,000	10,000	10,000	120,000
減価償却費	0	0	0	0	0	0	0	0	0	0
旅費交通費	30,000	30,000	30,000	30,000	30,000	30,000	30,000	30,000	30,000	360,000
通信費	10,000	10,000	10,000	10,000	10,000	10,000	10,000	10,000	10,000	120,000
水道光熱費	20,000	20,000	20,000	20,000	20,000	20,000	20,000	20,000	20,000	240,000
支払手数料	20,000	20,000	20,000	20,000	20,000	20,000	20,000	20,000	20,000	240,000
広告宣伝費	100,000	100,000	100,000	100,000	100,000	104,250	135,250	161,250	187,250	1,388,000
接待交際費	10,000	10,000	10,000	10,000	10,000	10,000	10,000	10,000	10,000	120,000
教育訓練費	10,000	10,000	10,000	10,000	10,000	10,000	10,000	10,000	10,000	120,000
運賃	10,000	10,000	10,000	10,000	10,000	10,000	10,000	10,000	10,000	120,000
会議費	30,000	30,000	30,000	30,000	30,000	30,000	30,000	30,000	30,000	360,000
販売促進費	3,150	12,600	22,050	43,950	53,250	62,550	78,150	90,750	103,350	469,800
その他販管費	30,000	30,000	30,000	30,000	30,000	30,000	30,000	30,000	30,000	360,000
販売費及び一般管理費	1,099,950	1,109,400	1,118,850	2,050,150	2,059,450	2,073,000	2,502,200	2,540,450	2,579,400	20,423,600
営業利益	-994,950	-689,400	-383,850	-585,150	-284,450	12,000	102,800	484,200	865,600	(4,763,600)

なお、ビジネスの立ち上げ期の数字で比較的大きなものは、①売上＝商品単価×販売数（販売数は販売計画を作成して自社商品・サービスがいつ・どれだけ売れるのかを予測する）、②仕入原価、③人件費、④地代家賃、⑤広告宣伝費、などになりますので、このあたりの数字がきちんとした論拠をもって算定されているかどうか確認してみてください。

Before

１０．資金計画

初期設備投資

会社登記費用	250,000円
オフィスレンタル費用（敷金・礼金・仲介手数料）	600,000円
オフィス什器、パソコン、コピー代	750,000円
合計	1,600,000円

運転資金

売上予測（初期半年）	1,260,000円
半年間の必要経費	6,620,000円
必要資金	5,360,000円

初年度半年間で、160万円＋536万円 ≒ 700万円の資金が必要

自己資金が300万円なので、あと400万円の借入が必要となる

> 必要資金がいくらになるのかはキャッシュフローの月次推移表を作成しないと正確にはわかりません。可能であれば月次推移表を作成しましょう

> 借入した金額を将来どのように返していくのか示されていません。融資担当者は返済に対する考え方を注意深く観察しています

After

１０．資金計画

資本金300万円で当事業をスタートすると、一期目の途中で資金が不足するため、事業開始後3カ月以内に300万円の借入を実施します。
この資金手当てにより資金残高が月次ベースで100万円を下回る状態を回避できます。

	第一期	第二期	第三期	第四期	第五期
売上に伴う入金	¥16,260,000	¥77,760,000	¥166,770,000	¥310,980,000	¥427,740,000
借入による入金	¥3,000,000	¥0	¥0	¥0	¥0
自己資金・代表からの借入	¥0	¥0	¥0	¥0	¥0
その他入金	¥0	¥0	¥0	¥0	¥0
入金合計	¥19,260,000	¥77,760,000	¥166,770,000	¥310,980,000	¥427,740,000
原価支払	¥0	¥12,900,000	¥30,600,000	¥63,300,000	¥96,600,000
経費支払	¥17,844,200	¥54,697,000	¥84,248,400	¥114,602,200	¥162,551,000
投資関連支払	¥0	¥0	¥0	¥0	¥0
借入金返済	¥1,100,000	¥1,200,000	¥1,200,000	¥1,200,000	¥1,200,000
税金・社保支払	¥0	¥70,000	¥5,854,320	¥26,405,736	¥65,123,352
その他出金	¥0	¥0	¥0	¥0	¥0
出金合計	¥18,944,200	¥68,867,000	¥121,902,720	¥205,507,936	¥325,474,352
当期CF増減	¥315,800	¥8,893,000	¥44,867,280	¥105,472,064	¥102,265,648
期末CF残高	¥3,315,800	¥12,208,800	¥57,076,080	¥162,548,144	¥264,813,792

◎ → 📁 ブラッシュアップ編 → 🅿 ブラッシュアップ→スライド２１

9 融資担当者の一番の注目点

最後に資金計画のページについて説明します。融資担当者が一番注目するところ、それがこの資金計画です。これまでのページで事業の概要や数字については説明されていますので、ではその事業を実現するために、いったいいくらのお金が必要で、そのうちいくらを融資でまかなおうとしているのか、その意思が資金計画に表れているからです。融資された金額を将来どのように返していくかも、このページで表現することになります。

融資担当者が一番注目していること、それは経営者が借りたお金をきちんと返してくれるかどうかに尽きます。このページにはその意思が明確に表れてきますので、とくに担当者はこの部分の説明に目を光らせているわけです。

Beforeに示したような説明では、将来どのような形で返済を予定しているのかがわかりません。次のように収支計画に連動した月次の資金計画表を作成するようにしましょう。なお、資金計画表には必ず「借入金返済」の項目を入れることを忘れないようにしてください。この項目がないということは返済する意思がないということと同義です。お金を借りることに対する考え方と、借りたものは必ず返すという強い姿勢をここで示すようにしましょう。

10．資金計画（初年度月次）

事業開始後、半年間はキャッシュフローがマイナスとなり、300万円の借入が事業を回転させるために必要となっています。半年間で事業売上を立てることができないと、追加の資金が必要となるため、事業開始後3カ月で、顧客獲得フローを確立し契約を獲得できる体制を構築します。

	1期1月	1期2月	1期3月	1期4月	1期5月	1期6月	1期7月	1期8月	1期9月	1期10月	1期11月	1期12月	年計
期首CF残高	3,000,000	6,000,000	4,803,200	3,606,400	2,514,800	1,734,650	1,260,250	1,506,400	1,131,250	1,056,800	1,588,800	2,211,800	3,000,000
売上に伴う入金	0	0	0	105,000	420,000	735,000	1,465,000	1,775,000	2,085,000	2,705,000	3,225,000	3,745,000	16,260,000
借入による入金	3,000,000	0	0	0	0	0	0	0	0	0	0	0	3,000,000
自己資金・代表からの借入	0	0	0	0	0	0	0	0	0	0	0	0	0
その他入金	0	0	0	0	0	0	0	0	0	0	0	0	0
入金合計	3,000,000	0	0	105,000	420,000	735,000	1,465,000	1,775,000	2,085,000	2,705,000	3,225,000	3,745,000	19,260,000
FP原価支払	0	0	0	0	0	0	0	0	0	0	0	0	0
AP原価支払	0	0	0	0	0	0	0	0	0	0	0	0	0
経費支払	0	1,096,800	1,096,800	1,096,800	1,099,350	1,109,400	1,118,850	2,050,150	2,059,450	2,073,000	2,502,200	2,540,800	17,844,200
借入金返済	0	0	0	0	0	0	0	0	0	0	0	0	0
借入金返済	0	100,000	100,000	100,000	100,000	100,000	100,000	100,000	100,000	100,000	100,000	100,000	1,100,000
税金・社保支払	0	0	0	0	0	0	0	0	0	0	0	0	0
その他出金	0	0	0	0	0	0	0	0	0	0	0	0	0
出金合計	0	1,196,800	1,196,800	1,196,800	1,199,350	1,209,400	1,218,850	2,150,150	2,159,450	2,173,000	2,602,200	2,640,800	18,944,200
当月CF増減	3,000,000	-1,196,800	-1,196,800	-1,091,800	-779,350	-474,400	246,150	-375,150	-74,450	532,000	622,800	1,104,200	315,800
期末CF残高	6,000,000	4,803,200	3,606,400	2,514,600	1,734,650	1,260,250	1,506,400	1,131,250	1,056,800	1,588,800	2,211,800	3,315,800	3,315,800

ブラッシュアップ編 3　事業計画書10のチェックポイント

① 見直しをするときの手がかり

　事業計画を一通りつくり終えたら次のステップとしてチェック作業を行っていきます。以下のチェックポイントに従って自分のつくった事業計画の内容を見直してみましょう。

Check ①
☐ 実現不可能な計画や売上高を掲げていないか？

　冒頭に「1年後マザーズ上場」などと書かれている事業計画書を見かけることがあります。夢が大きいことはけっこうですが、「この人には現実が見えているのか？」と疑いの目を向けられるような表現は避けましょう。また、各種予測数字も勢いだけで書かずに裏づけを取ることを忘れないようにしてください。

Check ②
☐ すぐにマネされないよう対策を考えているか？

　事業を稼働させるまでのスピードにこだわりましょう。自分では独創的なつもりでも、同時期に似たプランを考える人はいるものです。稼働までにもたつかないことが大切です。また、新事業が市場に高評価をもって迎えられたとなれば、マネしようとする人が現れるのは時間の問題となります。少しでも参入障壁を高めるために、特許を含む各種権利対策についても意識するようにしましょう。

Check ❸
☐ 対象とする客層を極端に絞り込んでいないか？

　広すぎるターゲットでは訴求力に乏しく、反面、狭すぎるターゲットを設定してしまうと、マーケット規模が小さすぎて、収益力が弱まったり非効率になる危険があります。また、リターンを期待する資金提供側のメリットが減少してしまうリスクもあります。

Check ❹
☐ 事業を稼働させるスタッフを実際に確保できるか？

　事業を遂行するための技術や知識、資格、経験は自分にあるのかどうか。それらを備えている人材を確保できているか。まだだとすれば今後どうやって獲得するのか。協力・提携関係などによって外部に求める方法はないか。それらの答えを出しておきましょう。

Check ❺
☐ 流通・販売方法を無視していないか？

　流通・販売方法は十分に考えられているか。これはビジネスを進めていくうえで大切な要素です。問屋に卸すのか、小売に卸すのか、通販などで直接売るのか。あるいは、それらを複合的にやるのか。その他の方法か。
　どんなチャネルなら確保できるのか、コストもにらみながら詰めておきましょう。

Check ❻
☐ 特許や商標、著作権などを侵害していないか？

　「アイデアの盗用なんてしていないから安心」ではいけません。すでに特許や実用新案が認められている可能性はありますし、出願中ということもあ

ります。また、ネーミングやデザインなどが商標や意匠を侵害していないかも注意が必要です。知的所有権や著作権にも留意しておくようにしましょう。

Check ❼
☐ 事業計画書が専門的になりすぎていないか？

　事業計画書を読む人は、ビジネスのプロであっても、その提案事業について造詣が深いとは限りません。内容や表現が専門的になりすぎていないか注意し、できるだけ平易な表現を用いるようにしましょう。理解しない相手を責めても何も生まれません。どう理解してもらうかを考えましょう。

Check ❽
☐ 事業計画書が膨大になりすぎていないか？

　事業計画書は厚いほどいいと考えるのは錯覚です。10〜15分程度で概要とポイントがつかめる量が標準と考えていいでしょう。どうしても分量が膨らむのなら、別紙や別冊にして見てもらうようにしましょう。

Check ❾
☐ 書くべき内容の比重を間違えていないか？

　そのプランのどの項目を一番伝えたいのか、あるいは、相手はどの項目を一番知りたがっているのかで記述の比重は変わります。たとえばマーケットの将来性が魅力的であるなら、その説明は重点的にすべきです。ただし、読み手が理解しやすい順番でシートが並べられているかという視点も忘れてはいけません。

Check ⑩
☐ プレゼンテーションとの役割分担を意識しているか？

　事業計画書は、それだけを見てもらう場合と、プレゼンテーションしながら見てもらう場合とがあります。映像や模型などのツールを使える場合と使えない場合もあります。どういう環境で見てもらうのかを意識して、内容やボリュームが適切かどうか確認しましょう。

❷ 複数の視点を取り入れよう

　自分自身でのチェックが終わったら、そのテーマに詳しい人や、反対にまったく詳しくない人に見てもらいます。できれば、普段から事業計画書を見慣れている人や、計画書提出先の立場に近い人なども探し出して、ぜひ目を通してもらいましょう。自分では完璧に仕上げたと思っていても、まず間違いなく「ミス」「抜け」「弱点」「矛盾」「無理」「難解」と判定される個所があるからです。

　人に見てもらうときには、必ず、いい点と悪い点の両方を指摘してもらうように依頼してください。詳しくない人であれば、理解できるところ・理解できないところというフィードバックでもOKです。というのは、悪い点を修正していく際、いい点を基準にして、いい点との整合性を図りながら相乗効果を狙う形で作業ができるからです。

　なお、意見を聞くたびに修正していくのは非効率です。修正作業は、意見をいったん蓄積して、多数派のもの、少数派でも鋭いと思えるものなどの評価分類をしてから取りかかるようにしましょう。

ブラッシュアップ編 4 公庫の新創業融資制度をチェックする

1 融資を申し込むための準備

最後に、融資を受けるための準備について触れておきます。ここでは、日本政策金融公庫の新創業融資制度を例に取って説明していきます。新創業融資制度の概要は次のとおりです（2014年4月時点）。

新創業融資制度

利用できる人	次の①～③のすべての要件に該当する人 ①創業の要件 　新たに事業を始める人、または事業開始後税務申告を2期終えていない人 ②雇用創出、経済活性化、勤務経験または修得技能の要件 　次のいずれかに該当する人 　1. 雇用の創出を伴う事業を始める人 　2. 技術やサービス等に工夫を加え多様なニーズに対応する事業を始める人 　3. 現在勤めている企業と同じ業種の事業を始める人で、次のいずれかに該当する人 　　（ア）現在の企業に継続して6年以上勤めている人 　　（イ）現在の企業と同じ業種に通算して6年以上勤めている人 　4. 大学等で修得した技能等と密接に関連した職種に継続して2年以上勤めている人で、その職種と密接に関連した業種の事業を始める人 　5. すでに事業を始めている場合は、事業開始時に1.～4.のいずれかに該当した人 ③自己資金の要件 　事業開始前、または事業開始後で税務申告を終えていない場合は、創業時において創業資金総額の10分の1以上の自己資金を確認できる人（事業に使用する予定のない資金は、本要件における自己資金には含まない）
使途	事業開始時または事業開始後に必要となる事業資金
融資限度額	3000万円（うち運転資金1500万円）
返済期間	設備資金15年以内＜うち据置期間2年以内＞ 運転資金5年以内（とくに必要な場合は7年以内）＜うち据置期間1年以内＞
利率（年）	2014年4月現在、融資期間5年以内の基準利率が2.60％、5年超6年以内が2.60％、6年超7年以内が2.70％、7年超8年以内が2.70％、8年超9年以内が2.80％、9年超10年以内が2.80％
担保・保証人	不要

日本政策金融公庫HPより作成

融資制度を活用するためには、融資の申し込みを行う必要があります。新創業融資制度を申し込む際に必要となる書類は次の5つです（事業によっては追加資料が必要となる場合もあります）。

- ☐ 借入申込書
- ☐ 創業計画書
- ☐ 設備資金の申し込みの場合は見積書
- ☐ 履歴事項全部証明書または登記簿謄本（法人の場合）
- ☐ 担保設定をする場合は、不動産の登記簿謄本または登記事項証明書

　借入申込書の記入方法については、日本政策金融公庫のサイト内に記入例がありますので、そちらを参考にしてください。

＜借入申込書等ダウンロード＞
URL https://www.jfc.go.jp/n/service/dl_kokumin.html

　見積書、登記簿謄本、登記事項証明書などは発注先や法務局で取得できるものですからここでは割愛し、創業計画書を記入する際に押さえておくべき点について説明していきます。

❷ 創業計画書と事業計画書

　創業計画書は、いってみれば事業計画書を圧縮してA4サイズ2枚にまとめたものです。事業計画書が手元にあれば、その内容を踏まえて創業計画書のフォーマットに転記していくだけの作業になります。創業計画書のポイントを見ていきましょう（2014年4月時点）。

日本政策金融公庫の創業計画書

創 業 計 画 書　　〔平成　　年　　月　　日作成〕

お名前 _____

1 創業の動機（創業されるのは、どのような目的、動機からですか。）

	公庫処理欄

2 経営者の略歴等

経営者の略歴	年 月	内 容	公庫処理欄

過去の事業経験：
- □ 事業を経営していたことはない。
- □ 事業を経営していたことがあり、現在もその事業を続けている。
- □ 事業を経営していたことがあるが、既にその事業をやめている。
  （⇒やめた時期：　　年　　月）

取得資格：□ 特になし　□ 有（　　　　　　　　　　　　　　　）

3 取扱商品・サービス

取扱商品・サービスの内容			公庫処理欄
	①	（売上シェア　　%）	
	②	（売上シェア　　%）	
	③	（売上シェア　　%）	
セールスポイント			

4 取引先・取引関係等

	取引先名（所在地等）	シェア	掛取引の割合	回収・支払の条件	公庫処理欄
販売先	（　　　　）	%	%	日〆　日回収	
	（　　　　）	%	%	日〆　日回収	
	ほか　　社	%	%	日〆　日回収	
仕入先	（　　　　）	%	%	日〆　日支払	
	（　　　　）	%	%	日〆　日支払	
	ほか　　社	%	%	日〆　日支払	
外注先	（　　　　）	%	%	日〆　日支払	
	ほか　　社	%	%	日〆　日支払	
人件費の支払	日〆　　　　日支払（ボーナスの支給月　　月、　　月）				

☆ この書類は、ご面談にかかる時間を短縮するために利用させていただきます。
　なお、本書類はお返しできませんので、あらかじめご了承ください。
☆ お手数ですが、可能な範囲でご記入いただき、借入申込書に添えてご提出ください。
☆ この書類に代えて、お客さまご自身が作成された計画書をご提出いただいても結構です。

5　従業員

常勤役員の人数 （法人の方のみ）	人	従業員数 （うち家族）	人 （　　人）	パート・ アルバイト	人

6　お借入の状況（法人の場合、代表者の方のお借入れ（事業資金を除きます。））

お借入先名	お使いみち	お借入残高	年間返済額
	□住宅　□車　□教育　□カード　□その他	万円	万円
	□住宅　□車　□教育　□カード　□その他	万円	万円
	□住宅　□車　□教育　□カード　□その他	万円	万円

7　必要な資金と調達方法

	必要な資金	金額	調達の方法	金額
設備資金	店舗、工場、機械、備品、車両など （内訳）	万円	自己資金	万円
			親、兄弟、知人、友人等からの借入 （内訳・返済方法）	万円
			日本政策金融公庫　国民生活事業 からの借入	万円
			他の金融機関等からの借入 （内訳・返済方法）	万円
運転資金	商品仕入、経費支払資金など （内訳）	万円		
	合計	万円	合計	万円

8　事業の見通し（月平均）

	創業当初	軌道に乗った後 （　年　月頃）	売上高、売上原価（仕入高）、経費を計算された根拠をご記入ください。
売上高 ①	万円	万円	
売上原価 ② （仕入高）	万円	万円	
経費　人件費（注）	万円	万円	
家賃	万円	万円	
支払利息	万円	万円	
その他	万円	万円	
合計 ③	万円	万円	
利益 ①-②-③	万円	万円	（注）個人営業の場合、事業主分は含めません。

ほかに参考となる資料がございましたら、計画書に添えてご提出ください。　　　（日本政策金融公庫　国民生活事業）

日本政策金融公庫HPより転載

●「創業の動機」の欄

　動機の欄では、なるべく具体的に記載することが大切です。単なる思いつきや軽い気持ちからの起業ではなく、強い想いがあって、確固たる事業計画を立案したうえで創業に臨んでいることをアピールする必要があります。

●「経営者の略歴等」の欄

　この欄のポイントは、これから始める事業とこれまでに培ってきた経験に何らかの関連性があることを伝えることにあります。まったく経験のないことに白紙状態からチャレンジするのではなく、いままでの経験をこれからの事業に活かせることを説明しましょう。どこに勤めていたかよりも、これまでの勤務先でどのような経験を積んできたか、その中身を具体的に記載することが大切です。

●「セールスポイント」の欄

　自らの事業がどれだけ優れているかをアピールします。事業計画書でマーケット分析や競合他社分析として記載した内容です。他社と比較して何が優れているのか、顧客がなぜ自社の商品を購入するのか、事業のストロングポイントをわかりやすく具体的に記載しましょう。

●「必要な資金と調達方法」の欄

　事業計画書に記載した数字を元に、そのポイントとなる数字をこの欄に転記していきます。まずキャッシュフローをベースに今回の借入ではいくら必要であるのかを明確にしましょう。

　新創業融資制度では、事業に必要な資金の10分の1以上は自己資金で用意する必要があります。その際、自己資金を証明できる通帳残高が必要になりますから、あらかじめ準備しておきましょう。会社設立の際に資本金の形で法人口座に自己資金を移動している場合は、その資本金も自己資金としてカウントできます。個人の通帳残高に法人口座の残高を合算して記載しましょう。

創業計画書の「必要な資金と調達方法」の「調達の方法」欄に自己資金の金額と借入金の金額を記載します。借入金は日本政策金融公庫のほか、他の金融機関からの借入や親、兄弟、知人や友人からの借入も含みます。この合計額が資金の調達総額になります。「自己資金」の欄に記載した金額が、調達総額の10分の1以上であるかを確認します。

　ここまでに記載した金額を合算して必要資金の合計額を算定し、合計欄に記載します。左側に設備投資に必要な金額を記載する欄がありますので、その欄に見積もりを取った設備投資の金額を記載し、「運転資金」の欄には合計金額から設備投資の金額を差し引いた金額を記載するようにします。

●「事業の見通し」の欄

　ここには、事業計画で作成した売上高、売上原価、人件費、その他経費などを記載しましょう。記入スペースが小さいので、大きな金額のもののみ記載し、あとは「その他」の欄に丸め込んで表現してしまってOKです。融資面談の際に数字の論拠について尋ねられることがありますから、詳細を記載した事業計画書を持参して、それぞれの数字の論拠を示せるようにしておきましょう。

　創業計画書は、いわば事業計画書のダイジェスト版です。融資担当者は毎日たくさんの方と面談して、数多くの創業計画書に目を通しています。創業計画書は記入欄が限られていますから、その限られた枠の中で自らの事業の実現可能性をどこまでアピールできるかが問われます。事業計画書を複数の人にチェックしてもらったときのことをベースに、自分の事業をはじめて目にする担当者にもわかりやすく伝えられる工夫をしましょう。

　なお、面談の際にはぜひ作成した事業計画書を添付資料として持参するようにしてください。創業計画書はA4サイズ2枚だけですが、その背景にたくさんの事業計画が存在していることを示すことは、事業に対する熱意と準備を進めていることの何よりの証明になります。たくさんの時間と労力を使って仕上げた事業計画なのですから、ぜひ自らの武器として使ってください。

アドバイス編

事業計画書を
活かす

アドバイス編 1 相手によって事業計画書にメリハリをつける

① 事業計画書を、いつ使うのか？　どう使うのか？

　事業を開始するとき、事業計画書（ビジネスプラン）を作成することは、事業の全体像をただまとめるということだけではなく、自らの事業に抜けや漏れがないかの確認にもなります。また、事業計画書という一つのアウトプットを仕上げることによって、いま考えている事業を客観的に見てもらうことが可能となりますので、識者や経験者の意見を募るうえでもとても有益なツールとなります。

　事業計画のないビジネスは、地図やコンパスをもたずにジャングルの奥地に分け入っていくようなものです。

　これから起業する方にとって事業計画書はあまりなじみがないものかもしれません。ただ、事業計画書の活用範囲は想像以上に広く、会社設立時や新規事業に活用するのはもちろんのこと、会社を売却するときまで利用されます。自社内の人間のみならず、新たな取引先やファンドなどの幅広い人たちにアピールできる強力なツールです。つまり、業界や立場が異なる人が見ても、事業の内容を理解でき、経営活動がどう行われているか把握できる事業計画書が必要になるということです。

　ここからは、どのようなときに事業計画書を作成する必要があるのか考えていくことにしましょう。事業計画書は、経営活動のさまざまな場面で使われる必要不可欠なツールであることを前述しましたが、実際に作成するにあたっては、「どのような場面で使うのか」「何の目的で使うのか」により書き方や重点を置くポイントが異なってきます。ここからは、必要となるシーン別に、事業計画書に記載しなければならない重点ポイントについて解説していきたいと思います。

② 事業計画書のベーシックな型

　事業計画書には基本の型があります。最初に事業を思いついたときに、その内容をきちんと事業計画書の形にまとめるためのフォーマットです。利用シーンとしては「会社設立」時が一番多いでしょう。

　独立して会社を設立する際には、知人や他企業への事業説明が必要になります。配偶者や親族などの理解を得ること、役員への就任依頼、株主の募集、資金借入などの目的で事業内容を説明して協力してもらう必要もきっとあるはずです。最初の立ち上げですから、この時期にはとくに事業計画書の書き直しが度々発生すると思います。

　しかし、その作業を何度も繰り返しているうちに、これから始める事業のイメージが自身の中で明確になり、より具体的な事業計画を考えられるようになってくるはずです。ここで事業計画を練り上げることで、実際の事業で考えられるリスクを事前に想定することができますので、そのリスクを回避できる可能性も高くなります。事業が始まってからは日々の実務に多くの時間を割かれる以上、なかなか落ち着いて考えることができません。起業前の十分な時間を確保できる間に、事業計画を細部まで精査し、無駄なリスクを回避するようにしましょう。

アドバイス編

事業計画書の一般的なフォーマットを付録CD-ROMに収録しました。フォーマットには次の項目が盛り込まれています。

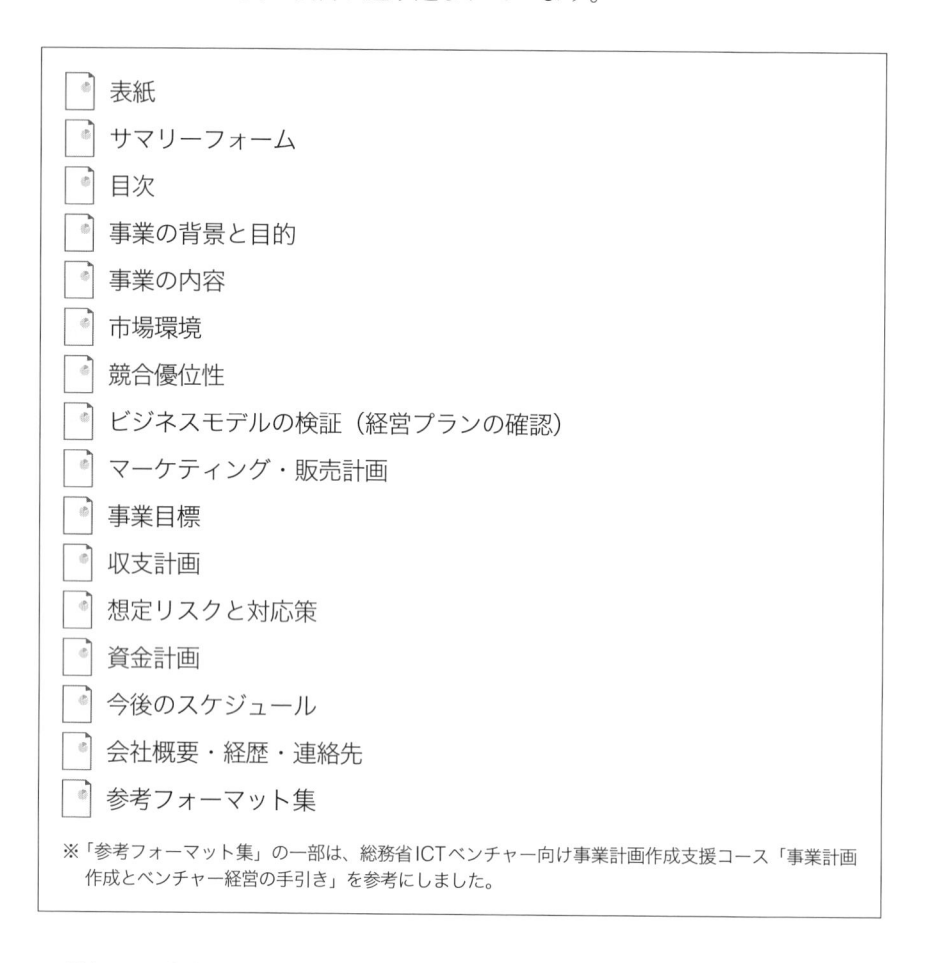

- 表紙
- サマリーフォーム
- 目次
- 事業の背景と目的
- 事業の内容
- 市場環境
- 競合優位性
- ビジネスモデルの検証（経営プランの確認）
- マーケティング・販売計画
- 事業目標
- 収支計画
- 想定リスクと対応策
- 資金計画
- 今後のスケジュール
- 会社概要・経歴・連絡先
- 参考フォーマット集

※「参考フォーマット集」の一部は、総務省ICTベンチャー向け事業計画作成支援コース「事業計画作成とベンチャー経営の手引き」を参考にしました。

　最初から全部を埋めるのはハードルが高いと思いますので、まずはできるところから作成してみましょう。はじめは穴だらけの計画でもOKです。自分がどこまで具体的に考えられているかを試すつもりでチャレンジしてみてください。一度書いてみたら、客観的な目で見直して修正をかけます。埋まらない項目があったら、その項目について書き出して、今後どのようにして埋めていくか、その方法を考えてみてください。書籍やセミナーで勉強する、先輩経営者に聞く、ドリームゲートに相談する、何でもかまいません。最初はわからないことだらけだと思いますが、事業計画作成の段階で知識を補充

しておくことは起業後必ず役に立ちますので、起業前の一つのトレーニングだと考えてぜひ頑張ってください。

> まずは確実に書けるところからやっていこう

> 絶対に失敗できない。はじめから完璧にしないと

このフォーマットのすべての項目を埋めることができれば、事業計画の基本的な要素はすべて満たされていることになります。

次に、事業計画書を提出する相手によってこのフォーマットをどのようにアレンジしていけばよいかを説明していきます。

③ 投資家向けの事業計画書

投資家にもさまざまな種類があります。最初に思い浮かぶ投資家として、個人投資家（「エンジェル」ともいいます）が挙げられるでしょう。個人投資家は、一般的にベンチャー・キャピタルなどの法人投資よりも投資金額は少額となりますが、経営者（代表者）の人柄や事業に対する想いに共感して投資いただけることや、投資いただいたあとでよいアドバイザーとなってくれる場合も多いので、金額以上の価値があります。

個人投資家の場合、投資の判断は投資家の価値観によってさまざまですので、事業計画書で示すべきポイントもその相手に合わせて変える必要があります。その個人投資家がいま何に興味をもっているのかあらかじめリサーチ

しておき、その興味のポイントに合わせて自分の事業を説明するわけです。

たとえば、ある特定の業界に対して徹底投資をしているような投資家であれば、市場環境のページでそのポイントをきちんと書き込んでおいたり、その業界の中でこれから始める事業がどれだけ有望なのか競合優位性のページで強くアピールするなどの工夫をします。

個人投資家は判断の早い方が多いので、数十ページもある事業計画を一から説明できるような機会はあまりありません。これから自分が手がける事業が世の役に立ち、大きく成長できて、投資家にも大きなメリットをもたらすことを短時間のうちに伝えられるかどうかが大切になります。

そのためにはサマリーシートがカギを握ります。サマリーシート1枚で、自分の伝えたいすべてのことを端的に説明できるように徹底的にブラッシュアップしましょう。なお、個人投資家の方はお年を召されている方も少なくありませんので、その場合には文字サイズやフォントをより見やすいものに変更することをお忘れなく。

サマリーシートの例

また、逆転の発想ですが、投資家個人に合わせた事業計画書を作成するのではなく、自分の事業に合った個人投資家を探すほうが近道の場合もあります。投資の可否は個人投資家の判断一つによるので、決められた審査期間などもなく、中にはその場で返答をもらえるなんてこともあります。

④ ベンチャー・キャピタル向けの事業計画書

　次にベンチャー・キャピタルについて説明します。ベンチャー・キャピタルは会社に資金を投資して、「株式公開」「事業売却」などによって資金回収を行います。多くの場合、ベンチャー・キャピタル自身もさまざまな方法で投資用の資金を集めているため、資金の回収方法や投資期間、保証等を調整する必要があります。また、ベンチャー・キャピタルは、ある特定分野に特化した投資を行っているところも多く、たとえば「情報産業」「医療・介護」「輸出業」「海外とのジョイント」などの条件に沿っていなければならないこともあります。

　ですので、これから事業計画をプレゼンする相手がどのようなことに興味をもっていて、彼らの投資条件に自分の事業が合致しているかどうかをきちんとリサーチすることが前提となります。この点は個人投資家と共通ですが、ベンチャー・キャピタルのほうが法人としてのルールに基づいて投資を行っていることが多く、とくに相手の条件に合わせて提案することが大切になります。

ベンチャー・キャピタルは、市場の潜在規模やビジネスモデル、新規性といった会社の将来性や収益性につながることを重視します。経営者の実績や素質、リーダーシップなども判断材料です。財務計画も重要ですが、銀行などと比べると財務計画のウエイトはそれほど高くはありません。銀行は貸したお金がきちんと戻ってくることが一番の関心事ですが、ベンチャー・キャピタルは、投資した会社のうちの何社かが大きく成長して大きなリターンを上げることが目的ですので、事業の将来性のほうがより重要な要素となるわけです。

　ベンチャー・キャピタルの場合、企業規模と投資金額に応じて、一部の資金を経営者への融資として提案してくるケースもあります。これは、会社の資本金が少なく、投資金額を全額受け入れるとベンチャー・キャピタルのもつ株式比率が高くなりすぎるときに見受けられます。一般的に、ベンチャー・キャピタルは株式比率として30％超〜50％前後を目安とすることが多いようです。
　個人投資家もベンチャー・キャピタルも、投資するに値するかどうかは、事業計画書の内容とそれを説明する人によって判断されます。相手が求めている内容を事業計画にきちんと盛り込んでわかりやすく伝えることが欠かせません。基本はいたってシンプルなのです。

⑤ 金融機関向けの事業計画書

　金融機関（銀行や日本政策金融公庫）の場合、融資として借入申請をするときに事業計画書が必要となります。通常は融資申込書と一緒に事業計画書を提出します。金融機関によっては事業計画書のフォーマットが決まっていることもありますが、その場合にも先ほどの基本フォーマットの内容が埋まっていれば、転記するだけで十分各項目を満たすことができるはずです。
　金融機関に提出する事業計画書は、財務計画の数字をきちんと描くことがポイントです。金融機関側は会社に貸し付けを行い元本と利子を回収することで利益を上げていますので、この社長は貸したお金をきちんと返してくれ

るのかどうか厳しくチェックします。事業計画書に書かれている売上数字を実現できるという根拠が豊富にあるかどうか、経費などの中に使途不明なお金や数字上の不整合がないか。そのうえで、事業計画における資金繰り予測から、期間内に元本・利子を回収できるか判断されます。

金融機関向けの事業計画書で、とくに注意していただきたい点をまとめます。

● 事業の実現性の高さを説明できるようにしておくこと

ビジネスモデルの説明で、そのモデルがすでに多くのリサーチやテストによって十分検証されていることをアピールしたり、大口契約の見込みが立っている、多くの見込み客を抱えているなどの売上が計画どおりに上がる理由をなるべく多く事業計画書の中でうたっておくことが大切です。

● 売上・利益計画、資金計画は正しく保守的に立てておくこと

融資判断において数字は命です。その数字がまったく過大だったり、計算間違いをしていたりすればその時点で信用がなくなります。数字に対する意識の高さを、売上・利益計画表や資金繰り表を通じてアピールすることが大切です。

● 何のために借りるのか、その資金使途が明確であること

金融機関は、借りたお金が何に使われるのかに高い関心があります。世の

中には会社で借りたお金を個人流用したり、遊興費に充ててしまうような経営者もいるからです。ざっくりとした数字を事業計画書に書いて、「とりあえず1000万貸してほしい」といったスタンスの人にお金を貸したいと思う金融機関はありません。事業計画から導き出された根拠ある必要資金の額を融資申込書の金額欄に記載すべきです。

● 返済予定額を超えるだけのキャッシュフローを有していること

　どんなに面白い事業計画書であっても、返済のメドが立っていなければ、金融機関は融資をしません。よくあるのが、「借りたお金は必ず返します」と宣言しておきながら、事業計画の数字は直近3年間がずっと赤字のようなケース。いっていることと実際の数字がバラバラでは信用を得られるはずがありません。資金計画に返済予定額を盛り込み、そのうえでどの月も資金残高がマイナスになっていないか確認してください。

　なお、金融機関への融資申し込みの場合、通常は担保・保証人を求められ、担保や保証人によって借入可能額が変更され、利率が決定されます。事業計画立案の段階で利率などが判明していない場合は、あらかじめ金融機関の担当者に問い合わせておくようにしましょう。

⑥ 事業パートナー向けの事業計画書

　直接の利害関係がある事業上のパートナーから、自社の事業について説明を求められる場合があります。自社のボードメンバーや社員をはじめ、仕入先、販売先などの取引先が挙げられます。自社にとって有益なアライアンスを組むための説明資料として、あるいは社内の経営陣や社員向けに自分の考えている事業内容を説明する資料として事業計画書を使うケースが多くあります。

　この場合は、数字よりも、相手の興味に合わせて焦点を絞ることが大切です。たとえばアライアンスをお願いしたい先に提示する計画書であれば、相手にとって自社の事業がどれだけ有益なのか、いまここで手を組むことで将来の見返りがどの程度見込めるのかなど、「ぜひ御社と手を結びたい！」と

思わせるだけのキラーコンテンツが必要になります。

　この部分を説明するためのページを1枚追加しておく手もあります。相手に一番響く内容をサマリーシートの前に盛り込むことで、相手の関心を最初にひきつけておくことが望ましいでしょう。

　社内の経営陣や社員に向けた説明資料として使う場合には、会社に対する帰属意識を高め、仕事に対するモチベーションを高められるような内容を盛り込みます。

　自分たちの事業は業界内で現在どのような位置にいて、これから数年後にどのように成長していくのか。そのとき、自分たちが社会に提供できる価値や存在意義はどこにあるのか。その理想的な状態を実現したときに、それぞれの個人にとってどのような見返りがあるのか。夢を具体的な形で示すこと、つまり「説明を受けただけでワクワクできる」ような内容になっているとベストです。

○ 第二期に入ってからメディア掲載も増えて知名度UPの手応えがあるよ

△ とにかくいまはがんばってがんばってがんばり抜こう

　事業計画書は、自分の思い描く事業を人に伝えるためのツールです。相手が求めるものは立場によって異なりますから、まず相手が求めているものは何か、そこを徹底してリサーチすることです。

　事業計画書の基本フォーマットには、すべての要素が盛り込まれています。項目を埋めたあとは、相手に合わせて表現や伝えるポイントに強弱をつけていくこともぜひ考えていきましょう。

アドバイス編 2　投資家の「YES」を導き出すために

① 想いがなければことは動かない

　何か面白いアイデアがあれば簡単に資金を出してくれる人が見つかるかのように安易に考えている人がいます。たしかに面白いビジネスアイデアは事業資金を得るうえで大切な要素の一つです。とはいえ、いくら面白いビジネスプランであったとしても、それだけでお金を投資する気になるでしょうか？

　投資家は、私たちのような個人から見ればケタ違いの資金をもっています。でも1円は1円です。どんなにお金をもっていても、それを投資する＝託す人に信用がなければプロ投資家は絶対に投資をしません。

　ビジネスアイデアの前に考えなければならないこと、それはその事業の使命です。企業の経営理念に結びつくものです。事業の使命とは、「あなたはなぜその事業を行うのか。会社としての社会的使命＝その事業を通じて解決したい社会問題は何か」に対する明確な答えとなります。

　私の好きな会社の一つにリクルート社があります。リクルート社の経営理念（企業理念）は次のとおりです。

> 私たちは常に社会との調和を図りながら
> 新しい情報価値の創造を通じて
> 自由で活き活きした人間社会の実現を目指す。
>
> （1989年版）

　リクルート社が手がける事業は数多くありますが、それらの事業はすべてこの理念を実現するために行われています。

　プロの投資家は、行われる事業が儲かるのかどうかという判断軸によって

投資判断を行っていますが、それ以前にその事業が世の中のためになるのか、自分たちのお金が生きたお金として使われているかということもしっかりと見ています。

近年、反社会的な活動を行っている企業は、どんなに利益を上げていても即市場から排除されるという傾向が強まっています。使命がしっかりしていない事業というのは、将来どこかで社会から警告を受けたり、悪くすればレッドカードを突きつけられ退場処分を受ける可能性がある、つまりそれだけ投資リスクが高いということになります。逆にいえば、理念が社会に広く受け入れられるような事業であればあるほど、投資家は投資しやすいということです。そうした意味からも、事業の使命に思いをめぐらせて明確にすることはとても大切なことです。

POINT 1
人の心に刺さる事業の使命（経営理念）を掲げること。

ご注意いただきたいのは、事業の使命を考えるといっても言葉遊びになってはダメだということです。ミッションを語るときにとても大切なことはパッション、すなわち情熱です。熱い想いをもって高い志で事業を立ち上げる、そうした姿勢をもつ経営者をプロ投資家は待っています。

どんなに綺麗な言葉で飾っても、そこに経営者としての強い想いがなければ投資家は必ず見抜きます。事業を進めるうえでは、たくさんの困難が待ち受けています。そうした苦しいときに、熱い想いと最後までやりとげる責任をもって事業に臨める人物かどうかを見ているわけです。そうした魂が事業計画に入っているかどうか、それがとても大切なのです。

POINT 2
自分がつくった事業計画に熱意と誠意を込めること。

ご参考までに、投資家が嫌うパターンを挙げておきます。

- 理念や事業概要が描かれているが、なぜそういう想いになったのかが不明瞭。とってつけたような感じがする
- 経営者にビジネスプランに対する自信がなく、最後までやり抜こうという気概が感じられない
- 独りよがりで実現可能性に乏しい
- 経営者が人間的に信頼できそうにない。約束を守るようには思えない

　プロの投資家はビジネスプランうんぬん以前に、人物を見ています。ベンチャー企業の成功の可否要因は9割以上が社長自身にあるからです。どんなに魅力的なアイデアであっても人として信頼に足る人物でなければ、投資を受けることはできません。経営者である前に信頼できる人物であることが絶対条件です。

POINT 3
事業計画の前に、人として信頼できる人物であれ。

❷ 実現可能性の壁を越える

　事業計画を作成するからには、その計画が実現可能でなければなりません。実現性の高さを説明するのに一番効果的な方法は、「数字」を使って説明することです。事業アイデアのご相談を受ける際に、ざっくりとした数字しか書かれていない事業計画書を見かけることがよくありますが、いい加減な数字しか語れない経営者を投資家は信用しません。どこまでリアルに事業を予測し、数字を積み上げているか投資の現場では問われます。では、事業計画の数字を組み上げるうえでどうすればリアリティを出すことができるのでしょうか。

　ポイントは「与件条件の設定方法」にあります。

　新しい事業の計画を立案する際には、商品がどれだけ売れるのか、その根拠は何か、その売上を達成するために必要な資源・コストはどれほどか、仮定の条件＝与件を設定しなければなりません。この与件がリアルであればあ

るほど、事業計画の数字の信ぴょう性は高まります。また、事業計画の数字は原則として積み上げて算出することが求められます。ざっくりこれくらいと記載するのではなく、月次ベースで想定される売上、原価、販管費などを科目別に積算して算出するようにしてください。

POINT 4
数字は事業計画の核の一つ。数字の根拠となる与件にリアリティがあるかどうか。

　どのようにすれば与件がリアルになるのでしょうか。一番わかりやすいのは、トライアルなどを実施して得た実証結果があることです。試作品を作成し、それを販売したところ、3日間で10件の注文を受けたという実績があれば、それを積算することでおおよその年間の売上を計算することができますし、実際に売った実績があるわけですから説得力があります。

　ただ、こうした実績は誰でもつくれるわけではありません。トライアルの実施が難しい場合は、アンケート調査やインタビューなどの結果に基づいて想定数値を算定します。いまはネット上でさまざまな声を簡単に集めることができますので、統計的に有効とされる回答数を集めて分析することによって、自分たちの立てた予測値がどれだけ市場期待値と重なっているかを証明することができます。よいアイデアがあったら、まずはそれが市場に受け入れられるかどうかテストするクセをつけておくことが大切です。

　こうしたテスト結果や実証結果は、事業計画書中に記載するか、参考資料として添付するようにします。実際の説明時間は限られていますからすべてを説明することはできませんが、投資家からある数字について尋ねられた場合、そこに投資家をうなずかせるだけの具体的かつ詳細な根拠がなければなりません。

　そのためにも、事業を興す前には検証作業を行っておいたほうがよいと思います。ビジネスアイデアの市場性を試すためのトライアルモデルのことを、「事業プロトタイプ」と呼んでいます。有効なビジネスプロトタイプを構築し、その結果を記録しておくことは、事業計画のリアル度を高めるうえでとても

アドバイス編

有効です。起業前に自分のビジネスアイデアを市場でテストする機会をぜひ設けるようにしてください。

POINT 5
そのビジネスが市場に受け入れられる具体的な根拠はあるか？

❸ 必ず目をつけられる「成長性」

　ある程度リアルな数字が事業計画書に記載されていて、ビジネスアイデアが面白ければ投資家は投資するのでしょうか？　いえ、そうではありません。さらにもう一つとても大切な要素があります。それは「成長性」です。

　投資家の期待値は、ある事業に投資した資金が何倍にもなって自分の懐に返ってくることにあります。当然、資金が増えるためには投資した事業が成長しなければなりません。どんなに面白いアイデアであっても、簡単にマネできるようなものでは将来の成長は見込めませんし、競合商品などがある場合にはなおさらです。

　投資家は事業計画を見るとき、必ずその事業が将来どの程度成長するのかを見極めようとします。商品やサービスの市場規模はどの程度か、プロダクトライフサイクルのどの位置にいるのか、競合や代替商品の状況はどうかなど、さまざまな視点で自らのビジネスを評価し、その成長性について明らかにすることが欠かせません。

POINT 6
高い成長性が見込める事業であるかどうか？　その根拠が明確であるか？

❹ 投資家と向き合うときには

　投資にはリスクが伴うことを投資家は百も承知です。ベンチャー・キャピタルのような投資の専門家であっても、投資した先の事業が計画どおり進み、株式上場まで至るような確率はごくわずか。それだけ不確定なものに対して、

何百万円・何千万円、場合によっては億単位のお金を出すわけですから、その審査はとてもシビアです。

　私自身これまでさまざまな投資の現場に立ち会って感じたこと、それは投資判断において、投資家は経営者の人物像を見ているということです。どんなに完璧な事業計画を持参しても、経営者に魅力がなければ投資を受けることはできません。逆に事業計画に多少不安材料があっても、経営者の魅力が投資を呼び込むことがあります。

　投資家との面談は、そうした事業計画上には表れない経営者の人柄や信頼感が測られる場です。事業計画の説明に没頭するあまり、このことが頭から抜け落ちてしまってはいけません。

5　プレゼンテーションの時間は限られる

　投資家にもさまざまな方がいますので、目の前の投資家が何を求めているのかをよく考えることが大切です。個人投資家のように余裕資産を運用している方もいれば、ベンチャー・キャピタルや投資ファンドのように投資の回収期限が決まっている方々もいます。説明の際には相手のニーズに応じて言葉を選択することです。

　実際のプレゼンでは、ほとんどの場合、時間が限られます。持ち時間は5分の場合もあれば1時間の場合もあります。どのような時間を与えられても、わかりやすく端的に事業の内容、魅力、投資を受けたい理由を投資家に伝える必要があります。そのために、プレゼンの時間ごとにプレゼンのパターンを用意しておくことが大切です。

　ピッチコンテストという言葉をご存じでしょうか？　ピッチコンテストは、エレベーターピッチに由来する言葉で、米国シリコンバレーがその起源です。ここでは、明日の大企業を目指す多くの起業家たちが、日に数十件の投資案件を目にするプロの投資家に自分のビジネスプランをアピールしています。エレベーターの中で偶然投資家に出会ったとき、自分の事業について端的に説明して興味をもっていただければ後の投資につながるかもしれません。しかし、エレベーターの移動時間というのはたった数十秒程度。こんな短時間

でも自分自身や事業の魅力を伝えて投資家の興味をかき立てることが求められるというわけです。

おすすめしたいのは、プレゼンの内容を30秒に要約することを心がけてみることです。伝えたいことを30秒で的確に伝達できれば、そこから膨らませていくことは難しくありません。逆に1時間のプレゼンに慣れてしまい、ポイントだけを短時間で伝えることに慣れていないと、せっかくのチャンスをフイにすることになりかねません。

そのためにも、どのような言葉を使えば最も効果的に表現できるか考え、日ごろお会いする人に説明しながらブラッシュアップを重ねていくことが大切です。プレゼン用の言葉ではなく、いつでも自分の言葉として口から出てくるようになれば、本番のプレゼンでも自然にお話しすることができると思います。

POINT 7
使う言葉を磨いていく。伝えたいことはシンプルにわかりやすく端的に。

⑥ 最後は人対人

プレゼンでは、さまざまな質問が投資家から投げかけられます。その質問に対して、その場を取りつくろおうと思いつきで答えては絶対にいけません。相手は数字のプロですから、返答された数字が本当に考え抜いたうえでつくられたものか、一時の思いつきで出てきたものかすぐに見抜かれてしまいます。

もしわからない質問が与えられたのであれば、素直にわからないことを認め、後日追加資料として回答を提出すればよいのです。そうした姿勢が投資家の信頼感を高めます。もっとも、すべて「わかりません」では当然ダメで、想定質問と回答はあらかじめできる限り準備しておくべきです。

POINT 8
いい加減な説明は一切しない。一つのごまかしがすべてを崩す。

最後に、投資家といえど判断するのは結局人ですから、そこには感情が入り込みます。感じのよい人のほうが、そうでない人よりも投資したくなるのは当たり前のことです。世の中にはたくさんの投資案件があり、その中で自分の事業についての話を聞いていただけるというのはとてもありがたいことです。そうした機会をいただけたことに感謝することも忘れないようにしましょう。

　きちんとした事業計画をつくることはもちろん大切ですが、実際の投資や融資の判断においては、その事業計画と同等かそれ以上に経営者本人が何を考え、どのような人物かが見られています。せっかく想いを込めてつくった事業計画なのですから、プレゼンには誠心誠意をもって臨み、最高の笑顔で締めくくれるようにしたいものです。

POINT 9
笑顔、熱意、そして感謝の心。

■編者紹介

ドリームゲート

2003年4月に「日本に起業文化を確立する」というミッションを掲げ、経済産業省の後援のもと発足。約800名の起業家やエンジェル経営者、400名を超える起業支援の専門家(ドリームゲートアドバイザー)の協力のもと、43万人の起業家・経営者を支援する日本最大級の起業支援プラットフォーム。

年2,000回を超える起業セミナーやドリームゲートアドバイザーによる年6,000件を超えるインターネット相談・面談サービス、会社設立や法的書類が簡単に無料で作成できるサービスを展開。2014年より大手企業とベンチャー企業を対象としたオープンイノベーションカンファレンス『イノベーションリーダーズサミット(ILS)』を開催。

■ Webサイト
http://www.dreamgate.gr.jp/

■ 起業セミナー情報
http://www.dreamgate.gr.jp/seminar/

■ 起業・経営のインターネット相談・面談サービス
http://www.dreamgate.gr.jp/kigyou_soudan_top/

■ イノベーションリーダーズサミット(ILS)
http://ils.tokyo/

マネして完成！事業計画書
10業種36の事例で事業計画のまとめ方がよくわかる

2014年6月10日　初版　第1刷発行
2020年2月21日　初版　第4刷発行

編　者　　ドリームゲート
発行者　　片岡 巌
発行所　　株式会社技術評論社
　　　　　東京都新宿区市谷左内町 21-13
　　　　　電話 03-3513-6150　販売促進部
　　　　　　　 03-3513-6166　書籍編集部
印刷／製本　港北出版印刷株式会社

●編集協力　　　　　柴木仁美
　　　　　　　　　（ドリームゲート）
●カバーデザイン　　萩原弦一郎
　　　　　　　　　（digical）
●本文デザイン／DTP　BUCH+

定価はカバーに表示してあります。

本書の一部または全部を著作権法の定める範囲を超え、無断で複写、複製、転載、テープ化、ファイルに落とすことを禁じます。

© 2014 ドリームゲート

造本には細心の注意を払っておりますが、万一、乱丁（ページの乱れ）や落丁（ページの抜け）がございましたら、小社販売促進部までお送りください。送料小社負担にてお取り替えいたします。

ISBN978-4-7741-6463-2 C3034
Printed in Japan

本書の内容に関するご質問は封書もしくはFAXでお願いいたします。弊社のウェブサイト上にも質問用のフォームを用意しております。

〒162-0846
東京都新宿区市谷左内町 21-13
(株)技術評論社　書籍編集部
『マネして完成！事業計画書』質問係
FAX 03-3513-6183
Web http://gihyo.jp/book/2014/978-4-7741-6463-2